Beate Sander

GOLD
SILBER
PLATIN
DIAMANTEN

Beate Sander

GOLD
SILBER
PLATIN
DIAMANTEN

Mit Edelmetallen richtig anlegen in schwierigen Zeiten

FBV

Bibliografische Information der Deutschen Nationalbibliothek
Die Deutsche Nationalbibliothek verzeichnet diese Publikation in der Deutschen Nationalbibliografie;
detaillierte bibliografische Daten sind im Internet über **http://d-nb.de** abrufbar.

Für Fragen und Anregungen:
sander@finanzbuchverlag.de

2., aktualisierte und erweiterte Auflage 2013
© 2013 FinanzBuch Verlag,
ein Imprint der Münchner Verlagsgruppe GmbH
Nymphenburger Straße 86
D-80636 München
Tel.: 089 651285-0
Fax: 089 652096

Die im Buch veröffentlichten Ratschläge wurden von Verfasser und Verlag sorgfältig erarbeitet und geprüft. Eine Garantie kann dennoch nicht übernommen werden. Ebenso ist die Haftung des Verfassers beziehungsweise des Verlages und seiner Beauftragten für Personen-, Sach-, und Vermögensschäden ausgeschlossen.

Umschlaggestaltung: Sina Schneck
Satz: Beate Sander, Alexander Isaak, paginamedia GmbH
Druck: Konrad Triltsch, Ochsenfurt
Printed in Germany

ISBN Print 978-3-89879-798-6
ISBN E-Book (PDF) 978-3-86248-434-8
ISBN E-Book (EPUB, Mobi) 978-3-86248-435-5

Weitere Informationen zum Verlag finden Sie unter
www.finanzbuchverlag.de
Beachten Sie auch unsere weiteren Verlage unter
www.muenchner-verlagsgruppe.de

Grußwort Dr. Jens Ehrhardt

Gold und andere Edelmetalle üben seit Jahrhunderten eine große Faszination aus. Dennoch sind private und institutionelle Anleger trotz ausufernder Staatsverschuldung in den Industrieländern nur wenig investiert. Der Goldanteil betrug Mitte 2012 gerade einmal 1,5 % der Gesamtfinanzanlagen. Mitte der 1980er-Jahre waren es noch über 25 %. Sicherheitsbewusste Anleger bevorzugen seit längerem Staatsanleihen. In Gold, der historisch gesehen sichersten Anlage überhaupt, ist kaum jemand stärker investiert. Dabei erscheint die Aussicht auf steigende Goldpreise günstig schon mit Blick auf die Gelddruckprozesse der Notenbanken. Halten wir uns vor Augen, dass der Wert einer Gold-Jahresproduktion (2011: 2.810 Tonnen) bei rund 150 Mrd. USD liegt, ausgehend von 1.700 USD/Unze. Allein die Anleihenaufkäufe der US-Notenbank seit Anfang 2009 (ca. 1.200 Mrd. USD) haben den achtfachen Wert.

Da keine Abkehr von der expansiven Geldpolitik der global wichtigsten Notenbanken in Sicht ist, dürfte der Goldpreis zulegen. Es droht eine lange Phase negativer Realzinsen. Der klassische Einwand der Goldkritiker: *„Gold bringt keine Zinsen"*, greift nicht mehr. Schließlich werfen die vermeintlich sicheren Staatsanleihen im Niedrigzinsumfeld real auch keine Rendite ab. Dagegen dürfte der Goldpreis durch die dynamische Nachfrageentwicklung in den beiden weltweit größten Goldmärkten Indien und China positiv beeinflusst werden. Seit der Deregulierung des chinesischen Goldmarktes 2001 stieg hier die Nachfrage um durchschnittlich 14 % pro Jahr. Bis 2020 könnte sich der Bedaf abermals verdoppeln. Die höhere Nachfrage trifft auf ein begrenztes Angebot. Die Förderung in den Minen wird sich wegen des abnehmenden Goldgehalts im abgebauten Gestein rückläufig entwickeln – gut für die Aktien der Goldproduzenten. Aus fundamentalanalytischer Sicht ist das Bewertungsniveau im Vergleich zum Goldpreis niedrig.

Wir gratulieren Frau Sander zu ihrem Buch. Es stellt für Anleger bei der Entscheidungsfindung hinsichtlich des Investments im Edelmetallbereich eine wertvolle Orientierungshilfe dar.

Dr. Jens Ehrhardt, DJE Kapital AG

Inhalt

Vorwort

Liebe Leserinnen und Leser,

Ende September 2008, als das globale Finanzsystem direkt vor dem Abgrund stand und sich der Börsencrash dramatisch zuspitzte, empfahl der bekannte amerikanische Börsenexperte Jim Cramer den Zuhörern in seiner TV-Show Mad Money den raschen Erwerb von Gold – zu finanzieren mit dem sofortigen 20-prozentigen Verkauf des Aktienportfolios. Ob es klug war, sich wegen einer solchen Empfehlung von einem Fünftel seiner Aktien zu trennen, mag dahingestellt sein. Und ob sich mit dem für den Anlageerfolg so wichtigen Grundsatz *„breit gestreut – nie bereut"* ein 20-prozentiger Anteil an Gold vertreten lässt, ist kritisch zu hinterfragen. Worin ich aber der USA-Ikone voll zustimme, ist eine Anlage in Barren oder Münzen – zu ergänzen durch Silber und Platin. Jim Cramer meint: *„Ein Investment in Gold macht Sinn, wenn alles andere keinen Sinn macht. In unsicheren Zeiten gehört Gold einfach dazu."* Der Finanzexperte empfiehlt zudem substanzstarke Goldminenaktien führender Konzerne und den Kauf physisch unterlegter Edelmetall-ETC.

Seitdem sind gut vier Jahre verstrichen. Die Welt hat sich verändert. Anlageformen, Risiken, Ansprüche und Erwartungen entsprechen nicht mehr den damaligen Rahmenbedingungen. Es wird Zeit, das Erfolgsbuch **„Gold – Silber – Platin – Diamanten"** gründlich zu überarbeiten. Und diesmal soll auch ein Blick auf die Kehrseite der Medaille nicht fehlen, wenn in Minen gegen Menschenrechte und Umweltschutz verstoßen wird. Der Crash im zweiten Halbjahr 2011 als Folge der Staatsüberschuldungskrise und der damit einhergehenden Nervosität im Markt- und Börsengeschehen hat deutliche Spuren auch bei Privatanlegern und in deren Depots hinterlassen.

Sie, liebe Leserinnen und Leser, brauchen nur die Entwicklung des Goldpreises in den letzten Jahren zurückzuverfolgen, um mitzuerleben, mit welchen Kursschwankungen der von Ängsten und Unsicherheit geprägte Markt auf all die Turbulenzen und Verwerfungen reagierte. Zeitweilig kostete eine Feinunze Gold, das sind 31 Gramm, mehr als 1.900 US-Dollar, um kurzfristig auf unter 1.500 US-Dollar zurückzukommen und jetzt wieder auf über 1.650 US-Dollar empor zu klettern. Es ist also unsinnig zu glauben, die Anlage in Gold, Silber, Platin und Edelsteine wäre risikolos. Geld verlieren können Sie dort ebenso wie ordentliche Gewinne einfahren. Aber einen Totalverlust oder eine Wertminderung um 40 oder 50 Prozent müssen Sie bei Gold nicht befürchten. Insgesamt sind die Gewinnaussichten bei langfristigem Anlagehorizont ungleich höher als die Verlustgefahr. Vorausgesetzt, Sie vermeiden die großen Fehler.

Damit dies nicht geschieht, Sie ruhig schlafen können auf dem Weg zur finanziellen Freiheit und Unabhängigkeit, habe ich für Sie die zweite Auflage von „Gold – Silber – Platin – Diamanten" geschrieben. Kleine Schwächen im Umgang mit Edelmetallen sind verzeihbar. Davon sind selbst große Edelmetallexperten nicht frei. Die große Linie muss aber stimmen. Und damit Sie diese finden, will ich Ihnen nach Kräften helfen, die für Sie passende Anlagestrategie aufzubauen.

Wie sieht die Marschrichtung – grob abgesteckt – für Sie aus? Weg vom Sparbuch, dem schleichenden Kapitalvernichter wegen der Niedrigzinspolitik! Die Inflationsrate übersteigt die Zinsen. Haben Sie Ihren Pauschalbetrag von 801 Euro – Eheleute bei gemeinsamer Veranlagung 1.602 Euro – ausgeschöpft, müssen Sie noch die 25-prozentige Abgeltungsteuer zuzüglich Solidaritätszuschlag und eventuell Kirchensteuer berappen. Damit wird das Sparbuch zum sichersten Weg, Ihr Vermögen zu verringern. Wollen Sie dies? Natürlich nicht! Also hin zu einem Investment in Gold, Silber und Platin!

Peilen Sie insgesamt einen Anteil von mindestens 5 bis 15, allerhöchstens 20 Prozent an! Insbesondere bei Turbulenzen am Kapitalmarkt, wenn es an den Aktienbörsen so richtig kracht, wie im September/Oktober 2008 und Frühjahr 2009 sowie im zweiten Halbjahr 2011 als Folge der Staatsschuldenkrise bieten Edelmetalle einen beruhigenden Ausgleichsfaktor. Stürzen Ihre Aktien wegen Börsencrashszenarien in den Keller, suchen viele Menschen Zuflucht in den sicheren Hafen Gold. Die logische Folge auf mehr Nachfrage sind steigende Preise. Jetzt ist Geduld angesagt. Handeln Sie klug und besonnen im Vorfeld. Positionieren Sie sich bei fallenden Kursen. Auf der Suche nach einem besseren Timing will ich Sie begleiten, auch wenn ich über keine Glaskugel verfüge und die Zukunft nicht voraussagen kann.

Haben Sie Appetit bekommen? In diesem praktischen Edelmetallbuch führe ich Sie spannend und leichtverständlich in die wichtigsten Edelmetall-Anlageformen ein, angefangen mit Barren und Münzen aus Silber, Gold, Platin über Einzelaktien, Edelmetall-ETCs, Aktienfonds, Anlagezertifikate bis hin zu den an den internationalen Terminbörsen gehandelten spekulativen Edelmetall-Futures-Kontrakten. Beim Fondskapitel wirkte der DJE-Fondsmanager Stefan Breintner mit. Bei der physischen Goldanlage konnte ich als Mitautor Christofer Volke vom renommierten Online-Händler GoldMoney gewinnen.

Wichtig ist für Sie, dass Sie im faszinierenden Edelmetallbereich eine Strategie entwickeln, die zu Ihnen passt, Ihrer Risikoneigung, Ihrer Kapitaldecke und Ihrem Anlagezeitraum entspricht. Ich will Ihnen dabei behilflich sein, dies herauszufinden. Während Sie vielleicht Schmuck aus Gold, Silber, Platin und Diamanten bezaubert und Ausdruck Ihrer Lebensfreude, Liebe und Wertschätzung ist, aber als Kapitalanlage wenig taugt, sollten Sie mit einer ausgewogenen Edelmetallanlage Ihr Kapital schützen vor Inflation und Kursverfall.

In den Zeiten der Staatsüberschuldung, wo die Notenbanken weltweit für Rettungsschirme, Liquiditätsaufbau und Insolvenzabwehr fleißig die Gelddruckmaschinen anlaufen lassen, sind Sachwerte gefragt. Edelmetall schützt vor Papiergeldverfall. Barren und Anlagemünzen sichern Ihre Vermögenswerte bei Inflation. Aktien als geschütztes Sondervermögen bleiben Ihnen selbst dann erhalten, sollte Ihre Depotbank Pleite gehen.

Insbesondere in turbulenten Börsenphasen, in denen Aktienkurse abstürzen, steigt der Preis vor allem von Gold. Ein sicherer Hafen in unruhigen Zeiten! Wer wünscht sich diesen nicht, wenn es um Vermögensaufbau und Altersvorsorge geht? Freilich gibt es auch Wertmutstropfen wie die fehlende Verzinsung und notwendige Absicherung gegen Diebstahl und Betrug.

Machen Sie mit mir eine spannende Reise in die Welt der Edelmetalle. Lernen Sie die interessantesten Angebote kennen, mit denen heute die Banken und Fondsmanager aufwarten. Aber lernen Sie auch, Weizen von Spreu, seriöse Anlageformen von Betrug am Grauen Kapitalmarkt zu trennen. Auch für Sie ist Passendes dabei, mögen Sie Kurz- oder Langzeitanleger, risikofreudig oder risikoscheu sein, über einiges Geld verfügen oder erst mit dem Vermögensaufbau beginnen, jung und unerfahren sein oder zu den alten Hasen zählen.

Ich wünsche Ihnen viel Freude und Erfolg mit Ihrer Anlagestrategie. „Gold – Silber – Platin – Diamanten" wurde von mir komplett neu bearbeitet. Bei diesem Projekt stand mir der Produktleiter der Münchner Verlagsgruppe, Herr Georg Hodolitsch, mit Ideenreichtum, Rat und Tat zur Seite. Und die Experten von der DJE Kapital AG, Fondsmanager Stefan Breintner, sowie Christofer Volke vom Online-Händler GoldMoney aus Jersey, dürften mit ihren fundierten Beiträgen Ihr Urteilsvermögen in Sachen Edelmetall schärfen.

Ihre Autorin Beate Sander   Ulm, im Frühjahr 2013

① Die spannende Welt der Edelmetalle

1.1 Faszination Edelmetalle

Ob als Ausdruck von Lebensfreude, Liebe und Zuneigung, ob aus Sammlerleidenschaft oder zum Zweck von Vermögensaufbau und Sicherung des Lebensstandards und Wohlstands im Lebensherbst: Edelmetalle bestimmen und beeinflussen das Denken und Handeln etlicher Institutionen und Personen rund um den Globus, bedeuten Lohn und Brot für viele Berufsgruppen, ermöglichen Wertschöpfung in zahlreichen Branchen und Geschäftsfeldern, wobei Silber als Industriemetall eine immer wichtigere Rolle spielt. Gold, Silber und Platin sind knappe und seltene Edelmetalle mit begrenzten Reserven und Ressourcen. Sie inspirieren zu neuen Kreationen, sei es in Kunst und Kultur, sei es im breiten Geldanlagesektor oder im Industriebereich. Es wäre fatal, diesen interessanten Markt auszublenden. Auch Diamanten zählen dazu.

Warum überhaupt Edelmetalle?
Kursschwankungen: Ja! Totalverlust: Nein!

Bis zur Jahrtausendwende tat sich auf dem Edelmetallmarkt nicht sehr viel. Doch jenseits aller Kursschwankungen bietet Gold seit Beginn der industriellen Revolution bzw. seit rund 400 Jahren die einzigartige Chance, sein Vermögen langfristig zu bewahren und meist auch noch zu vermehren.

Zwar wird auch hier so mancher Anleger seine Wunden lecken, wenn er zu teuer eingekauft hat und nun miterleben muss, dass die Kurse zeitweilig sinken. Aber einen Riesenverlust bis auf einen Null-Wert ist niemals zu befürchten, sofern Sie selbst geduldig ausharren können. Mag es auch sonst bei Aktien heißen: Reißleine ziehen – Verluste begrenzen! Höchstwahrscheinlich werden Sie wieder steigende Preise erleben. Dies geschieht vor allem im Aktiencrash. Ihn wird es immer wieder geben. Nur weiß niemand verlässlich: Wann? Wie heftig? Wie lange?

Sinken die Aktienkurse dramatisch, steigt physisches Edelmetall – schon von daher ein die Nerven beruhigender Ausgleichsfaktor. Auch die Zinspolitik spielt eine große Rolle. Bei niedrigen Leitzinssätzen nahe null oder einem Prozent, wie wir dies gegenwärtig auf historisch tiefem Niveau erleben, ist Edelmetall ein sicherer Hafen. Sparzinsen unter zwei bis zweieinhalb Prozent decken nicht einmal die Inflationsrate ab. Und wenn Sie Ihren Pauschalbetrag von 801 Euro – bei gemeinsam veranlagten Eheleuten 1.602 Euro – ausgeschöpft haben, fällt auch noch die Abgeltungsteuer an: 25 Prozent plus anteiligem Solidaritätszuschlag und eventuell Kirchensteuer. Das macht zusammen rund 28 Prozent aus.

> ➢ Niedrige Leitzinssätze sind ein Feind der Staats- und Unternehmensanleihen und eine Triebfeder mit viel Aufwärtspotenzial für Gold, Silber, Platin – angereichert vielleicht noch mit ein paar hochkarätigen Diamanten bei entsprechender Vermögensdecke.

Gold ist außerdem mehrwertsteuerfrei, mag es auch nicht sicher sein, dass das Finanzministerium auf seiner ständigen Suche nach neuen Einnahmequellen diesen Idealzustand für Anleger dauerhaft duldet. Schon die uneinheitliche Besteuerung – Gold mehrwertsteuerfrei, Silber bei Anlagemünzen sieben Prozent, bei Barren 19 Prozent, Platin und Palladium immer 19 Prozent – schreit nach einer Korrektur. Sie kommt 2014.

Eine Reform wird zu Ungunsten der Anleger ausgehen. Geplant ist, ab Januar 2014 bei Silber nicht nur die Barren, sondern auch die Anlagemünzen voll zu besteuern. Im Jahr 2008 sahen die Analysten von BCA Research den fairen Wert für Gold bei 900 US-Dollar je Feinunze von 31,1 Gramm. Drei Jahre später stand eine Eins vor der Neun, also mehr als eine Verdoppelung. Gegenwärtig pendelt der Goldpreis in einer Spanne zwischen 1.650 und 1.700 US-Dollar.

In Krisen, wie dem weltweiten Finanzdesaster im Herbst 2008 und Frühjahr 2009, stieg bei persönlicher Notlage die Bereitschaft, vorhandenes Gold einzuschmelzen. So wuchs das Angebot bei Altgold 2008 um 17 Prozent auf über 1.100 Tonnen. Im 2. Halbjahr 2009 nahm der Altgoldüberhang wieder ab.

Aber es geht ja nicht nur um Gold, sondern ebenso um Silber

Gewiss kennen Sie das Sprichwort: *Schweigen ist Gold – Reden ist Silber!* Der Sinn ist zu hinterfragen. Nicht nur Gold, sondern auch Silber hat Charme. Dieses vielseitig verwendbare Edelmetall dient nicht nur als Kapitalanlage in Form von Barren und Anlagemünzen, sondern ebenso wie Gold als Schmuck. Außerdem ist Silber ein wichtiges Industriemetall. Der Silberpreis boomt, wenn die Konjunktur anzieht. Er entwickelt sich bei Wirtschaftswachstum stärker, bei einer Rezension prozentual eher schwächer als der Goldpreis.

Silber, auch „Allroundtalent des kleinen Mannes" genannt, kommt in der Erdkruste 24mal häufiger als Gold und Platin vor und ist bezüglich seines chemischen Aufbaus und seiner Eigenschaften sowohl mit Gold als auch mit Kupfer verwandt. Ein Viertel der Produktion stammt aus reinen Silberminen. Rund 60 Prozent fallen als Nebenprodukte beim Abbau von Kupfer, Blei und Zink an. Auch Altsilber ist wieder verwertbar. Hier werden alljährlich meist über 5.000 Tonnen gewonnen.

Platin – abhängig von der Autoindustrie

Die Preisentwicklung von Platin wird vor allem vom Auf- und Abschwung in der Fahrzeugindustrie geprägt.

Davon hängt es ab, ob Platin oder Gold teurer ist. Meist notiert Platin höher als Gold, aber nicht immer. In den 1990er-Jahren, ein paar Tage im Herbst 2008 und seit Jahresende 2011 liegt Gold mehr oder weniger deutlich vorn. Platin wird vor allem im Premiumsektor bei Dieselmotoren für Katalysatoren gebraucht. Sinkt der Automobilumsatz um eine Million Fahrzeuge, verringert sich die Platinnachfrage um zwei bis drei Prozent. Immerhin stammen rund 60 Prozent der Platinnachfrage aus dem Automobilsektor.

Worauf sollten Sie achten? Was sollten Sie bevorzugt kaufen?

Mit Blick auf Konjunktur und Leitzinssätze sollten Sie zu günstigen Preisen bei Edelmetall zugreifen, sei es mit Barren oder Münzen, sei es mit niedrig bewerteten aussichtsreichen Minenaktien. Achten Sie auf das Preisverhältnis Gold und Platin.

➤ Interessant sind Barren unterschiedlicher Gewichtsklassen, ab 50 Gramm bis zu einem Kilogramm.

➤ Wer Sammlerblut in seinen Adern verspürt, für den sind Anlagemünzen aus Gold, Silber, Platin eine interessante Alternative. Ich denke da an bekannte Münzen wie Maple Leaf, Wiener Philharmoniker, Krügerrand, Kookaburra, American Eagle, Pandabär.

➤ Minenaktien mit Schwerpunkt Gold, Silber, Platin und Diamanten sind für den Anleger geschütztes Sondervermögen. Bei größeren Werten, „Seniors" genannt, erhalten Sie eher verlässliche Nachrichten als über die oft unbekannten, von Spekulanten getriebenen Kurse der „Juniors".

Gold – die Triebfeder in der Inflation

Im Inflationsjahrzehnt von 1970 bis 1980 stieg Gold um rund 2.000 Prozent und Silber sogar um 4.000 Prozent.

Im Deflationsjahrzehnt von 1980 bis 1990 und dem Übergangsjahrzehnt von 1990 bis 2000 gingen die Edelmetallpreise deutlich zurück.

Im nächsten Inflationsjahrzehnt von 2000 bis 2010 legten die Edelmetallkurse wieder deutlich zu. Der Goldpreis erhöhte sich von rund 250 auf über 1.000 US-Dollar. Und der Goldminen-Index erlebte eine Kursexplosion von 35 auf zeitweilig 500 Punkte. Auf den vervierfachten Goldpreis reagierten die Goldminenaktien mit einem vierzehnmal so hohen Kurs.

Fazit: Herbert Hoover, US-Präsident von 1929 bis 1933, bringt die Einschätzung auf den Punkt: *„Wir halten Gold, weil wir Regierungen nicht trauen können."*

Die Edelmetallwelt ist so alt wie unsere Erde

Denken Sie an den Mythos Gold, an die antiken Kriegszüge und Eroberungen mit dem Beuteziel Gold, an das nimmermüde Streben von Alchimisten bis ins späte Mittelalter, dem Geheimnis von Gold auf die Spur zu kommen. Denken Sie an die alten Kulturen der Inkas und Azteken in Lateinamerika. Die Kultur und Geschichte, obgleich unglaublich spannend, bilden in dieser Publikation nur einen kleinen Nebenschauplatz. Es gibt eine Fülle ausgezeichneter Werke, in denen namhafte Experten die Geschichte von Gold, aber auch Silber und Platin erschöpfend behandeln. Dies ist nicht das Ziel von meinem Buch. Ich will Ihnen interessante Anlageformen rund um die Welt der Edelmetalle vorstellen mit allen notwendigen Informationen.

Sie sollen sich bei Verzicht auf Spitzfindigkeiten zurechtfinden mit den unterschiedlichen Produkten, die Ihnen der Finanzmarkt heute anbietet. Sie sollen fähig werden, unter der Vielzahl von Möglichkeiten jene Anlageformen auszuwählen, die zu Ihnen passen wie ein maßgeschneidertes Kleidungsstück, das Sie gern anziehen, weil Sie sich darin wohlfühlen. Dies sind der Schwerpunkt und die Rechtfertigung dieser Publikation – geschrieben, um Ihnen zu dienen, zu Ihrem Vorteil. Gold, Silber, Platin als Geldanlage zu nutzen, heißt nicht, sich mit Goldbarren, Gold- und Silbermünzen sowie Edelmetall-Medaillen zu begnügen und die zahlreichen anderen Anlageformen auszuklammern. Ich lade Sie ein, mich auf einer spannenden, informativen und geldwerten Edelmetallreise zu begleiten!

Ohne Edelmetalle wäre unsere Welt arm

Betrachten Sie einmal Ihren Tagesablauf – einerlei, ob in der Arbeitswelt, im familiären Bereich, in Freizeit und Urlaub. Ständig haben Sie es mit Metallen zu tun, mag Ihnen dies auch nicht immer bewusst sein.

Dies gilt vor allem für ver- und bearbeitete Industriemetalle wie Produkte aus Stahl und Eisen. Ebenso gilt dies für Buntmetalle wie Kupfer, Blei, Zink, Zinn, Aluminium und Nickel sowie diverse Nebenmetalle. Dazu zählen Quecksilber, Chrom, Kobalt, Magnesium und Titan, um nur einige bekannte zu nennen.

Sie steigen in Ihr Auto, nutzen das Verkehrsnetz, reisen mit Zug, Bus, Flugzeug oder Schiff, um von A nach B zu gelangen, betreten ein größeres Bauwerk, gelangen mit dem Fahrstuhl zu den gewünschten Räumlichkeiten im Hotel oder an Ihren Arbeitsplatz. Sie besuchen nach Feierabend das Fitnessstudio, spielen mit metallenen Gerätschaften Tennis oder Golf, betätigen sich vielleicht auch als Hobbykoch. Fast nichts geht oder funktioniert ohne Industriemetall.

Denken Sie an Ihren Computer, Ihre Unterhaltungselektronik, Beleuchtungs- und Heizkörper, Ihre Haushaltsmaschinen und Gerätschaften, an Ihren Herd und Ihre Kochutensilien. Sollten Sie schon älter und auf Prothetik angewiesen sein, erweisen sich auch hier verschiedene Metalllegierungen als unverzichtbare Bestandteile, damit Sie fit und mobil bleiben. Und dann sind da noch die Edelmetalle – nicht nur Luxus für die Schönen und die Reichen. Gold als Währungsreserve der Notenbanken, Gold als Schmuck, Gold im Mund, Gold als Barren, Gold als Bestandteil von Münzen und Medaillen, Gold als Verzierung auf feinem Porzellan. Und wie viel Gold erblicken Sie allein in einer Kirche! Silber ist viel mehr als nur ein Schmuckgegenstand. Der industrielle Einsatz ist beachtlich. Denken Sie an die Medizintechnik und die Elektroindustrie. Platin ist nicht nur als wertvoller Schmuck begehrt, sondern wie das Schwestermetall Palladium unentbehrlich für die Herstellung von Autokatalysatoren. Es wird gebraucht in der Chemie- und Werkstoffindustrie.

Die Gruppe der Edelmetalle

Gold: Berggold und Seifen- bzw. Waschgold, Vorkommen in reiner Form oder in Verbindung mit anderen Substanzen; Nachfrage: Schmuck, Investment, Zahnindustrie. Goldbarren und Goldmünzen sind mehrwertsteuerfrei.

Silber: Das oft gebrauchte, aus dem Erdboden (Silbererz-Minen) geholte Edelmetall, Vorkommen zusammen mit anderen Substanzen; Nachfrage: Schmuck, Medizin, Industrie, Geldanlage. Silbermünzen bis 2014 mit ermäßigtem Steuersatz 7 %, Barren voller Steuersatz 19 %.

Platingruppe: Iridium, Osmium, Palladium, Platin, Rhodium, Ruthenium; Nachfrage: hauptsächlich Industriesektor, z. B. Platin und Palladium in Autokatalysatoren. Für Platin und Palladium gilt ein Steuersatz von 19 %.

1.2   Gold stellt sich vor

1.2.1   Gold als Währungsreserve, Schmuck und „sicherer Hafen"

„Zum Golde drängt – am Golde hängt." Dies wusste schon der große deutsche Dichter Johann Wolfgang von Goethe.

Es gibt wohl keinen Rohstoff, der die Menschen in allen fünf Erdteilen so stark fasziniert und in ihrem Denken und Handeln beeinflusst wie das Gold. An dem glänzenden Edelmetall ranken sich seit Jahrtausenden unzählige Mythen. Mit Gold wurde nicht nur im Altertum, sondern wird auch heutzutage noch mancherlei übersinnliches Gedankengut verknüpft.

Gold erfährt Wertschätzung als Symbol der Macht und gilt als sichere Geldanlage. Mit physischem Gold als Wertaufbewahrungsmittel im Depot können Sie einen sicheren Halt finden in den Wirren und der Unberechenbarkeit globaler Kapitalmärkte.

Doch sich mit Goldbarren, Goldmünzen und Goldmedaillen zu begnügen und alle übrigen spannenden und gewinnträchtigen Anlageformen auszuklammern. Das darf nicht sein! Gold sollte Sie nicht nur als Krisenwährung in Phasen von Währungsturbulenzen und Crashszenarien interessieren. Es gibt ja so viele interessante Investmentformen mit Gold. Denken Sie an Goldminenaktien, an Indexfonds bzw. ETFs, an Aktienfonds, Anlage- und Hebelzertifikate sowie bei hohem Risikobewusstsein Gold-Futures-Kontrakte. Schon wegen der Streuung in mehrere Anlageklassen, die das Risiko senken und die Ertragschancen erhöhen, gehört Gold dazu. Sie sind gespannt? Mehr dazu in den nächsten Kapiteln. Die weltweiten Goldvorkommen sind begrenzt, und die Exploration ist ziemlich kostspielig.

Die durchschnittlichen Förderkosten belaufen sich gegenwärtig auf über 500 US-Dollar je Feinunze (31,1 Gramm). Gold ist als Schmuck und Krisenwährung besonders begehrt. Die Attraktivität von Gold wird durch das Kräftespiel zwischen Angebot und Nachfrage auf dem Goldmarkt untermauert.

Steckbrief in Kürze: Edelmetall Gold

Im Gegensatz zu etlichen anderen Rohstoffen verbraucht sich Gold nicht. Es ist unzerstörbar, bleibt in der einen oder anderen Form erhalten, wird mengenmäßig nicht weniger. Gold ist ein weiches, glänzendes, gelbes, schweres, form- und dehnbares Metall mit einem Schmelzpunkt bei 1.063 Grad Celsius, das auf viele Chemikalien nicht reagiert, jedoch von Chlor und Fluor angegriffen wird.

Gold kommt in Minen (Berggold) wie auch in fließenden Gewässern (Waschgold) als Körner bzw. Nuggets unterschiedlicher Größe vor. Gold als das dehnbarste Metall ist zu Blattgold und Goldfolien verarbeitbar. Ein Gramm Gold lässt sich zu einem Blatt von einem Quadratmeter ausdehnen, das Goldmaß eine Unze (31,1 Gramm) zu einem 56 Kilometer langen Faden ziehen.

Untertage im Bergbau werden die Erzblöcke im Schacht in handliche Brocken zerschlagen, um sie mithilfe von Loren oder Förderbändern nach oben transportieren zu können. Danach werden sie zerkleinert und zermahlen. Der goldhaltige Schlamm wird so stark erhitzt, damit das enthaltene Quecksilber verdampfen kann und pures Gold übrig bleibt.

Goldnuggets: Welcher Goldschürfer träumt nicht davon, auf eine Goldader zu stoßen und ein Nugget zu finden? Die rundlichen Goldnuggets haben eine weiche und glatte Oberfläche und können so groß wie ein Handteller sein.

Gold: Exploration, Nutzen, Ausblick

Gold ist nur schwer durch andere Rohstoffe ersetzbar und nimmt als seltenes Metall wegen seines begrenzten Vorkommens, seiner vielseitigen Verwendung und seiner monetären Bedeutung eine führende Rolle ein. Gold gilt als ein guter Leiter für Hitze und Strom und eignet sich für viele Anwendungen bis hin zur Raumfahrt.

Physisches Gold dient den Notenbanken als Währungsreserve und gilt bei vielen Anlegern gegenüber Goldminen-Aktien und entsprechenden Zertifikaten, Optionsscheinen und an den Terminmärkten gehandelten Futures als sichere Alternative und „Angstwährung" bei Crashgefahr. Zudem ist Gold als Schmuck weltweit beliebt, mit wachsendem Anteil vor allem bei indischen Hochzeiten gefragt.

Mag die Zukunft wegen internationaler Verträge auch noch auf Eis liegen: Die Antarktis, vor allem der Südpol, wird als Füllhorn vieler Rohstoffe eingeschätzt, darunter Gold und Platin. Die Ausbeutung dieses attraktiven, jedoch schwer zugänglichen Rohstofflagers ist nicht aufzuhalten. Die Eisschmelze dürfte den Zugriff erleichtern.

1.2.2 Ein kurzer Ausflug in die Geschichte

Es ist ungefähr 6000 Jahre her, als ägyptische Arbeiter unter einer Feuerstelle einen eingeschmolzenen funkelnden Brocken von Gold entdeckten. Damals, als Gold noch kein Spekulationsobjekt war, glaubten die ersten Menschen, die rein zufällig ein Nugget im Flussbettkies aufleuchten sahen, wohl an etwas Heiliges. Unsere Vorfahren hatten vielleicht das Gefühl, ein winziges pures Stück vom Himmel vor sich zu haben.

Dieser Zufall bildete den Mythus um das Edelmetall Aurum. Die Zuordnung „Edelmetall" stammt daher, dass Gold sich als beständig gegenüber den bekannten Elementen zeigt und die Widerstandsfähigkeit gegen Korrosion und Oxydation die Begehrlichkeit erhöht. Etliche Kriege wurden wegen Gold geführt, und viele Goldgräber mussten ihr Leben lassen beim Goldschürfen, getrieben von grenzenloser Gier. Vom Kultobjekt über die Totenbeigabe zum Zahlungsmittel – ein weit gespannter Bogen!

Wie alte Aufzeichnungen belegen, deutete der in spanischen Diensten stehende italienische Seefahrer Christoph Kolumbus, Entdecker Amerikas im 15. Jahrhundert, das Motiv vom sagenhaften Eldorado als fantastische Legende einer goldenen Stadt.

Die spanischen Eroberer ließen sich in ihrer ungebremsten Gier nach den auszubeutenden Goldschätzen zu kaum vorstellbaren Gräueltaten hinreißen. So landete 1519 Hernando Cortés mit elf Schiffen, über 500 Soldaten, 100 Matrosen, 16 Pferden und 14 Geschützen an der amerikanischen Küste.

Zu Beginn des totalen Kriegs zählte die heimgesuchte Aztekenhauptstadt Tenochtitlan rund 300.000 Einwohner. Zwei Jahre später war diese blühende Kulturstadt dem Erdboden gleichgemacht. Die komplette Eroberung des Inkareiches durch Francisco Pizarro in Peru bildete den an Barbarei nicht mehr zu überbietenden Höhepunkt einer gnadenlosen Jagd nach Gold, Reichtum und Macht. Der materielle Goldwert überwog alle anderen Vorstellungen. Die riesigen Goldschätze aus der neuen Welt machten aus dem zuvor armen Agrarland Spanien in kurzer Zeit das reichste und mächtigste Land der Erde.

Heute ist von diesem märchenhaften Wohlstand nichts mehr zu spüren. Spanien gehört zu den besonders gefährdeten Ländern einer überbordenden Staatsüberschuldung, die mit einer reinen Sparpolitik wohl nicht mehr in den Griff zu bekommen ist. Knallhartes Sparen würgt die Konjunktur ab.

Die damals geraubten Goldschätze sind rund um den Globus verstreut und fehlen, um die Finanzen zu ordnen.

Der begnadete Maler Albrecht Dürer schilderte 1520 im Tagebuch die Eindrücke über die aztekische Beutekunst, die Kaiser Karl V. in Brüssel ausstellen ließ. Für ihn war es ein Wunder, ohne das Unrecht kritisch zu hinterfragen: *„Ich sah die Dinge, die dem König aus dem Neuen Goldland gebracht wurden. Eine Sonne ganz aus Gold, einen ganzen Klafter breit. Ebenso einen Mond ganz aus Silber und genauso breit. Desgleichen allerlei Kuriositäten von ihren Waffen, Rüstungen und Geschossen, alles schöner anzusehen als großes Wunder.“*

Zu allen Zeiten, früher wie heute, bildete die Schatzsuche ein starkes Motiv für männliche Helden. Immer wieder nahmen und nehmen Männer jeden Alters unglaubliche lebensgefährliche Strapazen in Kauf, um ihren Traum zu verwirklichen, berühmt und über Nacht reich zu werden. Schon damals bremste die Gier den Verstand aus.

Die ersten Goldnugget-Funde im Zusammenfluss von Sacramento und American River lösten den ersten großen Goldrausch 1849/50 aus. Schätzungsweise 80.000 Abenteurer folgten dem Lockruf des Goldes nach Kalifornien. Die meisten von ihnen blieben arm; viele gingen elend zugrunde bei den schier unmenschlichen Strapazen; einige wurden reich. Jack London in seinem Roman und Charlie Chaplin im Film machen die Goldsucher am Klondike River in Alaska unsterblich, die 1896 aufbrachen, um nach Gold zu schürfen. Die Goldsuche machte den Schriftsteller Jack London nicht reich, dafür aber sein Buch.

Auch im 20. Jahrhundert und ebenso im neuen Jahrtausend suchten und suchen hartnäckige Glücksritter nach sagenumwobenen verborgenen Schätzen, sei es in Flüssen und Bergseen, in Höhlen, verschütteten Ruinen, alten Grabstätten und Schiffwracks verstreut über alle Weltmeere.

Der jüngst entdeckte und auf bis zu 15 Milliarden Euro geschätzte Goldschatz in einem Hindutempel im südindischen Bundesstaat Kerala wuchs aus den Opfergaben der Gläubigen. Im Laufe von Jahrhunderten schwoll der Schatz aus purem Gold, verziert mit Diamanten und sonstigen wertvollen Edelsteinen, zu diesem sagenhaften Reichtum an. Die Gläubigen wollten ihren Gott Vishnu gnädig stimmen auf ihrer langen Reise durch den Zyklus der Reinkarnation. Die Träume finden auch heute neue Nahrung, sei es der riesige Fund in Alaska oder ein Nugget der kleineren Art im Altrheingebiet, wo sich die Schürfer wieder eifrig tummeln.

Gold – auch als Geldanlage begehrt

Quelle: aus Beate Sander: „Managed Futures",
S. 13, kostenlose Abbildung, sowie „Gold, Silber, Platin",
1. Auflage, 2009, S. 22

Der Bestsellerautor Jim Rogers gewährt einen Einblick in die Geschichte: Ein Auszug aus „Gold – Mystik und Fundamentaldaten"

„Im Altertum wurde Gold wegen seiner Seltenheit, seiner Dauerhaftigkeit und seiner Schönheit geschätzt. Manche glaubten sogar, Gold habe magische Eigenschaften.

Die Ägypter gruben schon 2000 Jahre vor Christus nach Gold, und 1352 vor Christi begruben sie den jungen König Tut-Ench-Amun in einem prächtigen, seinem Äußeren nachgebildeten Sarg aus purem Gold, der etwa 1.100 Kilo wog.

Im 6. Jahrhundert vor Christi ließ König Croesus von Lydien, dem ägäischen Königreich in der heutigen Türkei, die ersten Münzen aus reinem Gold prägen.

Die Römer brachten ihre ersten Goldmünzen bereits im Jahr 50 vor Christi heraus.

Die Inkas der vorkolumbianischen Zeit verwendeten Gold für Kunstwerke, Schmuck und viele weitere Zwecke. Jeder Inkaherrscher nahm seinen Goldschatz mit ins Grab und überließ es seinem Nachfolger, selbst einen solchen Schatz für sich anzusammeln.

Als die spanischen Entdecker in ihre Heimat zurückkamen und von all dem Schmuckgold der Inkas berichteten, stachelte das gelbe Metall die Fantasie vieler Menschen an. Zu Beginn des 16. Jahrhunderts sandte das spanische Herrscherpaar Ferdinand und Isabella Schiffe in die Neue Welt, um dort Gold zu finden. Diese Schiffe kamen mit Goldladungen für die königlichen Schatzkammern zurück. Das ,Goldene Zeitalter' Spaniens hatte begonnen."

Gold als Geld: einige geschichtliche Etappen in der monetären Rolle

Zeitraum	Einsatz von Gold als Geld
5000 vor Chr.	Verwendung von Gold vor allem als Tauschmittel
700 vor Chr.	Prägung der ersten Münzen aus einem Gold-Silber-Gemisch
500 vor Chr.	Prägung der ersten Münzen aus reinem Gold
1300 nach Chr.	Neben Gold- und Silbermünzen Papiergeld als Zahlungsmittel
Ab 1925	Einigung der Notenbanken auf Gold-Devisenstandards (durch Gold gedeckte Währungsreserven)
Ab 1968	Aufspaltung in einen offiziellen Goldmarkt für Notenbanken zum Festpreis und einen freien Markt für die übrigen Handelsteilnehmer
Ab 1978	Ermächtigung der Zentralbanken, Gold zu kaufen und zu verkaufen. Freigabe des Goldhandels für offizielle und private Marktteilnehmer
1999/2004	Verpflichtung der Notenbanken im „Washington Agreement", Goldverkäufe auf insgesamt 2.000 Tonnen zu begrenzen
Quelle: Udo Rettberg: „Alles, was Sie über Rohstoffe wissen müssen", S. 155	

Gold ist nicht unbegrenzt verfügbar und macht längerfristig steigende Preise wahrscheinlich

Goldstandard

Der 1971 aufgehobene Goldstandard ist ein Verfahren aus der Geldwirtschaft. Er bezeichnet die Deckung einer Währung durch Gold.

Goldumlaufwährung

Diese Währungsform mit Goldmünzen als Hauptzahlungsmittel bestand bis zum Beginn des Ersten Weltkrieges in den westlichen Hauptindustrieländern.

Goldkernwährung

Gold wird bei der Zentralbank nur noch als Reserve für den internationalen kommerziellen zwischenstaatlichen Zahlungsverkehr gehalten.

In den späten 1960er-Jahren kostete Gold je Feinunze, das sind 31,1 Gramm, nur etwa 35 Euro. Bis 1980, 20 Jahre später, stieg der Goldpreis auf ein historisches Hoch von 850 Dollar. Danach begann eine jahrelange Baisse. Der niedrige Preis verstärkte die Nachfrage in der Elektronikindustrie und in der Zahnmedizin, da biologisch unbedenklich und nicht giftig. Solange Gold als unterbewertet galt, gab es nur wenig Anreiz, in die schwer zugängliche, extrem kapitalintensive Exploration zu investieren. Erst mit der deutlich anziehenden Nachfrage und höheren Goldreserven begann ab 2004 ein Preisaufschwung, der sich bis 2007 auf 1.000 US-Dollar und 2011 auf 1.900 US-Dollar beschleunigte und die Aktivitäten in den Goldminen vorantrieb.

Physisches Gold im Depot gilt vor allem bei konservativen Anlegern als „sicherer Hafen". Aber nicht zu allen Zeiten wurde das Vertrauen in Gold belohnt. Da der Goldpreis schwankungsfreudig ist und in US-Dollar berechnet wird, ist der Einfluss von Währungsturbulenzen groß. Der Umrechnungskurs in Euro erhöht sich bei einem ansteigenden Dollar.

Ein schwacher Dollar bremst die möglichen Kursgewinne aus. Mit Goldminenaktien lässt sich abhängig von Konjunktur und Börsenklima mehr Geld gewinnen, aber auch verlieren gegenüber anderen Branchen. Ähnliches gilt mit den nicht währungsgesicherten Aktienfonds und mit Gold-Futures.

Fazit: Auch bei physischem Gold gibt es Kurseinbußen, aber keinen Totalverlust. Wichtig ist der Ausgleichsfaktor. Krachen die Börsen ungebremst in den Keller wie vor den konzertierten Zinssenkungsaktionen und Rettungspaketen in den USA und Europa im September/Oktober 2008, springt der Goldpreis nach oben – damals binnen eines Tages um 150 US-Dollar je Feinunze von 740 auf bis zu 890 US-Dollar. In den zwölf Jahren des neuen Jahrtausends hat sich der Goldpreis zeitweilig bis auf knapp 2.000 US-Dollar verachtfacht. Viele Experten sehen die physische Goldanlage im weiteren Aufwärtstrend.

Das Auf- und Ab beim Goldpreis für eine Unze (31,3 Gramm) im Wandel der Zeiten

Datum	Preis	Datum	Preis
27.08.1976	104 US-$	27.08.1999	254 US-$
08.12.1978	202 US-$	12.05.2006	715 US-$
18.01.1980	835 US-$	14.03.2008	1.003 US-$
25.06.1982	306 US-$	31.10.2008	725 US-$
11.02.1983	505 US-$	03.12.2010	1.414 US-$
01.03.1985	288 US-$	26.08.2011	1.920 US-$
04.12.1987	496 US-$	26.08.2012	1.673 US-$

Fazit: Das Gefühl der Sicherheit ist nicht tragfähig. Hier hilft nur: Diversifikation auch vom Zeitpunkt her! Ende August 2012 schaffte der Goldpreis ein Vier-Monatshoch.

> Ein Blick auf die Goldpreisentwicklung zeigt, dass Gold kein so sicherer Hafen ist, wie oft geglaubt wird. Gold geht zwar nicht Pleite wie manches Unternehmen; aber die Preisausschläge sind erheblich, und es winkt als Trostpflaster keine üppige Dividende, wie es sie bei zahlreichen Aktien gibt. Zudem bestehen Aufbewahrungsrisiken, die Gefahr des Diebstahls oder die mit einer sicheren Lagerung verbundenen Kosten.

1.2.3 Angst ums Geld: Lockruf Gold

Ende 2011 besaßen die Deutschen 5.800 Tonnen Gold – immer abhängig vom Feinunzenpreis – im Wert von 170 Milliarden Euro. Im Schnitt haben die Bundesbürger 130 Gramm in physisches Gold investiert – großteils aus dem laufenden Einkommen oder aus Teilen des Sparkapitals. Diese 130 Gramm, angelegt in Barren und Münzen, machen etwa drei Prozent ihres Gesamtvermögens aus. Mit steigendem Einkommen wächst das Interesse an Gold. Beliebt bei Privatanlegern sind vor allem Barren in der Größenordnung von einer Unze bis zu 100 Gramm. Bei den Anlagemünzen stehen Klassiker ganz oben auf der Wunschliste, z. B. der südafrikanische Krügerrand oder die Wiener Philharmoniker.

In den von Inflationsängsten und Papiergeldverfall geprägten Zeiten wird nicht nur der geschenkte oder geerbte Metallbestand verwaltet, sondern eifrig zugekauft. Interessant ist, dass die Bundesbürger in den letzten Jahren dreimal mehr Gold zu Anlagezwecken kauften als die Italiener und siebenmal mehr als die Franzosen. Präsentiert sich hier ein Angsthasenvolk? Ist die Furcht im Konjunkturlokomotivenland größer als bei unseren Nachbarn? Beim Blick auf die Parteibücher fällt auf, dass für die FDP-Wähler Gold kaum ein Thema ist, während bei den Linken der Anteil der Goldbesitzer ungewöhnlich hoch ist.

Leider ist – wie überall im Bereich der Börse und Geldanlagen – auch hier viel Irrationalität mit im Spiel. Manche Privatanleger sind so verängstigt und irritiert, dass sie aggressiv umschichten und sogar Lebensversicherungen vorzeitig trotz aller damit verbundenen Nachteile kündigen, um nun das gesamte Geld in Edelmetall anzulegen. Dieses unvernünftige Verhalten ist Ausdruck nackter Angst. Immerhin machen sich 70 Prozent der Deutschen Sorgen wegen steigender Inflation. Und über 50 Prozent befürchten eine Währungsreform. Die meisten Anleger, nahezu 60 Prozent, wollen an ihrem Goldbestand dauerhaft festhalten. Goldbezogene Wertpapiere, wozu auch Einzelaktien und Aktienfonds gehören, sind weniger gefragt.

Wegen der bedrohlichen Staatsüberschuldung hat die knappe Hälfte der Goldbesitzer das begehrte Edelmetall erst in den vergangenen dreieinhalb Jahren gekauft. Es ist die Furcht vor Geldwertverlust und Papiergeldverfall, die den Bundesbürger zum Gold drängt. Fast 40 Prozent der im Herbst 2011 befragten 4.300 Verbraucher planen laut HANDELSBLATT demnächst weitere Käufe. Für die meisten Menschen gilt Gold als eine Art Versicherungsschutz in der Krise.

Wohin mit dem Geld in schwierigen Zeiten?

Laut HANDELSBLATT, Artikel „OFF THE RECORD – Das neueste Goldversteck aus Italien", Nr. 118 vom 21. Juni 2012 – hat auch der Textilhersteller Testa aus dem norditalienischen Ort Romentino über innovative Lösungen nachgedacht. Er bietet nun in Sachen Werterhalt Stoffbahnen aus Gold an. In die Testa-Stoffe lassen sich Edelmetallfasern aus 24-karätigem Gold einweben. Der Meter Stoff kostet 700 Euro, ein Hemd daraus etwa 3.000 Euro. Da die Zöllner an der Grenze niemandem das letzte Hemd ausziehen dürfen, erscheint diese Idee gar nicht so abwegig zu sein, wenn es darum geht, Gold halbwegs legal aus dem Land zu schaffen.

Ein Blick auf die Goldstatistik

Entwicklung der weltweiten Goldbestände

In der Menschheitsgeschichte wurden schätzungsweise 163.000 Tonnen Gold gefördert. Alljährlich kommen über 2.500 Tonnen hinzu. Die Reserven werden auf 51.000 Tonnen geschätzt. China hat 2010 am meisten Gold gefördert, nämlich 345 Tonnen vor Australien mit 255 und USA 230 Tonnen.

Tonnen	2000	2005	2010
Neugefördertes Gold	2.573	2.518	2.659

Zentralbanken mit den größten Goldreserven
Die Notenbanken setzen weiterhin auf Gold

Tonnen	2000	2005	2010
USA	8.137	8.135	8.134
Deutschland	3.469	3.428	3.401
Italien	2.452	2.452	2.452
Frankreich	3.025	2.826	1.054

Die größten Goldbesitzer sind die Notenbanken mit den USA an der Spitze. Das Gold der Deutschen Bundesbank hat einen Wert von schätzungsweise 130 Milliarden Euro. Seit Ausbruch der Finanzkrise im 2. Halbjahr 2008 stieg der Wert um rund 63 Milliarden Euro. Besonders aktiv beim Zukauf von Gold sind die Zentralbanken der Schwellenländer. Sie investieren vor allem in Edelmetall, um ihre Anlagen zu streuen.

Zur Goldpreisentwicklung: Der Goldpreis stieg vom 01. Januar 2000 von 289 US-Dollar je Feinunze von 31,1 Gramm auf 1.660 US-Dollar Ende September 2011. Dort verweilt er nach vorübergehendem Anstieg auf über 1.900 US-Dollar auch heute noch, im August 2012. Umgerechnet sind dies schätzungsweise 1.300 Euro, immer abhängig vom Wechselkurs.

Ein Blick auf die Goldstatistik (Fortsetzung)

Die größte Goldmine der Welt: Gralsberg, Indonesien

Goldvorkommen sind über die ganze Welt verstreut. Kleine Vorkommen gibt es auch hierzulande, vor allem in Thüringen und auf den Geröllbänken vom Hoch- und Oberrhein bei Istein.

Die Goldnachfrage nach Sektoren von 2000 bis 2011

Tonnen	2000	2005	2010	2011
Gesamtnachfrage	3.821	3.733	4.051	4.067
Schmuckindustrie	3.204	2.708	2.017	1.963
Elektroindustrie	283	281	327	330
Sonstige Industrie	99	88	91	89
Zahnmedizin	69	62	49	44
Einzelhandel	166	386	1.200	1.487
ETF/ETC	0	208	368	154

Bei der Schmuckindustrie sind die größten Nachfrageländer Indien (567 Tonnen) mit 27 % Marktanteil vor China (511 Tonnen) mit 22 %. Alle übrigen Länder haben einstellige Anteile.

Das weltweite Goldangebot nach Bereichen und Branchen von 2000 bis 2011

Tonnen	2000	2005	2010	2011
Gesamtangebot	3.701	4.016	4.164	3.994
Minenproduktion	2.618	2.548	2.709	2.810
Produzenten-Hedging	-15	-92	-108	+12
Zentralbankverkäufe	479	663	-77	-440
Wiederaufbereitung	619	897	1.641	1.612

Quellen: Handelsblattgrafik; Wikipedia: Gold/Tabellen/Grafiken

Goldschürfen als Lust oder als Frust?

Immer mehr Menschen nehmen in Deutschland an Schürf- und Gold-Wasch-Kursen teil und begeben sich auf die Goldsuche insbesondere in Thüringen und Sachsen. Ort der Begierde ist der Fluss Göltzsch. Die Chance, durch einen Nugget-Fund reich zu werden, ist gleich Null. Hier geht es mehr um Romantik und Abenteuer. Um ein Gramm Gold zu gewinnen, sind 3.000 winzige Einzelstücke nötig. Es gibt an einigen Orten Gold, ohne dass die Chance besteht, ertragreich fördern zu können. Professionell wird in Deutschland nirgends mehr Gold geschürft.

1.2.4 Das Duell: Bulle und Bär bei der Goldeinschätzung

Bietet Gold die Sicherheit, die Anleger erwarten?

Die Rolle des Börsenbullen spielt Gottfried Urban, Vorstand der Neue Vermögen AG. Als Börsenbär in diesem Streitgespräch fungiert Markus Stahl von der Vermögensverwaltung Steinhart & Stahl. Aufgezeichnet hat dieses Duell, das ich hier gekürzt wiedergebe, das HANDELSBLATT in seiner 47. Ausgabe vom 08. März 2011, Rubrik S. 38: „Private Geldanlage".

Anmerkung: Der Bulle steht für steigende Kurse, weil er sein Opfer auf die Hörner nimmt, also von unten nach oben zustößt. Der Bär symbolisiert fallende Aktienkurse. Er schlägt mit seinen mächtigen Tatzen von oben nach unten auf das Opfer ein. Die Skulpturen Bulle und Bär zieren den Frankfurter Börsenplatz.

Bulle Urban: *„Die Krise ist nicht vorbei. In den Köpfen ist sie sehr präsent. Die Menschen haben immer noch Angst um ihr Geld. Sie wollen etwas Beständiges als Sicherheit. Deshalb kaufen sie Gold."*

Bär Stahl: *„Wenn Gold eine Versicherung sein soll, dann ist die Versicherungsprämie viel zu hoch. Gold ist jetzt schon viel zu teuer. Es wird fast nur über die Chancen gesprochen, kaum über die Risiken."*

Bulle Urban: *„Der Goldpreis ist nicht sprunghaft nach oben geschossen. Das zeigt mir, dass es noch keinen Hype gibt. Die Euphorie bei der breiten Masse sehe ich noch nicht. Die meisten Menschen fühlen sich immer noch wohl mit ihrem Sparbuch."*

Bär Stahl: *„Heute wird über Gold in jeder Provinzzeitung berichtet. Es ist wie früher am Neuen Markt."*

Bulle Urban: *„Der Anteil von Gold und Goldminenaktien in den Depots ist immer noch verschwindend gering."*

Bär Stahl: *„Gold bietet gar nicht die Sicherheit, die die Leute erwarten. Der Goldpreis war und ist starken Schwankungen unterworfen. Gekauft wird Gold von Privatanlegern, die Angst vor Schuldenkrise und Inflation haben. Außerdem haben einige Notenbanken aus Schwellenländern zugekauft."*

Bulle Urban: *„Rohstoffe sind eine riskante Anlageklasse, das ist unbestritten. Angebot und Nachfrage bestimmen den Preis. Ich bin überzeugt, dass die Nachfrage in den nächsten Jahren hoch bleiben wird."*

Bär Stahl: *„Weltweit liegt in den Tresoren so viel Gold, dass dadurch die gesamte Nachfrage der nächsten 30 Jahre gedeckt werden könnte, ohne dass eine Mine auch nur einen Stein mahlen müsste. Das ist anders als bei Öl oder Agrarrohstoffen, wo die Lagerbestände längst nicht so groß sind."*

Bulle Urban: *„Ich selbst habe mein erstes Gold vor 31 Jahren gekauft und seitdem nicht mehr verkauft."*

1.2.5   Gold: oft gestellte Fragen

Erste Frage: **Wie stark steigt der Goldpreis für ein Kilogramm bei unterschiedlicher Stückelung?**

Rechnerisch am günstigsten ist der Handelsbarren. Aber in der Praxis zählen auch andere Argumente wie der Teilverkauf.

Erst ab einer Feinunze, das sind 31,1 Gramm, ist ein Kauf vernünftig, somit ein Barren ab 50 Gramm. Obwohl Gold in US-Dollar abgerechnet wird, bringt die folgende Tabelle die praktischen Europreise. Als Ausgangsbasis gilt hier ein Preis von 39.304 Euro für einen Handelsbarren laut Aufstellung von pro aurum. Die Preise ändern sich täglich. Hier geht es um das Verhältnis, also das Gefühl, wann lohnt es sich und wann nicht.

Goldbarrenpreis abhängig von Stückelung			
49.500 € 1 Gramm	46.141 € 1/10 Unze	42.800 € 10 Gramm	41.313 € 1 Feinunze
40.610 € 100 Gramm	40.464 € 250 Gramm	40.334 € 500 Gramm	39.304 € 1 Kilogramm
Die Preise beziehen sich auf eine Gesamtmenge von 1 kg.			

Zweite Frage: Goldverbot – eine realistische Gefahr?

Weltuntergangsautoren verdienen mit Furcht einflößenden Publikationen oft viel Geld. Aus sicherer Entfernung winken höhere Umsätze, wenn es dem Leser kalt über den Rücken läuft, als wenn er mit Zuversicht stimuliert wird.

Es ist durchaus möglich, dass die Weltuntergangsverbreiter selbst gar nicht so pessimistisch eingestellt sind, aber die Psychologie für den Honorarzuwachs nutzen wollen. Gier kennt auch hier keine Grenzen. Beliebt aus diesem Blickwinkel sind Nachrichten über ein Goldverbot – nicht minder strapaziert als eine drohende Währungsreform.

Wie wahrscheinlich ist dieses Szenario? Dazu ein gekürzter Kommentar aus dem „Smart Investor", Maiausgabe 2012, Seite 14: *„Ein Goldverbot dürfte allerdings erst – wenn überhaupt – kommen, wenn zuvor eine lange Reihe von Folterinstrumenten für die Edelmetallinvestoren ausgeschöpft wurde … Die in einigen politischen Lagern bereits vorbereitete Einführung von Vermögenssteuern oder Vermögensabgaben würde sich natürlich auch auf Edelmetalle beziehen. Eine Erhebung von Umsatzsteuer auf Gold (wie in den 1960er-Jahren) würde den Goldkauf hierzulande deutlich unattraktiver machen."*

Dritte Frage: Wo, wann und wie Gold einkaufen?

Wer physisch noch kein Gold besitzt, sollte sich ohne langes Zögern einen gewissen Grundstock zulegen, aber nicht sein gesamtes Pulver verschießen. Es gilt, seinen Bestand schwerpunktmäßig bei größerer Korrektur aufzustocken. Der Preis sinkt, wenn der Aktienmarkt boomt. Im Crash flüchten viele Anleger in den vermeintlich sicheren Hafen Gold.

Seriöse Goldkaufmöglichkeiten

➢ Pro aurum	www.proaurum.de
➢ Degussa	www.degussa-goldhandel.de
➢ CoinInvest	www.coininvestdirekt.com/de
➢ Westgold	www.westgold.de
➢ GoldMoney	www.goldmoney.com/de

Internationale Goldlagerung	
➢ GoldMoney	www.goldmoney.com/de
➢ Bullion Vault	www.gold.bullionvault.de
Quelle: Smart Investor, Nr. 5/2010, Tabelle auf S. 20	

Vierte Frage: Wem gehört das Gold dieser Welt?

18 Prozent Gold sind im Besitz von Zentralbanken und anderen Währungs-Institutionen. 51 Prozent Gold sind zu Schmuck verarbeitet worden. 12 Prozent Gold wurden für Kunstgegenstände gebraucht. Und 18 Prozent Gold befinden sich im Privatbesitz in Form von Barren und Münzen.

1.2.6 Fazit Gold: Umfragen und kritische Stimmen

Gold bleibt ein knappes Gut

Langfristig ist die steigende Nachfrage nach Gold nicht zu befriedigen. Die Förderung wird immer komplizierter und kostspieliger, nachdem die Minen zusehends tiefer in schwer zugängliches Erdreich eindringen.

GoldMoney-Gründer James Turk glaubt, dass der Goldpreis bis 2013/2014 auf 2.500 US-Dollar hochschnellen könnte. *„Gold gilt schon seit Tausenden von Jahren als Zahlungsmittel. Anleger investieren daher in eine sichere Währung. Schließlich ist Gold rar, und jeder Mensch weiß, dass Gold wertvoll ist."*

Kritische Stimmen: Gold vor neuer Korrektur?

Der Goldpreis hat von seinem Hoch Mitte 2011 bei über 1.900 US-Dollar zwischenzeitlich mehr als 15 Prozent eingebüßt.

Er notiert (Anfang September 2012) statt bei 1.900 bei knapp 1.700 US-Dollar bzw. fast 1.350 Euro. Zeitweilig waren es nur 1.500 US-Dollar. Dies ist keine Katastrophe, aber doch ein empfindlicher Verlust für denjenigen, der oben einstieg. Es winkt keine Dividende als Ausgleichsfaktor, und möglicherweise ist auch die Aufbewahrung mit gewissen Kosten verbunden.

Frank Schallenberger, Rohstoffexperte der LBBW, äußert sich gegenüber boerse.ARD.de: *„Es sieht nicht mehr so positiv aus. Die Hausse ist jetzt schon über zehn Jahre alt. Es kann nicht nur nach oben gehen."* Wesentlich skeptischer schätzt Stefan Komfass, Leiter Institutionelles Wertpapiergeschäft bei der SEB Bank, die Lage bei Gold ein: *„In den nächsten fünf bis zehn Jahren ist beim Gold kein Geld zu verdienen."*

Carsten Fritsch, Rohstoffexperte der Commerzbank, spricht dagegen nur von einer vorübergehenden Schwächeperiode: *„Gold wird als sicherer Hafen wiederentdeckt."* Und der renommierte Vermögensverwalter und Fondsmanager Dr. Jens Ehrhardt von der DJE Kapital AG meint im Interview mit der boerse.ARD.de am 29. Juni 2012: *„Gold sollte im Hinblick auf die Systemrisiken auf jeden Fall im Depot bleiben."*

FORSA-Umfrage im Juni 2012: Gold mit den größten Chancen

Auf Sicht von mindestens drei Jahren sollte Gold den größten Gewinn bringen. So lautet das Ergebnis einer Umfrage des Meinungsforschungsinstituts FORSA im Auftrag des führenden Münchener Goldhandelshauses pro aurum im Juni 2012: Befragt wurden mehr als tausend Anleger. Gold führt deutlich mit einem Anteil von knapp 40 Prozent vor Festgeld und Aktien. Klar abgeschlagen sind Fonds und Anleihen. Fondsmanager schätzen die Lage allerdings anders ein. Sie favorisieren in Krisen Sachwerte wie Edelmetall, Aktien und Immobilien. Interessant ist der kaum zu übersehende Widerspruch in der Umfrage.

Während nur jeder zehnte Interviewpartner Gold besitzt, ist der prozentuale Anteil jener, die hier das größte Gewinnpotenzial erkennen, viermal so groß. Insgesamt hat sich der Anteil der Befragten, die Gold am meisten zutrauen, um vier Prozent erhöht, während Festgeld um vier Prozent abnahm.

FORSA-Umfrage (Juni 2012): Welche Anlage erzielt am meisten Gewinn nach 3 Jahren?			
Gold	38 %	Aktien	12 %
Weiß nicht	23 %	Fondsanteile	8 %
Festgeld	16 %	Anleihen	3 %

1.3 Silber, auch als Industriemetall gefragt

Seit dem 5. Jahrtausend vor Christi wird Silber zu Schmuck und zu Münzen als Zahlungsmittel genutzt und wurde lange Zeit für wertvoller eingeschätzt als Gold. Anfangs spielte Silber bei der Entstehung des Geldes die Hauptrolle.

So wurden die ersten Geldzahlungen um 4500 vor Christi in Mesopotamien in Silber abgewickelt. Die alten Germanen nannten das Edelmetall „silabra". Ob Medizin und Medizintechnik, Pharmazie, Schmuck- und Elektroindustrie, Lebensmittel- und Fototechnik, als Münzen, Medaillen, Tafelsilber, Leuchter oder Finanzinstrument. Silber wird vielfältig verwendet und gebraucht. In seiner Bedeutung als Industriemetall und in seinen Produktionsmengen nimmt Silber als Rohstoff zur industriellen Nutzung eine Sonderrolle ein und liegt hier deutlich vor Gold.

Dazu meint der bekannte Silberexperte Thorsten Schulte: „*In jedem Auto sind etwa zwei Unzen Silber verbaut; denn Silber verfügt über die höchste Leitfähigkeit bei Metallen. Die derzeit erforschten Rohstoffvorkommen von Silber reichen bei heutigen Preisen und dem gegenwärtigen Stand der Technik nur noch für die Förderung in den kommenden 13 Jahren.*" Bei seiner Einschätzung vom Frühjahr 2011, dass der Silberpreis mittelfristig bis 2012 auf rund 100 US-Dollar nach oben schnellen könnte, hat sich der „Silberjunge" gehörig vergriffen. Ein Preis von 50 US-Dollar erscheint 2013 wohl denkbar, aber 100 Dollar pro Unze dürften stark übertrieben sein. Vor dem Hintergrund, dass die Inflationsrate wegen der Staatsüberschuldung auf längere Sicht ansteigt, ist Silber ein lohnenswertes Investment.

Mit dem wachsenden Wohlstand in Asien und anderen aufstrebenden Märkten, verbunden mit einem zunehmenden Bedarf an Schmuck und Luxusartikeln, eröffnet sich für Silber ein zusätzliches Aufwärtspotenzial. Daneben dient es als Finanzanlage für den „kleinen Mann". Silber zählt wie Gold zu den selteneren Metallen, kommt aber im Vergleich zu Gold etwa zwanzigmal häufiger vor.

Zwischen der Preisentwicklung von Silber und Gold besteht oft, aber nicht immer eine enge Korrelation, also Wechselwirkung. Mitunter sind gegensätzliche Richtungen zu beobachten. In den Jahren 1989 bis Anfang 2004 bewegte sich Silber in einem engen Preiskorridor zwischen 4,00 und 6,00 US-Dollar je Feinunze. Lange Zeit konnte Silber von dem beginnenden Rohstoffboom nicht profitieren.

Danach aber begann eine von großen Schwankungen geprägte Rallye. Augenblicklich (Anfang Sept. 2012) kostet die Feinunze Silber rund 32 US-Dollar bzw. 25,50 Euro. Ende August 2011 wurde mit fast 44 US-Dollar der höchste Preis erreicht. Eine völlige Abkoppelung des Silberpreises von den in US-Dollar erfolgenden Goldnotierungen ist nicht zu erwarten.

Physisches Silber fungiert nicht zu allen Zeiten als der berühmte sichere Hafen. Aber so wie auch bei einzelnen Aktien regelrechte Kursexplosionen vorkommen, wurde auch die Geldanlage Silber von 2003 bis 2011 zeitweilig mit einem achtmal so hohen Kurs belohnt. Dennoch spricht einiges dagegen, sich einen größeren Posten Silber ähnlich wie Gold physisch ins heimatliche Depot zu legen, ohne es einlagern zu lassen.

Bei großem Vermögenseinsatz müssten Sie gewaltige Mengen lagern und sicher aufbewahren. Außerdem ist Silber längst nicht so liquide und gut handelbar wie Gold. Derzeit kostet eine Feinunze Gold etwa 57mal so viel wie Silber. Der Wert von einem Kilogramm Gold ist vergleichbar mit deutlich über einem Zentner Silber. Nicht zu vergessen, dass bei Silberbarren der volle Mehrwertsteuersatz anfällt, während Gold steuerfrei ist.

Der dramatische Nachfrageeinbruch im Photosektor wird mehr als nur ausgeglichen durch den wachsenden industriellen Bedarf für Handys, Computer, Chips, Wasserreinigung und im Anlagebereich durch Unterlegung mit Barren bei Silber-ETC. Anlagemünzen mit nur sieben Prozent Mehrwertsteuer bis 2014 sind bei Sammlern wie bei Investoren beliebt. Oft werden Renditehoffnungen mit einem interessanten Hobby verknüpft. Mittlerweile wandert über die Hälfte der Jahresproduktion in den Industriesektor. Rund ein Viertel der Gesamtproduktion stammt aus reinen Silberminen. Dabei wird die Silbergewinnung aus dem Recycling silberhaltigen Schrotts immer wichtiger. Bei konjunkturellem Aufschwung übersteigt die Nachfrage das Angebot; andererseits verringern sich die Lagerbestände.

Chefmetallhändler Frank McGhee von Integrated Brokerage Services in Chicago vergleicht den Silbermarkt auf anschauliche Weise mit einem Güterzug: *„Er kommt nur langsam in Fahrt, aber wenn er sich mal in eine Richtung bewegt, lässt er sich nicht einfach stoppen."*

Steckbrief in Kürze: Edelmetall Silber

Silber wird heute vor allem industriell eingesetzt, und auch die Bedeutung als Finanzinstrument steigt. Die wichtigsten Silbervorkommen liegen in Peru, Bolivien, Mexiko, USA und Kanada. Silber fällt häufig als Nebenprodukt bei der Blei- und Kupferherstellung an, wird zu Schmuck und Tafelsilber verarbeitet und als Industriemetall in den Bereichen Lebensmitteltechnik, Elektrik und Elektronik, Pharmazie, Medizin und Medizintechnik, Optik und Wasserreinigung genutzt. Im Bereich Münzen und Medaillen steigt die Nachfrage; bei Tafelsilber nimmt sie spürbar ab.

Mit dem Siegeszug der Digitalfotografie gehen die Aufträge in der Fotobranche jedoch dramatisch zurück. Trotz Turbulenzen am Silbermarkt rechnen die meisten Experten wegen vieler Anwendungsmöglichkeiten und begrenzter Reserven und Ressourcen mit einem langfristigen Preisanstieg. Bleibt eine Rezession aus, ist zumindest eine Stabilisierung zu erwarten, mögen auch häufig Spekulanten am Werk sein.

Die Einführung von Exchange Traded Commodities (ETC) an der New Yorker Börse führte seit 2005 zum starken Preisauftrieb, wobei weiterhin auch die Bezeichnung ETF (Exchange Traded Funds) üblich ist. Ein klassischer, passiv gemanagter ETC ohne zusätzlichen Schnickschnack kauft und lagert das erworbene Metall, damit Investoren den Rohstoff handeln können, ohne ihn selbst physisch zu besitzen.

Das weiß glänzende Silber reflektiert über 99,5 % des sichtbaren Lichts und besitzt die beste elektrische Leitfähigkeit aller Metalle. Es ist so dehnbar, dass sich ein Gramm zum zwei Kilometer langen Faden ziehen lässt. Also bietet sich auch eine Verarbeitung zu Blattsilber und Silberdraht an.

Das Edel- und Industriemetall Silber

Quelle: aus Beate Sander: „Managed Futures",
S. 33, sowie „Gold, Silber, Platin", 1. Auflage, 2009, S. 28

1.3.1 Ein Ausflug in die Geschichte

Silber wird schon seit dem fünften Jahrtausend vor Christus zu Schmuck und Münzen verarbeitet, war in den Kulturen der Römer, Assyrer, Germanen, Goten und Ägypter wegen seiner weiß glänzenden Farbe als „Mondmetall" bekannt. Laut www.gold-shopping.com/silber stammt ein wichtiger Fund aus dem Jahr 1352 vor Christi: eine etwa einen Meter lange Trompete, aufgefunden im Grab des Tutenchamun.

Die Sumerer als eine der ältesten Kulturen verarbeiteten das feine Metall kunstvoll und machten ihr angesehenes Handwerk bis tief in den Süden hinein bekannt. Die Griechen fertigten schon 600 v. Chr. die ersten Münzen aus Silber. In der Antike hatte Silber zeitweilig einen höheren Stellenwert als Gold. Möglicherweise liegt der Ursprung des Wortes Silber im Germanischen. Dort gibt es die Wurzel „silubra", im Althochdeutschen zu „silabar" weiter entwickelt.

Im Mittelalter wurden auch in Deutschland Silberminen erschlossen, insbesondere im Harz, in Sachsen, im Südschwarzwald und in Böhmen. Nachdem die Spanier große Silbermengen aus Amerika holten, sank der Wert des Silbers gegenüber Gold. Ab 1870 büßte Silber allmählich seine Rolle als Münzmetall ein, sodass zunächst die wirtschaftliche und industrielle Bedeutung abnahm.

Nach einem Umtauschverhältnis von einer Goldunze zu 14 Silberunzen stieg das Verhältnis bis auf 1:100. Im Oktober 2008 lag es bei 1:75, im Schnitt der letzten 20 Jahre bei 1:54, im Sommer 2012 bei 1:57. Mit der Entwicklung von rostfreiem Stahl und Edelstahllegierungen verlor Silber Anteile bei Bestecken, Servierplatten, Leuchtern und Küchengeräten, weil hier das lästige Anlaufen und zeitraubende Putzen entfällt. WMF stellt kein Silberbesteck mehr her. Die massiv vorangetriebene Umstellung auf die Digitalfotografie bedeutet starke Umsatzrückgänge, nachdem die Fotochemie Silbersalze benötigt.

Dennoch steigt mit der Globalisierung der Rohstoffmärkte, dem wachsenden Lebensstandard in den Schwellenländern, der Entwicklung neuer Geschäftsfelder in anderen Industriebereichen wie Pharmazie, Medizin, Medizintechnik, Elektro- und Lebensmitteltechnik die Silbernachfrage. Dies betrifft vor allem die Finanzinstrumente Barren, Anlagemünzen, Minenaktien und ETC. Nachfrage und Preise steigen bei konjunkturellem Aufschwung, sind doch Vorkommen und Reserven begrenzt.

1.3.2   Was die Silberstatistik verrät

Im Jahr 2010 wurden weltweit rund 22.000 Tonnen Silber gefördert, um fast zwei Prozent mehr als ein Jahr zuvor. Damals wurden 21.800 Tonnen registriert. Spitzenreiter war Peru mit 4.000 Tonnen vor Mexiko mit 3.500 und China mit 3.000 Tonnen. Deutschland zählte noch vor knapp einem halben Jahrhundert zu den zehn größten Förderern der Welt. Im Jahr 1970 lag die Förderquote bei 131 Tonnen. Seit 1993 wird hierzulande kein Silber mehr abgebaut. Gegenwärtig werden die förderfähigen Reserven rund um den Globus auf 510.000 Tonnen geschätzt. Der weltweite Silbervorrat sollte noch mindestens ein Vierteljahrhundert reichen.

Silber wird meist in Körnerform oder als verästeltes Geflecht in Erzgängen aufgefunden. Das meiste Silber wird jedoch aus Silbererzen gewonnen, die oft zusammen mit Blei, Kupfer und Zink vorkommen. Beim Verbrauch nehmen die USA, Japan und Deutschland die ersten drei Plätze ein. Interessant ist, dass ein Drittel des angebotenen Silbers aus der Rückgewinnung stammt, z. B. aus eingeschmolzenen Münzen und Schmuck. Das berühmte und vielzitierte Tafelsilber sowie Servierplatten und Leuchter bekommen zunehmend starke Konkurrenz durch preisgünstige und gebrauchsfreundliche rostfreie Edelstahlprodukte. Hier gibt es kein Anlaufen und zeitaufwendiges Putzen mehr. Seit dem Siegeszug der digitalen Fotografie schmilzt auch hier der Marktanteil immer mehr zusammen. Dagegen wächst die Nachfrage im Elektronik- und Elektrosektor sowie in der Medizintechnik.

Silber als Industriemetall zur Behandlung von Infektionen lässt sich bis 1000 Jahre vor Christi zurückverfolgen, insbesondere zur Desinfektion von Trinkwasser. Die in die alten Stadtbrunnen hineingeworfenen Silbermünzen – eine auch heute noch von Touristen gepflegte Kultur – waren also nicht nur Glücksbringer.

Silber half, das Ansteckungsrisiko zu verringern, auch wenn dies den meisten Münzwerfern wohl kaum bewusst war. Um die Wasserreinheit zu sichern, setzt die NASA Silber als Desinfektionsmittel ein. Seit Ende des 19. Jahrhunderts dienen Silberdraht als Nahtmaterial und Silberfolien als Wundverband.

Wichtige Silberförderländer, Stand 2010

Rang	Land	Menge	Reserven	
①	Peru	4.000 t	120.000 t	23,5 %
②	Mexiko	3.500 t	37.000 t	7,3 %
③	China	3.000 t	43.000 t	8,4 %
④	Australien	1.700 t	69.000 t	13,5 %
⑤	Chile	1.500 t	70.000 t	13,7 %

Quelle: Wikipedia, Silber, Tabellen und Grafiken, 17.04.2012

Nachfrage in Tonnen nach Geschäftsfeldern

Branche/Bereich	2008	2009	2010	2011
Schmuck/Silberwaren	7.784 t	7.068 t	6.971 t	7.218 t
Fotografie	4.327 t	3.553 t	3.259 t	3.019 t
Elektronik	6.600 t	6.260 t	6.385 t	6.612 t
Silber Hartlot	1.293 t	1.270 t	1.437 t	1.459 t
Katalysatoren	1.516 t	1.357 t	1.391 t	1.453 t
Weitere Anwendungen	3.198 t	3.017 t	3.295 t	3.655 t
Münzprägung	1.470 t	1.902 t	2.568 t	2.440 t
ETC unterlegt	2.325 t	4.088 t	2.500 t	2.500 t
Gesamtnachfrage	28.512	28.517	27.805	28.356

Quelle: Wikipedia, Silber, Tabellen und Grafiken, 17.04.2012

Bekannte börsennotierte Silberförderer			
Unternehmen	**Land**	**WKN**	**Menge**
BHP Billiton	Australien/GB	850 524	1.500 t
Goldcorp	Kanada	890 493	715 t
Kinross Gold	Kanada	A0D M94	352 t
Yamana Gold	Kanada	357 818	311 t
XStrata	Schweiz	552 834	361 t
Quelle: Wikipedia, Silber, Tabellen und Grafiken, 17.04.2012			

1.3.3 Silber als Geldanlage mit Blick auf das Steuerrecht

Wie die Tabelle zeigt, herrscht bei der Besteuerung der Edelmetalle viel Willkür. Bei einer Reform des Steuerrechts wird möglicherweise ein einheitlicher Steuersatz angestrebt – entweder alles zum ermäßigten oder vollen Steuersatz. Eine komplette Steuerfreiheit wie bei Gold ist eher unwahrscheinlich. Die Staatskassen sind wegen der Überschuldungskrise leer.

Steuerrechtliche Ungleichbehandlung der Edelmetalle			
Anlageform	**Gold**	**Silber**	**Platin und Palladium**
Barren	MWSt.: 0 % Feinheit 995	MWSt.: 19 %	MWSt.: 19 %
Anlagemünzen	MWSt.: 0 % Feinheit ab 900	MWSt.: noch 7 %	MWSt.: 19 %

Früher wurde Silber vor allem zur Herstellung von Münzen als Zahlungsmittel gebraucht. In Indien und China galt lange Zeit nicht Gold, sondern Silber als Geld. Im Gegensatz zu westlichen Kulturen gab es in diesen ostasiatischen Ländern nie einen Goldstandard. Heute hat nur noch Gold eine monetäre Bedeutung als Zentralbankreserve.

Was sagten die Experten vor vier Jahren?

Etliche Experten, darunter David Morgan, ein Investor mit 30-jähriger Erfahrung auf dem Edelmetallmarkt, schätzt wegen des erhöhten Bedarfs Silber als die interessantere und zukunftsträchtigere Alternative zu Gold ein. Silber als Anlageinvestment ist wegen der starken Preisschwankungen jedoch nichts für schwache Nerven. Silber ist eher für langfristig orientierte Investoren geeignet und wegen des erheblich niedrigeren Preises auch attraktiv für den „kleinen Mann" bezüglich Barren, Anlagemünzen, Minenaktien und ETC.

Von Januar bis März 2008 stieg der Silberpreis um mehr als 40 Prozent von 15 auf 21 US-Dollar je Feinunze, um binnen zwei Wochen wieder um knapp ein Viertel auf 16 US-Dollar abzustürzen. Erinnert sei an den Ausspruch des Nobelpreisträgers Milton Friedmann: *„Das wichtigste monetäre Metall der Geschichte ist Silber, nicht Gold."* – Hermann Sanktjohanser von der Schweizer Argus Nobel Metals schrieb im Anlegermagazin SMART INVESTOR, Oktoberausgabe 2008: *„In den Augen vieler Anleger ist Silber aufgrund der gegenüber Gold fehlenden Lagerbestände heute schon so wertvoll wie Gold und hat deshalb noch gigantisches Aufholpotenzial."*

Heutige Meinung: Silber als das bessere Gold?

Die Boerse.ARD.de veröffentlichte am 05. Juni 2012 unter dem Titel *„Silber – das bessere Gold?"* einen Online-Kommentar.

Nachdem der Goldpreis in jüngster Zeit eine Rallye hinlegte, raten einige der hier zu Wort kommenden Rohstoffexperten zu Silber als Alternative. Das weiße Edelmetall ist als echter Industrierohstoff preisgünstiger. Aber Schattenseiten und Risiken bestehen auch hier. Thorsten Schulte, der Autor von *„Silber – das bessere Gold"*, schart eine wachsende Fangemeinde um sich. Silber dient wie Gold als Schutz gegen Inflationsgefahr. Dabei fand der Buchautor Schulte mit dem Spitznamen „Silberjunge" heraus, dass Silber in Inflationszeiten sogar besser performt als Gold. Er glaubt, dass der Silberpreis bald anzieht.

Goldliebhaber halten dem entgegen, dass Silber deutlich schwankungsanfälliger als Gold sei. Einerseits hinkt der Silberpreis der Goldnotierung oft hinterher, hat er doch seit Ende Mai 2011 binnen eines Jahres gut ein Viertel an Kurswert verloren, der Goldpreis dagegen auf US-Dollar-Basis um vier Prozent zugelegt. Auf Fünf-Jahres-Sicht schaffte Gold ein Plus von rund 130 Prozent, während sich Silber im gleichen Zeitraum lediglich verdoppelte. Eher selten schneidet Silber etwas besser als Gold ab.

Die Preisschwankungen sind bei Silber ungleich stärker ausgeprägt. Nichts für schwache Nerven! In den ersten vier Monaten 2011 zog der Silberpreis von 27 auf 49,50 US-Dollar an, bevor er bis zum Jahresschluss auf unter 30 US-Dollar fiel.

Der renommierte Rohstoffexperte Jim Rogers prophezeit, dass der Silberpreis schon bald wieder sein Rekordniveau von rund 50 US-Dollar je Feinunze erreichen dürfte. Er erinnert an das niedrige Preisverhältnis von Silber gegenüber Gold. Im 19. Jahrhundert lag das Verhältnis bei 15, heute bei 57. Im Klartext heißt dies: Sie müssen gegenwärtig ungefähr 57 Feinunzen Silber berappen, um dafür eine Feinunze Gold einzutauschen. Bezüglich Einschätzung gibt es auch gegenteilige Meinungen. Daniel Briesemann, Commerzbank, beurteilt die Lage eher skeptisch: *„Die Bodenbildung ist noch nicht erreicht."*

1.4   Das Edelmetall Platin

Platin zählt zu den seltenen und wertvollen Edelmetallen. Immerhin kommt Gold, obgleich auch hier die Reserven und Ressourcen begrenzt sind, etwa 20- bis 30mal häufiger vor.

Im Frühjahr 2008 kostete eine Feinunze Platin deutlich über 2.200 US-Dollar, um sich danach bis Mitte September 2008 auf 1.200 US-Dollar annähernd zu halbieren. Ende 2011 lag der Goldpreis über Platin, was selten vorkommt, und im Frühjahr 2012 meist gleichauf bei wechselnder Dominanz. Unabhängig von den beträchtlichen Kursschwankungen gilt Platin als das wertvollste und teuerste aller Edelmetalle.

Dennoch ist nicht zu übersehen, dass der Edelmetallmarkt korreliert, also bei der Preisbildung eine gewisse Wechselbeziehung zwischen Gold, Silber sowie Platin besteht. Dies hängt ab vom Börsenklima, von der Konjunktur, den allgemeinen Trends und Markteinschätzungen. Der hohe Preis von Platin erklärt sich aus dem weltweit knappen Vorkommen und den aufwendigen Fördermethoden. Um eine Unze Platin mit einem Reinheitsgehalt von 95 Prozent zu erhalten, dem üblichen Standard in Europa und Amerika, sind etwa zehn Tonnen Erz und ein mehrwöchiger Veredlungsprozess erforderlich. Auf zehn Goldminen kommt gerade eine Platinmine.

Weltweit wurden im Jahr 2010 rund 183 Tonnen Platin und 197 Tonnen Palladium gefördert. Die Platinreserven sind vergleichsweise hoch. Die Schätzungen belaufen sich auf 66.000 Tonnen. Rund 88 Tonnen Platin werden zu Schmuck verarbeitet. Ein Großteil der Förderung wandert in die Automobilindustrie für Katalysatoren und in die Medizintechnik. Die wichtigsten Förderländer sind Südafrika mit 138 Tonnen vor Russland mit 24 Tonnen, Simbabwe mit 8,8 und Kanada mit 5,5 Tonnen.

Südafrika, zu 80 Prozent an der Weltproduktion beteiligt, muss mit hohen Förderkosten in den Minen in einer Tiefe von bis zu 4.000 Metern, Stromausfällen, Arbeitskräftemangel, Streiks und neu entfachten politischen Unruheherden kämpfen.

Wer braucht Platin? Wozu dient es?

Platin löst sich nur in einem Gemisch von konzentrierter Salpeter- und Salzsäure auf. Außer zu Schmuckstücken und als Anlageinstrument in Form von Barren und Münzen mit vollem Mehrwert-Steuersatz wird Platin neben Palladium insbesondere für die Herstellung von Autokatalysatoren und Zündkerzen gebraucht. Darüber hinaus ist das wertvolle Edelmetall in der Petroleumraffinerie sowie der Chemie- und Elektronikindustrie begehrt. Die Medizintechnik verwendet Platin für verschiedene Implantate. In der Zahnmedizin ist Platin als Legierungszusatz geschätzt. Da Palladium ähnliche Eigenschaften aufweist, weicht der Industriesektor bei allzu großem Preisauftrieb bisweilen auf das billigere Schwestermetall aus. In der Schmuckindustrie funktioniert dies nur begrenzt. Hier ist Palladium außer als Weißgold, einer Gold-Palladium-Legierung mit 60 bis 80 Prozent Goldanteil für Ringe und einige andere Schmuckstücke, weniger begehrt. Gold und Silber sind die Favoriten.

➤ **Der Platinpreis wird vom Auf- und Abschwung in der Autoindustrie geprägt.** Verringert sich der Autoabsatz um rund eine Million Fahrzeuge, sinkt der von Dieselkatalysatoren abhängige Bedarf um schätzungsweise 2,5 Prozent.

➤ **Für das Schwestermetall Palladium als Platinersatz** bei der Herstellung von Dieselkatalysatoren für Klein- und Mittelklassewagen lässt sich wegen der undurchsichtigen Oligopolstruktur in Russland und des weit verbreiteten Spekulantentums keine seriöse Absatzentwicklung vorausberechnen. Russland deckt mit etwa 135 Tonnen pro Jahr ungefähr die Hälfte des weltweiten Angebots ab.

In reiner Form kommt das silberweiß glänzende Platin fast nur in Südafrika vor. Ansonsten fällt das Edelmetall eher als Nebenprodukt bei der Gewinnung von Buntmetallen an. Als wichtigste Förderstätte führt Südafrika mit großem Abstand (138 gegenüber 24 Tonnen und über 95 Prozent der Reserven mit 63.000 gegenüber 1.100 Tonnen) vor Russland und Kanada. Platin wird an der New York Mercantile Exchange, an der Tokyo Commodity Exchange sowie am London Buillon Market gehandelt. Die klassischen passiv gemanagten Exchange Traded Commodities hinterlegen Platin physisch.

Steckbrief in Kürze: Edelmetall Platin

Das silberweiß glänzende Schwermetall Platin ist sehr dehnbar, biegsam, geschmeidig, leicht verformbar und verfügt über einen hohen Siedepunkt und eine herausragende elektrische Leitfähigkeit. Aus einem Gramm Platin lässt sich ein feiner Draht von fast zwei Kilometern Länge ziehen. Zudem ist das selten vorkommende Edelmetall widerstandsfähig gegenüber Wasser, Luft und bestimmten Säuren. Als Legierung mit Iridium ist die Struktur extrem temperaturbeständig.

Da sich Platin mit lebendem Gewebe gut verträgt und eine enorme Leitfähigkeit aufweist, ist Platin in der Medizintechnik unverzichtbar. Platin wird gebraucht, um Herzschrittmacher herzustellen. Tausende von Patienten verdanken ihnen ihr Überleben. Das wertvolle Edelmetall ist auch für Menschen mit empfindlicher Haut geeignet – ein großer Vorteil, häufen sich doch allergische Reaktionen beängstigend.

Das gegenüber Gold meist teurere Edelmetall wie auch einige Platinlegierungen werden für Schmuck, Fahrzeugkatalysatoren, Laborgeräte, Zahnimplantate, Schreibfedern, Kontakt- und Magnetwerkstoffe, den chemischen Apparatebau und als physische Geldanlage benötigt. Die wichtigste Branche bildet die Auto- vor der Schmuckindustrie.

Kurzinformation zur Geschichte

Um 3000 vor Christi war Platin wohl schon in Ägypten bekannt. Platin blickt auf eine rätselhafte Geschichte zurück. So wird berichtet, dass dieses Edelmetall in Kometen enthalten ist, die schon vor zwei Milliarden Jahren auf die Erde stürzten. Das Wort „Platina" stammt aus dem Spanischen und bedeutet „Silberchen". Im 16. Jahrhundert wussten die Goldsucher in Kolumbien mit diesem wunderbaren, vielseitig einsetzbaren Metall nur wenig anzufangen. Sie hielten die kleinen Körnchen aus dem Kies des Rio Pinto für Silber und ordneten damit Platin berechtigterweise den Edelmetallen zu. Erst 1856, vor gut 150 Jahren, glückte es dem deutschen Chemiker und Optiker Wilhelm Carl Heraeus, Platin in einer Knallgasflamme zu schmelzen und besser nutzbar zu machen. Dieser Name steht heute für eine der führenden Prägestätten für Barren und Münzen.

Platin begehrt als Schmuck und Geldanlage

Platin ist so geschmeidig und dennoch fest, dicht, haltbar und widerstandsfähig, dass begabten Juwelieren interessante und schöne Kreationen von hohem künstlerischen Wert gelingen. Platin nutzt sich nicht ab, wird nicht stumpf, behält sein Aussehen, ist beständig gegen Hitze und Säure und umschließt wertvolle Edelsteine fest, sicher und verlässlich. Weil der reinweiße Schimmer die Brillanz der Diamanten unnachahmlich widerspiegelt, sind einige der berühmtesten Juwelen in Platin gefasst. Erwähnt sei der zu den britischen Kronjuwelen zählende Koh-I-Nor-Diamant. Kratzer lassen sich bei Platinschmuck problemlos wegpolieren, was bei Gold und Silber nicht funktioniert.

➢ Da Platin als „strategisches Metall" in den von politischen Unruhen und Flächenbränden geschürten und als unstabil eingestuften südafrikanischen Regionen gefördert wird, ist das Vertrauen der Finanzinvestoren erschüttert.

1.5 Das „Schwestermetall" Palladium

Das silberweiße Edelmetall Palladium ähnelt in seinem chemischen Verhalten Platin, ist deutlich billiger, wird aber von starken Preisschwankungen begleitet.

2011 schnellte der Palladiumpreis explosionsartig um mehr als 100 Prozent nach oben, während Platin zum Sinkflug ansetzte. Palladium wurde im Jahr 1803 von William Hyde Wollaston in südamerikanischen Platinerzen entdeckt. Der Wissenschaftler benannte es nach dem zwei Jahre vorher entdeckten Asteroiden Pallas. Palladium, mitunter als „hässliche Stiefschwester" missachtet und beleidigt, ist etwas härter als Platin, lässt sich ebenfalls gut schmieden und wie Gold und Silber zu dünnen Folien auswalzen. Palladium ist das leichteste Element dieser Gruppe, hat den niedrigsten Schmelzpunkt, ist am reaktionsfreudigsten, absorbiert große Mengen Wasserstoff und wird deshalb zur Herstellung von Wasserstoffspeichern gebraucht.

Palladium dient in Brennstoffzellen als Elektrodenmaterial und ist in künftigen Wasserstoffautos als Speichermaterial für Wasserstoff vorgesehen. Da Palladium ein wichtiger Katalysator für chemische Reaktionen ist, verwenden die Autozulieferer dieses Edelmetall vornehmlich dann als Ersatz für Platin bei der Produktion von Katalysatoren in Dieselfahrzeugen, wenn der Preisunterschied besonders groß ist. Die unüberschaubare Oligopolstruktur in Russland, verbunden mit der Befürchtung auftretender Lieferausfälle, sorgt für Vorbehalte und erschwert eine einigermaßen verlässliche Markteinschätzung. In der Schmuckindustrie wird für Ringe, Broschen und Ketten recht gern die Gold-Palladium-Legierung Weißgold mit einem Goldanteil von ungefähr 60 bis 80 Prozent verarbeitet.

Palladium und palladiumhaltige Legierungen befinden sich im Ural, in Australien, Äthiopien sowie in Nord- und Südamerika, sind aber schon weitgehend ausgebeutet. Heute wird Palladium vor allem aus Nickel- und Kupfererzen gewonnen.

> ➢ Weltweit wurden 2010 rund 197 Tonnen Palladium gefördert – ein Anstieg um 2,6 Prozent gegenüber 2009. Russland lag klar an erster Stelle mit 87 Tonnen vor Südafrika mit 73 Tonnen (Stand 2010). Der Weltmarktführer verfügt auch über die mit Abstand größten Reserven. Sie werden auf 1.100 Tonnen geschätzt. Bezüglich Fördermengen folgen die USA mit 11,6 und Kanada mit 9,4 Tonnen.

Kurzinformation über die anderen Platinmetalle

Außer dem Namensgeber Platin zählen die folgenden fünf Metalle zur Platingruppe: Palladium, Iridium, Rhodium, Ruthenium und Osmium. Diese Rohstoffe sind in ihrem physikalischen und chemischen Verhalten so eng miteinander verzahnt und ähneln sich so sehr, dass ihr Auseinanderhalten ursprünglich große Probleme bereitete. Alle sechs Platinmetalle zählen zu den Edelmetallen wie Gold und Silber. Die gängige Abkürzung **PGM** bedeutet **P**latin**G**ruppen**M**etalle.

Bezüglich ihrer Dichte sind Platin, Iridium, Platin die drei schweren und Palladium, Ruthenium, Rhodium die drei leichten Platinmetalle. Da ihre Trennung und Reindarstellung lange Zeit äußerst schwierig war, wurden Palladium, Rhodium und Osmium erst Anfang des 19. Jahrhunderts als eigenständige Metalle entdeckt, Ruthenium sogar erst im Jahr 1844. Heute werden beispielsweise Legierungen aus 90 Prozent Platin und zehn Prozent Osmium für medizinische Implantate und künstliche Herzklappen verarbeitet. Als das korrosionsbeständigste Element überhaupt gilt Iridium. Iridium-Legierungen eignen sich unter anderem für die Herstellung von Injektionsnadeln, Zündkerzen von Flugzeugmotoren und Laborgeräten.

Informationen zur Kursentwicklung

> Der Platinpreis markierte am 04. März 2008 in London mit 2.276 US-Dollar pro Feinunze ein Allzeithoch. Während der Weltwirtschaftskrise stürzte der Kurs Ende Oktober 2008 auf den Tiefststand von 756 US-Dollar. Gut zwei Jahre später, im Dezember 2010, notierte Platin wieder mehr als doppelt so hoch, nämlich bei 1.731 US-Dollar.

> Der Palladiumpreis markierte vor mehr als zehn Jahren Ende Januar 2001 in London mit 1.094 US-Dollar pro Feinunze ein Allzeithoch, um Mitte April 2003 bis auf 144 US-Dollar im Kellerloch zu versinken. Anfang März 2008 vervierfachte sich der Preis auf 588 US-Dollar, um während der Weltwirtschaftskrise Anfang Dezember 2008 auf 164 US-Dollar zurückzufallen. Zum Jahresschluss 2010 lag der Kurs wieder bei 791 US-Dollar und hatte sich fast verfünffacht.

Fazit: Was nützt Ihnen dieser Ausflug in alte Hoch- und Tiefstände? Liebe Leser, Sie sollen erkennen, dass Edelmetalle und andere Rohstoffe von starken Kurssprüngen nach oben und unten heimgesucht werden. Edelmetallbarren sind also nicht zu jeder Zeit die beste Anlage, für die auch aus Eigennutz geworben wird, um Privatanleger ins Boot zu holen.

Verfolgen Sie die Marktentwicklung, den konjunkturellen Auf- oder Abschwung, das allgemeine, auch von der Psychologie geprägte Börsengeschehen! Kaufen und verkaufen Sie nicht auf einem Schlag größere Positionen, und verzichten Sie unbedingt auf eine Einwert-Strategie. Dies könnte verhängnisvoll enden. Auch hier gilt: *Breit gestreut – nie bereut!* Decken Sie den Edelmetallbereich nicht nur physisch ab. Interessant ist ein ETC, der alle vier Edelmetalle unterschiedlich gewichtet, nämlich ETFS Metal, WKN A0N 62H. Auch Bergbau- und Minenaktien bieten sich an. Es winkt meist eine Dividende, und es gibt keinerlei Aufbewahrungsprobleme.

Preisvergleich: Edel- und Industriemetall

Metallart und Währung (Unze)	Preis 20.04.12	Preis 31.12.10	Preis 31.12.08
Gold in US-Dollar	1.657	1.422	880
Gold in Euro	1.264	1.062	630
Silber in US-Dollar	31,67	30,91	11,40
Silber in Euro	24,15	23,09	8,14
Gold-Silber-Ratio	52,30	46,12	79,75
Platin in US-Dollar	1.594	1.770	935
Palladium in Dollar	642	802	177
Aluminium/Dollar	2.035/t	2.499/t	1.536/t
Blei in US-Dollar	2.126/t	2.560/t	947/t
Kupfer in US-Dollar	8.240/t	9.641/t	2.945/t
Nickel in US-Dollar	17.750/t	24.930/t	10.790/t
Zink in US-Dollar	2.014/t	2.464/t	1.169/t
Zinn in US-Dollar	21.255/t	26.760/t	9.830

Quelle: „Smart Investor – das Magazin für den kritischen Anleger", Titelstory „Märkte", Nr. 5/2012, S. 10

Anmerkungen: Die Rohstoffpreise werden vom Umtauschverhältnis der Währungen beeinflusst. Je höher der US-Dollar gegenüber dem Euro notiert, umso teurer wird die Umrechnung in Euro. Im August 2012 wurde ein Dollarkurs von 1,25 zugrunde gelegt. Die Gold-Silber-Ratio zeigt auf, wie viele Unzen Silber Sie brauchen, um mit 31,1 Gramm Gold gleich zu ziehen. Die Tabelle bringt einige in Tonnen berechnete Industriemetalle, um ein Gespür zu entwickeln, wie schwankungsfreudig der Rohstoffmarkt ist.

❷ Warum in Edelmetalle anlegen?

Rohstoffe, darunter die wertbeständigen Edelmetalle Gold, Silber, Platin sind als Geldanlage in unterschiedlichen Formen bei Investoren begehrt. Wer hier außen vor bleibt, macht einen unverzeihbaren strategischen Fehler.

Der Leitzinssatz wurde von der Europäischen Zentralbank EZB von 1,0 auf 0,75 Prozent und in den USA nahe Null gesenkt. Aber trotz aller geschnürten staatlichen Rettungspakete weitet sich die Staatsüberschuldungskrise in Europa aus. Sie gefährdet das Bankenwesen und die Zahlungsfähigkeit vieler Unternehmen – begleitet von Euroängsten und Börsenturbulenzen. Da kommt ein kluger Anleger an Edelmetallen nicht vorbei. Es gilt, Gold, Silber und Platin als Anlageinstrument zu nutzen, um sein Depot zu stabilisieren, zu streuen und einen Ausgleichsfaktor zu schaffen bei scharfer Korrektur und Crash. Längerfristig sind trotz heftiger Kursschwankungen eher steigende Preise zu erwarten – insbesondere bei Inflationsgefahr.

Was Sie jedoch auswählen, ob Silber, Gold oder Platin, ob eine Anlage in Barren oder Münzen, ob ein Investment in preiswerte ETC, ob Aktienfonds, Bergbau- und Minenaktien, ob Zertifikate oder Rohstoff-Futures-Kontrakte, dies hängt von vielen Faktoren ab. Hier zählen Anlagerisiko, Ziele und Zeitraum, Vermögensdecke, Lebensalter, berufliche und familiäre Lage. Ehrliche Selbsteinschätzung und Wissen sind gefragt.

Ihnen dieses geistige Rüstzeug spannend und leicht verständlich zu vermitteln, ist mein Anliegen. Fachkompetenz heißt, die großen Fehler und Fehlgriffe zu vermeiden und die richtigen Antworten zu finden.

Wahrscheinlich fehlt es Ihnen an Lust und Zeit, sich ein Expertenwissen anzueigenen. Wollen Sie dies, so bietet Ihnen der Buchhandel umfassende Literatur an über Kultur und Geschichte, Eigenschaften und Verwendung, Exploration und Preisbildung, Währungseinflüsse und Handel mit Edelmetallen. Dies ist nicht Ziel meines Buches. Sie erfahren, so interessant die Materie auch ist, hierüber nur das Wesentliche. Den Schwerpunkt bilden Anlageformen für die Zielgruppe Privatanleger. Hier hebt sich diese Publikation von anderen Werken ab.

Sie sollen erkennen, was wirklich zu Ihnen passt, welche Strategie für Sie geeignet ist, wann Sie dies tun und jenes unterlassen, wie Sie auf die Marktlage, das Börsenklima, die Konjunktur am besten reagieren. Sie sollen richtig handeln im Bullen- wie im Bärenmarkt, in der Hausse wie in der Baisse.

„Breit gestreut – nie bereut" **ist die wohl wichtigste Voraussetzung für den Erfolg, das A und O an der Börse.** Je mehr Sie Ihr Depot diversifizieren und je weiter Sie sich vom einseitigen „DAX-Heimatliebe"-Depot entfernen zu Gunsten unterschiedlicher Anlageformen, umso mehr senken Sie Ihr Risiko und erhöhen zugleich Ihre Chancen. Gold, Silber, Platin außen vor zu lassen, ist ein großer Fehler. Einzig allein Edelmetalle als Barren oder Münzen zu kaufen, ist nicht minder bedenklich. Was für Genuss- und Arzneimittel gilt, stimmt auch bei der Geldanlage: *„Nichts ist giftig, und alles ist giftig – allein die Dosis entscheidet."* Jede einseitige Ausrichtung, jede Einwert-Strategie ist Gift fürs Depot und strapaziert Ihre Nerven. Wenn es an der Börse kracht, wächst der Wunsch nach Sicherheit. Viele Anleger schichten hektisch in Gold um, mögen Zeitpunkt und Timing dann auch ungünstig sein.

Richtige Antworten auf die Frage: Warum in Edelmetalle anlegen?

Rohstoffen im Allgemeinen und Edelmetallen im Besonderen gehört die Zukunft. Denken Sie an China, Indien, Dubai, an Wachstums- und Schwellenländer in Ostasien, Osteuropa, Afrika und Südamerika. Mit dem Lebensstandard wachsen die Ansprüche. Die industriellen Anwendungen für Edelmetalle steigen parallel zum Wunsch nach edlem Schmuck wie nach Gold, Silber, Platin als Geldanlage zum Vermögensaufbau und zur Altersvorsorge. Längerfristig dürften die Preise für Edelmetall steigen und sich ein Investment lohnen. Ein breit gestreutes Depot bildet die Grundlage für den Börsenerfolg. Sie erfahren einiges über die Erkenntnisse der beiden Nobelpreisträger für Wirtschaftswissenschaften, Harry Markowitz und Vernon Smith.

Bei scharfer Korrektur und Crash, seit Sommer 2008 ausgelöst durch die Immobilien-, Weltwirtschafts- und Staatsüberschuldungskrise, wächst der Wunsch nach einem „sicheren Hafen", wie ihn Gold, Silber und Platin als physische Geldanlage bieten. Bei überbordender Euroangst tragen Edelmetalle zur Beruhigung in kritischen Börsenphasen bei. Statt Weltuntergangsstimmung und Magenschmerzen winkt ruhiger Schlaf.

Ein weiteres Argument ist vielleicht Ihre Freude, die empfundene Spannung und das Selbstvertrauen, Neues und Ungewohntes zu wagen. Wie fühlen Sie sich, erstmals in einen Gold- oder Silber-ETC (Exchange Traded Commodities) zu investieren? Sind Sie neugierig, mehr zu erfahren über Themenfonds, Anlage-Zertifikate, interessante Bergbau- und Minenaktien?

Neues zu lernen, über den Gartenzaun zu blicken und den eigenen Wissenshorizont zu erweitern, ist keine Strafe, sondern bringt Erfolgserlebnisse. Die Börse kann Ihr Leben bereichern, die Ausgangsbasis für neue Berufschancen, ein ausfüllendes Hobby, den Aufbau von Kontakten mit Gleichgesinnten sein.

2.1 Was müssen Sie wissen, um erfolgreich zu sein?

Sie können an keinem Tanz-, Golf- oder Tennisturnier teilnehmen, wenn Sie nicht vorher trainiert und ein gewisses Niveau erreicht haben, sei es in der Gruppe, in Kursform oder im Einzelunterricht. Sie brauchen die richtige Ausrüstung; und ganz ohne Theorie geht es auch nicht. Ich denke an die Spiel- und Sportregeln. Nicht jeder ist für alle Sportarten geeignet, ein Kleinwüchsiger nicht für Basketball, ein Riese nicht für Eiskunstlauf. Eine frühzeitige und richtige Wahl ist wichtig, um Spaß, Freude und Erfolgserlebnisse zu haben.

Erfolg setzt Mühe und Anstrengung, Disziplin, Geduld und Stabilität voraus. Dazu gehört, nicht vorschnell zu verzagen, Fehler einzugestehen und daraus zu lernen, bei Niederlagen keinen Sündenbock zu suchen, sondern sich verantwortlich zu fühlen, neue Stärken aufzubauen und bei Siegen nicht arrogant zu reagieren. Dies alles gilt auch für die Börse.

Dazu gehört, den Wirtschaftsteil Ihrer Tageszeitung zu lesen. Der Appetit kommt oft von selbst. Es gibt gute Wirtschaftszeitungen, Börsenmagazine, Börsenfachbücher und Fernsehsendungen, die Ihnen dabei helfen, ein kompetenter, eigenverantwortlicher Privatanleger zu werden, sofern Sie es nicht längst sind, wovon ich eigentlich ausgehe.

Sollten Sie kostenlosen Rat und Hilfe brauchen, so schreiben Sie mir eine E-Mail: Beate.S.Sander@t-online.de. Im Übrigen stelle ich vor jede Anlageform einen kurzen Grundkurs als Ausgangsbasis für die folgenden Detailinformationen. Geht es um Aktien, so nutzen Sie mein in Kapitel 4.1.8 vorgestelltes **Aktienauswahl-Punktesystem.**

Bei der Frage, was Sie wissen und können sollten, um erfolgreich mit Gold, Silber und Platin wie auch mit anderen Rohstoffen zu handeln, sind gute Börsenkenntnisse vorteilhaft. Stehen Sie noch unsicher und passiv an der Seitenlinie des Börsenfeldes, so beginnen Sie mit kleinen Einsätzen. Nicht alles Geld in Goldbarren und schon gar nicht in eine einzelne Bergbau- oder Minenaktie stecken! Was Sie keinesfalls tun dürfen: Lassen Sie von komplizierten und hochspekulativen Anlageformen die Hände weg! Optionsscheine, Knock-out-Derivate, Edelmetall-Futures-Kontrakte und Day-Trading sind nichts für Einsteiger. Spekulative Anlagen verlangen Disziplin, Nervenstärke und Fachwissen. Ihre Vermögensdecke müsste größere Verluste verkraften. Was lässt Ihre familiäre Lage zu?

Neben einer wertmäßig überschaubaren physischen Anlage ist ein Edelmetall-ETC bzw. Rohstoff-Indexfonds goldrichtig, um sich in diesem Markt zurechtzufinden. Es gilt, die passende Strategie zu erproben und im Börsenalltag zu testen. Bringen Sie genug Geduld, Selbstkontrolle und Disziplin mit? Wie stabil ist Ihr Nervenkostüm? Was verkraften und was überfordert Sie? Erkunden Sie selbst, ob Sie sich vom Herdentrieb abkoppeln können. Sie müssen erkennen, ob Ihr Handeln im Bullenmarkt von Gier, Leichtsinn und Übermut, umgekehrt im Bärenmarkt von Angst, Panik, unüberlegtem, unkontrolliertem Verhalten bestimmt wird. Hier gilt mein Börsenspruch: *„Meide die gefährlichen Vier: Euphorie, Panik, Angst und Gier!"*

Bei Auszahlung einer Lebensversicherung oder Erbschaft ist es falsch, alles in Edelmetallanlagen zu stecken. Außerdem – dies muss bei aller Begeisterung für Gold, Silber und Platin deutlich gesagt werden – dürfen Sie andere Anlageformen nicht vergessen. Wie sieht es aus mit guten Anleihen und Immobilien? Welche Rendite erwarten Sie? Reicht Ihnen der Kapitalerhalt, oder sind Ihre Ansprüche höher? Wo setzen Sie die Schwerpunkte? Zur Groborientierung dient die folgende Übersicht.

Die richtige Edelmetallanlage für Sie

Merkmale	Unerfahren	Kompetent
Konservativ bis chancenorientiert	Übergewichtung physischer Edelmetalle als Barren und Münzen (Gold: steuerfrei; meist Preisanstieg beim Börsencrash) Edelmetall-ETC	Physische Edelmetalle als Barren und Münzen Gold- und Silber-ETF/ETC Discount- und Bonuszertifikate, Basket-Anlagezertifikate
Risikobewusst bis spekulativ	Zusätzlich: Leicht verständliche Anlagezertifikate: Discount und Bonus, einige Bergbau- und Minenaktien sowie Wandelanleihen Hände weg von Optionsscheinen Hebelzertifikaten bzw. Knock-out-Produkten und Futures-Kontrakten	Zusätzlich: Werthaltige Bergbau- und Minen-Einzelaktien Wandelanleihen von Bergbauunternehmen Bonus-, Basket- und weitere Edelmetall-Anlagezertifikate Edelmetall-Themenfonds Hebelzertifikate (Long und Short); Edelmetall-Futures-Kontrakte

Anmerkungen: Schmuck ist keine lukrative Anlageform, sondern Ausdruck von Lebensgefühl, Liebe und Zuneigung.

Edelmetall ist eine von mehreren Anlageformen. Jede Einseitigkeit erhöht längerfristig das Risiko und mindert den Ertrag.

Die Streuung des Portfolios gilt nicht nur für Anlageformen, Branchen und Märkte, sondern betrifft auch den Zeitpunkt.

Edelmetallbarren sichern Ihr Depot beim Börsencrash ab. Am Crashtag, 17.09.2008, stieg Gold pro Feinunze am Abend um 12 % – bis zum nächsten Morgen um über 100 US-Dollar.

2.2 Die Produktvielfalt eröffnet Chancen für jeden Anlegertyp

Das Schöne an der Edelmetallanlage: Für jeden Anlegertyp ist etwas dabei, mag er nun konservativ, chancenorientiert, risikobewusst oder gar spekulativ eingestellt sein. Hier kommen Investoren mit großem wie mit kleinem Vermögen zum Zuge.

Gold – Silber – Platin bietet Chancen für alle, nicht nur für die Reichen, nicht nur für Finanzexperten und Börsianer, die täglich das Marktgeschehen beobachten und blitzschnell reagieren. Ob Kurz- oder Langzeittrading: Das maßgeschneiderte Edelmetallinvestment mit der passenden Strategie gibt es auch für Sie – im Bären- und im Bullenmarkt, bei ruhigem Fahrwasser und in turbulenten Marktphasen, wie wir sie gerade erleben.

Lassen Sie sich nicht entgegen Ihrer eigenen Überzeugung zu Produkten und Strategien überreden, mit denen Sie sich nicht identifizieren können und die auch nicht zu Ihrer Persönlichkeit passen. Dieser für die Dauerhaftigkeit, Treue und Disziplin in schwierigen Zeiten so wichtige Faktor wird von vielen Beratern übersehen. Was mir gefällt und auf mich zugeschnitten ist, muss nicht für Sie passend sein. Bei Edelmetallen gibt es so viele Produkte, dass Sie gewiss das Richtige finden. Horchen Sie in sich hinein. Wie reagieren Sie, wenn Sie in die Gewinn- oder Verlustzone geraten? Cool und gelassen? Oder überheblich bzw. nervös? Ich gehe davon aus, dass Sie Edelmetalle mögen. Wäre es anders, würden Sie dieses Buch kaum lesen. Unbestritten ist, dass das Interesse vor allem an Gold schlagartig steigt, sobald es an den Börse richtig kracht und sich Angst und Verunsicherung dramatisch zuspitzen. Im Herbst 2008 räumten viele Anleger wegen des Zusammenbruchs großer Bankhäuser und Versicherer in den USA ihre Depots ab.

Crashfolgen: Ein Beispiel aus dieser Zeit

Getreu dem Motto „Bargeld lacht" machten – als die von den USA ausgehende Subprimekrise zum Monster Weltwirtschaftskrise mutierte – im Herbst 2008 und Frühjahr 2009 im großen Stil Wertpapiere und andere Anlageklassen zu Geld. Hedge-Fonds und spekulative Leerverkäufer trieben bei brodelnder Gerüchteküche mit der Rezeptur „Angst" global ausgerichtete Konzerne wie Lehman Brothers in den Ruin. Es war eine richtige, der Not gehorchende Entscheidung seitens der Aufsichtsbehörden in den USA, Großbritannien und Deutschland, ab 20. September 2008 Leerverkäufe für bestimmte Finanztitel vorläufig zu verbieten. Wenn einzelne Aktien an einem Tag um 50 Prozent einstürzen und ein wichtiger Index wie der RTS in Moskau binnen einer Woche ein Viertel seines Wertes einbüßt, flüchten Anleger in einen sicher erscheinenden Hafen, wie ihn Gold-, Silber- und Platinbarren sowie Edelmetallmünzen bieten.

Innerhalb weniger Stunden stieg der Goldpreis am 17. September 2008 um zwölf Prozent. Um mehr als hundert Euro, von 740 auf 890 US-Dollar pro Feinunze, schnellte die Notierung nach oben. Dazu erklärte Walter Braun, Berater von Coinvestdirect: *„Die Nachfrage ist doppelt bis viermal so hoch wie das Angebot."* Und Robert Hartmann, Leiter von pro aurum, dem renommierten Edelmetallhandelshaus von Experten für Profis, ergänzte: *„Es gibt zu wenig Ware, die prompte Verfügbarkeit ist das Problem."* Robert Hartmann betreut in seinem Münchener pro aurum-Geschäft vor allem sicherheitsorientierte Investoren: *„Unsere Kunden sehen den Stress im Finanzsystem und wollen jetzt einfach fünf Prozent ihrer Mittel in Gold anlegen."* So gab es bereits mit der Lieferung von Anlagemünzen Probleme. Besonders gern wurden so bekannte Münzen wie der American Eagle oder der Krügerrand gekauft. Mitte Oktober 2008 war der American Eagle kaum zu bekommen, und auch beim Klassiker aus Südafrika, dem Krügerrand, wurde es richtig eng.

Was tun bei Angst und bei Engpässen? Es empfiehlt sich, in mehrwertsteuerfreie Goldbarren auszuweichen. Vermögende Anleger entschließen sich vielleicht auch für Platin. Bei kleinen Anlagesummen bieten sich Silbermünzen an. Sie erscheinen wegen des geringeren Metallpreises optisch preiswerter. Allerdings fallen hier Prägekosten prozentual stärker ins Gewicht, und es fällt auch eine Mehrwertsteuer von sieben Prozent an.

Wer die physische Anlage in Edelmetallbarren oder Münzen nicht mag, sollte über ein Investment in die preiswerten Exchange Traded Commodities (ETC) nachdenken. Sie gibt es für Gold, Silber, Platin, Palladium und als Basket (Korb) „Grand mit Vier" und sind geeignet als Langzeitanlage. Interessant sind auch Basket-Zertifikate und Themenfonds mit einer Auswahl von Bergbau- und Goldminenaktien, wie sie Dr. Jens Ehrhardt mit DJE Gold & Ressourcen in seinem Portfolio hat. Wer es etwas spekulativer wünscht, sollte erstklassige Bergbau-, Gold- und Silberminenaktien beobachten und bei Kursschwäche zugreifen. Ein gutes Timing ist für Kurzzeittrader extrem wichtig, bei einem Langzeitinvestment jedoch weniger entscheidend.

2.3 Ein Blick auf den afrikanischen Markt

Wer an Edelmetallvorkommen denkt, dem fallen Russland, Australien und Kanada ein. Wer hat schon Afrika im Fokus? Dabei ist dieser Markt hochinteressant. Rund 90 Prozent der Platinreserven, 70 Prozent der Diamanten und 40 Prozent der Goldvorräte liegen als „verborgene Schätze" in Afrika. Allerdings wird dort nur wenig Silber gefördert. Europa zählt zu den wichtigsten Handelspartnern des Kontinents. Auch China ist mit Milliardeninvestments in Afrika aktiv dabei.

Afrika, die Schatzkammer für Edelmetalle

Land	Gold	Silber	Platin	+ Dia-manten
Burkina Fasco	X			
Kongo	X			X
Elfenbeinküste	X			X
Eritrea	X			
Ghana	X			X
Guinea	X			X
Mali	X			
Marokko		X		X
Ruanda	X			
Simbabwe	X		X	X
Südafrika	X		X	X
Tansania	X			X

Börsennotierte afrikanische Bergbaufirmen

Anglo American
Andlo American Platinum
Anglogold Ashanti
Arcelor-Mittal South Africa
Gold Fields
Harmony
Impala Platinum
Randgold

Anmerkung: Afrika wird oft von politischen Unruhen erschüttert, präsentiert sich aber als riesiges Rohstofflager. Quelle für obere Darstellung: Handelsblatt Research, Nr. 133, 2008

2.4 Auf dem Weg zur maßgeschneiderten Strategie

Auch für ein Investment in Gold, Silber und Platin gilt, was auch sonst entscheidend ist für einen erfolgreichen Vermögensaufbau und eine gesicherte Altersvorsorge. Sie müssen sich über Ihre Beweggründe klar sein, wissen, was Sie wirklich wollen, austesten, was Sie verkraften, eine Strategie entwickeln, die zu Ihnen passt und die Sie nicht beim ersten schweren Unwetter über Bord werfen. Die Übersicht zeigt Ihnen, was zu beachten ist.

Einflussfaktoren auf die Anlagestrategie

Risikoneigung

Anlagezeitraum

Vermögensdecke

Investmentziele

Lebensplanung

Lebensalter

Familiensituation

Steuerliche Aspekte

Rendite-Erwartungen

Diversifikation (Streuung)

Mag Ihnen dies auch manches Schlitzohr einzureden versuchen, die Geldanlage ist gewöhnlich keine Zauberformel. So lässt sich das magische Dreieck von Rentabilität, Liquidität und Sicherheit nicht beliebig aushebeln. Sie können nicht alles auf höchstem, erfreulicherweise aber auf vernünftigem Niveau haben. Eine attraktive Rendite lässt sich nicht mit größter Sicherheit bzw. der Garantie für Kapitalerhalt verbinden.

Eine Spekulation mit Edelmetall-Futures-Kontrakten eröffnet wegen der Hebelwirkung die Chance auf extrem hohe Gewinne. Aber die eingeschlagene Marktrichtung „Long" (steigende Kurse) bzw. „Short" (fallende Kurse) muss stimmen. Sonst winken hohe Verluste. Ein Bundesschatzbrief ist absolut sicher; aber eine zweistellige Jahresrendite gibt es hier nie, bei niedrigem Leitzinssatz wie jetzt kaum Kapitalerhalt. Bei einer Gold-, Silber- und Platinanlage in Barren, in einen Edelmetall-ETC oder Goldminen-Aktienfonds ist eine gute Rendite möglich. Doch Sie sind vor Kurseinbrüchen nicht gefeit. Bei physischem Gold, Silber oder Platin ist kein Totalverlust zu befürchten, wie er bei spekulativen Aktien droht. Ein Betrug liegt nahe, wenn Ihnen ein dubioser Berater eine sichere Vermögensanlage mit jährlich zweistelliger Rendite anbietet.

Das magische Dreieck

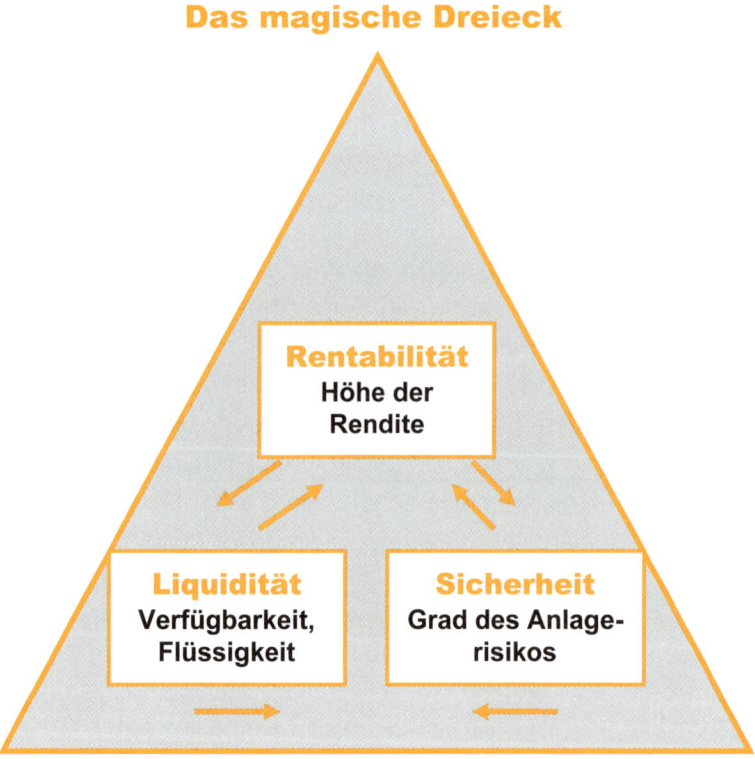

Behalten Sie bei der Geldanlage die drei Sachverhalte des magischen Dreiecks im Auge. Sie stehen zueinander in enger Wechselwirkung und erleichtern Ihnen die Selbsteinschätzung: *„Wer bin ich wirklich? Was will ich? Was verkrafte ich?"* Es geht einerseits um die Höhe der Rendite, die Rentabilität bzw. Ertragsmarge, andererseits um die Sicherheit, den Grad des Anlagerisikos und schließlich um die Verfügbarkeit bzw. Liquidität.

Die Risikobereitschaft wird vom Anlagezeitraum mitbestimmt. Wer kurzfristig ein- und aussteigt, dessen Risikoneigung ist meist höher, als wenn er langfristig anlegt und selten umschichtet. Vielleicht führt Ihr Anlageziel dazu, dass Sie bei der Altersvorsorge langfristig planen und sichere Anlageformen bevorzugen. Kurzfristig setzen Sie eventuell Ihr sogenanntes Spielgeld spekulativer ein. Hier akzeptieren Sie ein höheres Risiko, um die Chance auf üppige Renditen zu nutzen. Vielleicht ziehen Sie für den langfristigen Vermögensaufbau physisches Edelmetall mit einem Anteil von fünf bis 15 Prozent vor. Für risikoreichere Edelmetallanlagen favorisieren Sie vielleicht substanzstarke Bergbau- und Goldminenaktien oder kaufen ein Basket-Zertifikat bzw. einen Goldminen-Aktienkorb.

Das Dreieck heißt „magisch", weil zwar alle drei Ziele auf mittlerem, nie aber gleichzeitig auf Spitzenniveau erreichbar sind. Wer auf Kapitalerhalt setzt, muss Einbußen beim Ertrag hinnehmen. Wer viel Rendite einfahren will, wie sie Rohstoff-Futures-Kontrakte bieten, muss ein großes Risiko akzeptieren. Auch die tägliche Verfügbarkeit hat ihren Preis. Zu den großen Vorteilen der Aktienanlage zählt, dass Sie bei Geldnot zumindest die Standardtitel schnell zu Geld machen können.

Der sicherheitsbewusste, risikoscheue Anleger

Wer sich als risikoscheu einstuft, sollte bestimmte Anlageformen meiden. Eine Strategie, die nicht zur Persönlichkeit passt, lässt sich in Krisen nicht durchhalten.

Wenn Sie zu diesem Typ gehören, ist neben Festgeld bzw. Geldmarkt, Bundesschatzbriefen, Immobilienbesitz, Betriebs-, Riester- oder Rürup-Rente Edelmetall als Barren oder Münzen die richtige Anlageform. Aber vergessen Sie nicht, Ihr Portfolio auch zeitlich zu streuen. Generell gilt für Sie: Hände weg von allen spekulativen Anlageformen wie Day-Trading, Hebelzertifikate und Futures-Kontrakte.

Der neutrale, chancenorientierte Anleger

Wer sich diesem Typus zugehörig fühlt, macht sich – abhängig von Marktlage, gesetzten Zielen, Vermögensdecke, Anlagezeitraum und Börsenstimmung – eine große Bandbreite von Anlagemöglichkeiten zunutze.

„Wenn Sie nicht wissen, wer Sie sind, dann ist die Börse ein kostspieliger Ort, es zu erlernen!"

David Dreman

„Ein Seemann, der nicht weiß, welches Ufer er ansteuern soll, für den ist kein Wind der richtige."

Sander-Knöpfel

„Frage nicht nach dem Preis, den du für ein Unternehmen bezahlst, sondern nach dem Wert, den du für dein Geld bekommst!"

Warren Buffett

Sind Sie chancenorientiert, investieren Sie sicherlich nicht nur in Garantieprodukte und physisches Edelmetall, sondern auch in Index- und Aktienfonds sowie in substanzstarke Aktien. Dazu zählen große australische Bergbautitel wie Rio Tinto oder BHP Billiton sowie erstklassige Minenaktien wie Barrick Gold.

Bei guter Börsenstimmung sind Sie mutig genug, auf Trends zu reagieren. Kommt es zu einem Börsencrash, werfen Sie Ihre Papiere nicht panikartig auf den Markt, sondern stocken eher bei Bodenbildung auf. 50 Prozent Kursabschlag gab es im Herbst 2008, im Frühjahr 2009 und ab zweitem Halbjahr 2011 auch bei Bergbau- und Goldminenaktien.

> Chancenorientierung heißt, das Kapital nicht nur zu bewahren. Sie streben eine Rendite an, die es Ihnen erlaubt, sich einen Vermögensstock aufzubauen.

Zu Ihren Anlagezielen gehört vielleicht, Verluste aus einem früheren Börsencrash wettzumachen und bei Verkäufen das Minus aus Aktiengeschäften ab 2009 steuerrechtlich mit aktuellen Gewinnen zu verrechnen. Hohe Dividenden sorgen für sprudelnde Einnahmen. Denken Sie im Gespräch mit Ihrer Bank daran, dass die Berater im Gegensatz zu unabhängigen Vermögensverwaltern produktbezogen statt kundenorientiert handeln. Eine maßgeschneiderte Anlageberatung gibt es meist nur bei sechsstelligem Vermögen. Höchste Zeit, sich selbst fachkundig zu machen. Beobachten Sie den Markt; vertrauen Sie nicht nur einer einzigen Empfehlung. Bilden Sie sich Ihr eigenes Urteil. Befassen Sie sich mit denjenigen Anlageformen gründlich, die Sie interessieren und Ihrem Naturell entsprechen. Schauen Sie zur Kursabsicherung bei einem Großteil Ihrer Aktien auf eine hohe Dividendenrendite. Es schmälert den Ertrag, nur ein DAX-Heimatliebe-Depot zu pflegen. Ebenso falsch ist es, sich einseitig auf Edelmetalle auszurichten.

Der risikobereite, spekulative Investor

Die Zuordnung: *„Ich bin ein risikobereiter, spekulativer Anleger"* verlangt sowohl eine gründliche Selbstanalyse, als auch eine hohe Fachkompetenz.

Eine risikoreiche Ausrichtung setzt voraus, mit extrem hohen Renditen wie umgekehrt mit Kurseinbrüchen bis hin zum Totalverlust vernunftbetont umgehen zu können. So wie manche Menschen gute oder schlechte Sieger oder Verlierer sind, ist es nicht jedermanns Sache, beherrscht zu handeln und sein inneres Gleichgewicht zu bewahren. Dies gilt vor allem dann, wenn sich hohe Gewinne oder empfindliche Verluste einstellen.

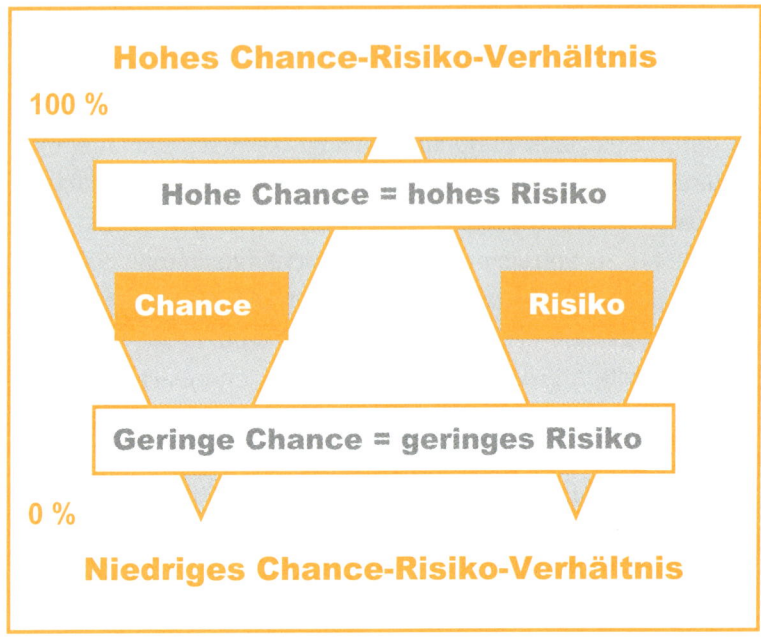

Wer sich leichtsinnig, überheblich und prahlerisch verhält, jegliche Vorsicht missachtet und sich einbildet, hohe Gewinne seien einzig allein Lohn eigener Klugheit und Cleverness, ist gefährdet, alles wieder zu verspielen. Dies drohte zu Beginn der Jahrtausendwende am Neuen Markt und im Zuge der Subprime- und Weltwirtschaftskrise ab der zweiten Jahreshälfte 2008 insbesondere mit verbrieften Kreditderivaten. Wer wegen erlittener Verluste Gesundheit, ruhigen nächtlichen Schlaf, Nervenstärke und Lebensfreude verliert, sollte höchstens mit etwas Spielgeld seinen Spekulationsdurst befriedigen. Dies gilt umso mehr, wenn Sie als spekulativer Anleger bei Misserfolgen und Fehlentscheidungen die Ursachen verdrängen, äußeren Umständen oder anderen Leuten den Schwarzen Peter zuschieben und nach Sündenböcken suchen. Es gilt, aus Fehlern zu lernen und die Strategie zu überdenken. Spekulatives Handeln schließt einen kurzfristigen Anlagezeitraum, das „schnelle Rein und Raus" mit ein. In extremer Form bietet sich Day-Trading an.

Auch die Anlageinstrumente sehen anders aus als bei risikoscheuen bzw. chancenorientierten Anlegern, zumal sich oft Spannung und Nervenkitzel dazugesellen.

In der Praxis heißt dies, auch zeitlich zu streuen, also die einzelnen Trades diszipliniert aufzuteilen. Letztlich weiß niemand, ob es noch weiter nach unten oder nach oben geht. Auch Neuemissionen und Übernahmespekulationen können interessant sein, wie sie auch bei Bergbau- und Minengesellschaften gar nicht so selten vorkommen. Als risikobereiter Typ brauchen Sie ein breit gestreutes Depot, zu dem als Ausgleichsfaktor Edelmetall gehören sollte.

> *„Es ist oft produktiver, einen Tag lang über sein Geld nachzudenken, als einen ganzen Monat für Geld zu arbeiten."*
>
> *Heinz Brestel*
>
> *„Der verlorenste aller Tage ist der, an dem man nicht spekuliert hat."*
>
> Sébastien Roch Chamfort
>
> *„Meide die gefährlichen Vier:*
> *Euphorie, Panik, Angst und Gier."*
>
> Beate Sander

Bei einem Börsencrash steigt erfahrungsgemäß der Wert von Ihren Gold-, Silber- und Platinbarren, flüchten doch bei Angst und Panik viele Anleger in den sicheren Hafen Edelmetall. Sofern Sie über gute Marktkenntnisse, einen leistungsstarken PC, ein stabiles Nervenkostüm und genug Erfahrung verfügen, können Sie mit zunächst kleinem Einsatz an den Terminbörsen Futures-Kontrakte erwerben und auf steigende wie auf fallende Kurse setzen.

Die Hebelwirkung ermöglicht hohe Gewinne wie Verluste. Dazu müssen Sie die Finanztermingeschäftsfähigkeit bei Ihrer Depotbank nachweisen. Nichts für schwache Nerven und wenn Sie das Kapital dringend brauchen! Absolut untauglich, nur deshalb zu spekulieren, um alte Verluste wettzumachen!

2.5 Lernen von Nobelpreisträgern

Harry Markowitz

Quelle: aus „Gold – Silber – Platin", S. 59

Harry M. Markowitz wurde 1927 in Chicago als einziger Sohn von Mildred und Morris Markowitz geboren. Während der High School interessierte sich der junge Harry Markowitz mehr für Astronomie, Physik und Philosophie. Erst später studierte er Wirtschaftswissenschaft an der University of Chicago. Zu seinen Professoren zählte auch Milton Friedman.

Bereits beim Studium wurde Harry Markowitz Mitglied der angesehenen *„Cowles Commission für Research in Economics"*, einem Forschungsteam mit dem Ruf, Nobelpreisträger hervorzubringen. Im Rahmen seiner Doktorarbeit befasste sich der Ökonom mit mathematischen Methoden im Wertpapiermarkt. In seinem 1952 erschienenen Artikel „Portfolio Selection" bewies Harry Markowitz, dass das Risiko eines effizienten Portfolios geringer sei als das Durchschnittsrisiko bei einzelnen Wertpapieren. Der weltberühmte Forscher entwickelte neuartige Berechnungsmethoden für die Ermittlung effizienter Portfolios.

> *„Ein gutes Portfolio ist mehr als eine lange Liste von Wertpapieren. Es ist eine ausbalancierte Einheit, die dem Investor gleichermaßen Chance und Absicherung unter einer Vielzahl von möglichen Entwicklungen bietet. Der Anleger sollte daher auf ein integriertes Portfolio hinarbeiten, das seinen individuellen Erfordernissen Rechnung trägt."*
>
> Harry M. Markowitz, Portfolio Selection, 1959

Mit diesem Aufsatz legte er den Grundstein der modernen Kapitalmarkttheorie. Markowitz befasste sich weitere 38 Jahre intensiv mit dieser Thematik. 1990 bekam er gemeinsam mit Merton H. Miller und William Sharpe für seine bahnbrechenden Arbeiten in der Kapitalmarkttheorie mit Schwerpunkt Portfolio-Auswahl den Nobelpreis für Wirtschaftswissenschaften. Das Risiko eines Portfolios lässt sich durch breite Diversifikation deutlich senken. Der Nobelpreisträger Markowitz bewertet ein Portfolio als Kombination von Einzelinstrumenten. Bei breiter Streuung winkt eine höhere Rendite. Gleichzeitig sinkt das Risiko.

Vernon Lomax Smith, geboren am 1. Januar 1927 in Wichita, Kansas, USA, gilt als der wohl bedeutendste Repräsentant experimenteller Kapitalmarktforschung. Das ist ein Zweig der experimentellen Ökonomie. Der Professor für Wirtschaftswissenschaften hat an der Harvard University promoviert. Zu dieser Zeit lehrte Gottfried von Haberler Nationalökonomie. Von 1976 bis 2002 forschte und lehrte Vernon Smith am Eller College of Management, der University of Arizona. Der berühmte Ökonom fordert größtmögliche Freiheit für die Wirtschaft.

„Aktienmärkte sind viel unsicherer als jene Märkte, an denen Waren und Dienstleistungen gehandelt werden, weil Aktienmärkte Neuerungen vorhersehen müssen – die neuen Waren und Dienstleistungen der Zukunft.

Wenn Waren nicht Grenzen überqueren, dann werden es Soldaten tun. – Waren und Rohstoffen gehört die Zukunft."

Vernon Lomax Smith

Der Ökonom Vernon Smith gilt zudem als weltweit führender Experte für die Erforschung von Spekulationsblasen an den Märkten. Er erhielt im Jahr 2002 gemeinsam mit Daniel Kahneman den Nobelpreis für Wirtschaftswissenschaften.

Die hohe, von Schwedens König Carl Gustav vorgenommene Auszeichnung bezog sich auf seine experimentellen Kapitalmarktforschungen. Vernon Smith untersucht die Finanzmärkte und deren Akteure seit über 50 Jahren und erforscht das Phänomen der gefürchteten unberechenbaren Börsenblasen. Wir brauchen uns nur das weltweite Desaster im Finanzsektor mit den Pleiten großer Bankhäuser anzuschauen. Die Hauptursache war ungebremste Gier im Handel mit den zu Paketen geschnürten und mit geschöntem Rating ausgestatteten Kreditderivaten. Auslöser war die Subprimekrise in den USA, prominentestes Opfer die amerikanische Großbank Lehman Brothers. Vernon Smith, der brillante Vordenker, hat globale Wirtschaftsentwicklungen treffend vorhergesagt. Seine Thesen über Warenmärkte und Rohstoffe, Aktien, Spekulationsblasen, Börsencrash und die Freiheit des Handelns gelten als bahnbrechend.

Nobelpreis 2002 für Vernon Smith – Schwedens König Carl Gustav gratuliert

Quelle: „The Futures of Investing", Superfund-Broschüre, S. 39, kostenlose Abbildungen aus: Beate Sander: „Managed Futures", S. 96, und „Gold – Silber – Platin", S. 61

2.6 Schmuck: Ausdruck von Lebensfreude

Edler Schmuck aus Gold, Weißgold, Platin und Silber – oft aufgewertet durch Diamanten – ist weltweit gefragt. Dies geschieht, um Liebe, Zuneigung und Wertschätzung zu bekunden, den sozialen Status zu untermauern und um Reichtum und Macht zu dokumentieren.

Schmuck wertet auf und verschönert Menschen und Sachen, verziert Objekte und gilt als ideales Geschenk für Verlobungen, Hochzeiten, einen runden Geburtstag oder ein Jubiläum. Ob als Geschmeide für den Hals, als Armband oder Ring, als Kopfschmuck, Anhänger oder Anstecknadel, als Gürtelschnalle, Beinschmuck oder Krone in Königs- und Kaiserhäusern. Es gibt unzählige Anwendungen, und der Fantasie des Juweliers sind bei entsprechendem Vermögen kaum Grenzen gesetzt. Allein das Wort „Schmuck" zeigt schon die Richtung an. Der Begriff stammt aus dem Altgermanischen und bedeutet so viel wie „sich anziehen" oder „sich einkleiden".

Vor mehr als hunderttausend Jahren schmückten sich die Menschen schon mit einfachen Gegenständen wie Muscheln, Hölzern, Perlen, Fischwirbeln, Tierzähnen und Steinen. Parallel zu den Fortschritten im Schmelzen und Weiterverarbeiten von Materialien wurden insbesondere Edel- und Buntmetalle sowie Diamanten zu Schmuck verarbeitet. Schmuck aus Gold, Silber und Edelsteinen diente zudem als Grabbeigabe, um dem Verstorbenen ein angenehmes Leben im Jenseits zu sichern und ihn nach seinem Ableben zu ehren. Schmuck wurde früher auch für Tauschgeschäfte oder als Zahlungsmittel eingesetzt. Als Geldanlage ist Schmuck jedoch nicht zu empfehlen, weil nur selten gewinnbringend. Dafür gibt es bessere physische Angebote, nämlich Barren und Münzen.

Gold-, Silber- und Platinschmuck enthält in der Regel einen Stempel. Er gibt Aufschluss über die verwendete Metalllegierung und sagt aus, wie hoch die Reinheit, also der jeweilige Anteil an Gold, Silber oder Platin tatsächlich ist. Das Restgewicht besteht meist aus unedlen Metallen. Sie dienen dazu, die Härte und Farbe zu beeinflussen und den Preis zu senken. Die Echtheit von Schmucklegierungen lässt sich heute per Laboranalyse sekundenschnell ermitteln.

Dentalscheidgut – also Zahngold, Dentallegierungen, Feilung, Gusskegel aus dem Dentalbereich – besteht aus Legierungen der Edelmetalle Gold, Silber, Platin und Palladium. Es enthält oft noch organische Anhaftungen wie Zähne, Keramik oder Kunststoff. Es gibt Metall-Ankaufstellen, die darauf spezialisiert sind, die genaue Zusammensetzung der Legierung zu ermitteln und danach die Höhe der Vergütung zu berechnen. Ein solches Geschäft ist Vertrauenssache. Nicht jeder, der Ihnen ein solches Angebot macht, ist seriös. Hier wird viel betrogen.

Stempel bei Gold-, Silber-, Platinschmuck		
Gold	333	33,3 % des Metallgewichts bestehen aus Gold.
Gold	585	58,5 % des Metallgewichts bestehen aus Gold.
Gold	750	75,0 % des Metallgewichts bestehen aus Gold.
Silber	800	80,0 % des Metallgewichts bestehen aus Silber.
Silber	925	92,5 % des Metallgewichts bestehen aus Silber.
Platin	950	95,0 % des Metallgewichts bestehen aus Platin.

③ Edelmetalle und Edelsteine zum Anfassen

Können Sie sich noch an die turbulente Börsenzeit im Herbst 2008 erinnern? Allein am 17. September legte der Goldpreis binnen weniger Stunden von 740 auf 890 Euro zu. An diesem Tag stand der gesamte Finanzsektor mit den großen Hypotheken- und Investmentbanken in den USA am Abgrund. Die Pleite von Lehman Brothers löste Entsetzen aus und schürte große Ängste.

Erst die gemeinsamen Rettungsaktionen der US-Regierung und aller wichtigen Notenbanken wendeten den totalen Zusammenbruch des Finanzsektors mit weiteren Pleiten großer Bankhäuser ab. Am 18. September 2008 kam der Goldpreis wieder etwas zurück, legte aber insgesamt in dieser einer Achterbahnfahrt gleichenden Börsenwoche um 14 Prozent zu. Auch Silber erfreute mit einem ordentlichen Plus.

Was zeigt uns dieses Beispiel? Gold als sogenannter sicherer Hafen funktioniert, sobald es an der Börse richtig kracht. Sie müssen nie einen Totalverlust befürchten wie er vielen Zertifikate-Inhabern von Lehman Brothers drohte. Da nützten auch Massenklagen mit dem vorgeschobenen Grund einer mangelhaften Beratung nur wenig. Geht ein Emittent Pleite, ist es fraglich, ob es für die ausgesetzten Inhaberschuldverschreibungen – dazu zählen Zertifikate – überhaupt noch eine Restzahlung gibt. Vor Kursverlust sind Sie aber auch mit Gold nicht gefeit.

3.1 Barren als Grundausstattung

Wer fünf Jahre lang sein Geld zu Hause im Sparstrumpf bzw. unter der Matratze hortet, verliert von seinen 10.000 Euro rund 1.100 Euro. Die Kaufkraft sinkt im Schnitt also von 10.000 Euro auf nur noch 8.900 Euro. Wer das beliebte Sparbuch wählt, kommt nicht viel besser weg.

Sie vermeiden nur dann eine schleichende Kapitalvernichtung, wenn der Zinssatz deutlich über zwei Prozent liegt. Sonst frisst die Inflationsrate alles weg. Und wenn Sie den Pauschalbetrag von 801 Euro (Single) und 1.602 Euro (zusammen veranlagte Eheleute) überschritten haben, greift die Abgeltungsteuer von 25 Prozent plus Solidaritätszuschlag und Kirchensteuer nochmals heftig zu – nämlich mit rund 28 Prozent. So vermehren Sie Ihr Vermögen nicht und leisten zu wenig für Ihre Altersvorsorge. Was also tun? Wer auf Sicherheit setzt, für den sind Edelmetallbarren mit einem Vermögensanteil von bis zu 15 Prozent keine schlechte Sache. Es gibt zwar keine Zinsen. Aber bei gutem Timing steigt zumindest längerfristig der Preis. Sie können die Inflationsrate aushebeln und streuen Ihr Depot – was in schwierigen Zeiten auch gut für Ihr Nervenkostüm ist.

Die Schuldenkrise löst Zukunftsängste aus mit Sorge um Steuern, Inflation und Altersbezüge

Das Ergebnis einer INFRATEST-Umfrage vom März 2012: Wegen der ungelösten Staatsschuldenkrise in Europa blicken die Bundesbürger zunehmend skeptisch in die Zukunft. Rund 75 % befürchten Steuererhöhungen, eine steigende Inflationsrate und eine abnehmende Leistungsfähigkeit des Staates. Sieben von zehn Bundesbürgern bangen um ihre Altersbezüge und befürchten hier Abstriche. Anmerkung: Die Politikverdrossenheit greift um sich – erkennbar am Erfolg der Piratenpartei.

Das Ergebnis einer INFRATEST-Umfrage vom Juni 2012: Immer mehr Bundesbürger zweifeln am Euro und befürchten eigene finanzielle Einbußen. Mehr als die Hälfte der Deutschen glaubt, es wäre besser gewesen, die D-Mark zu behalten. Vier von fünf Bundesbürgern befürchten, dass sich die Euro- und Schuldenkrise weiter zuspitzt und sich ihre eigene finanzielle Lage verschlechtert. Dennoch denken 70 Prozent der Befragten, dass der Euro letztendlich überleben wird. Anmerkung: Bei der Frage, welche Geldausgaben jetzt am wichtigsten sind, sprechen sich 28 Prozent der Befragten für die Altersvorsorge und 27 Prozent für Geldzurücklegen aus.

Die aktuelle Postbank-Studie „Altersvorsorge in Deutschland 2011/2012" im Zusammenwirken mit dem Allensbacher Institut zeigt eine negative Grundstimmung: 20 Prozent der über 50-Jährigen rechnen mit Altersarmut. Im Widerspruch dazu legen die Bundesbürger nicht mehr, sondern weniger Geld für den Ruhestand zurück. Der monatliche Sparbeitrag verringerte sich um sechs Prozent auf 188 Euro. Entwickelt sich hier ein Trend: *„Lass es dir jetzt gut gehen und vertraue auf die Grundsicherung?"* Ab 2030 beträgt die Rente im Schnitt nur 43 Prozent vom Einkommen. Gehen viele Menschen wegen der Nachrichten aus Südeuropa tatsächlich davon aus, dass Schulden letztendlich gar nicht zurückzuzahlen sind?

Wie eine Umfrage zeigt, halten knapp drei von vier Bundesbürgern trotz der Finanzkrise ihr erspartes Geld auf den Bankkonten für weitgehend sicher. In der Altersgruppe der Senioren ab 60 Jahren ist der Anteil der Deutschen, die um ihre Ersparnisse besorgt sind, laut EMNID-Untersuchung mit 36 Prozent am höchsten. Gerade dieser Anlegerkreis bevorzugt physisches Edelmetall als Barren und Münzen. Aber auch zuversichtlicher gestimmte sicherheitsbewusste Anleger sind zur Depotabsicherung und als Schutz vor Vermögensverlust wegen steigender Inflation an Gold, Silber und Platin interessiert.

Das erste im Umlauf befindliche Metallgeld in Barrenform gab es schon vor 2000 Jahren. Mangels präziser Herstellungsverfahren wurden Barren als Vorläufer von Metallmünzen als Zahlungsmittel eingesetzt. Antike Barren waren anders geformt als die heutigen. Früher wurde das flüssige Metall meist direkt vom Hochofen in Sandformen geleitet, wo es dann erstarrte. Die praktische Barrenform – bei über einem Kilogramm Gewicht „Handelsbarren" genannt – erlaubt die Lagerung auch in großen Mengen. Die Produktion dient fast nur noch dem Anlagezweck und zur Währungsregulierung, jedoch nicht mehr als offizielles Zahlungsmittel. Der Reinheitsgrad muss hoch sein, bei Gold mindestens 995, bei Platin 9995 und bei Silber 999. Der Hersteller prägt sein Logo und die Herstellungsnummer auf den Barren. Je mehr er wiegt, umso geringer ist der Aufschlag. Der Verkaufspreis liegt nahe am Metallwert. Unter diesem Aspekt sind Barren preiswerter als Münzen.

Ein Gold-, Silber-, Platin- oder Palladiumbarren geht niemals Pleite. Deshalb dient die Anlage in Edelmetall vorrangig der Werterhaltung und ist weniger auf eine attraktive Rendite ausgerichtet, auch wenn diese bei gutem Timing und langfristig steigenden Preisen wahrscheinlich ist. Sie können Ihre Gold- und Platinbarren im Bankschließfach bzw. im eigenen Tresor lagern. Bei Silber ist dies schwierig. Der Wert von 1 kg Gold entspricht 50 bis 60 kg Silber. Wo wollen Sie bei einer größeren Menge Ihren Zentner Silber sicher und preiswert lagern? Bei kleinerem Einsatz verringert sich dieses Problem.

Die meisten Experten empfehlen, fünf bis 15 Prozent in Edelmetall anzulegen. Wichtig zu wissen ist, dass Sie bei Gold nur dann die Mehrwertsteuer von 19 Prozent sparen, wenn Ihr Barren eine Feinheit von 995 und Ihre Münzen ab 900 aufweisen. Da silberne Anlagemünzen ab 2014 voll besteuert werden sollen, sind zuvor Ein-Kilogramm-Münzen interessant. Der Preis dürfte ab 2014 um zwölf Prozent steigen.

Edelmetallbarren:
unterschiedliche Größen und Formen

Quelle: „*www.Goldseiten.de, MORGAN-Report 2008*, entnommen aus Beate Sander: „Gold – Silber – Platin", S. 70

Tipps für die physische Edelmetallanlage

Bei einer Edelmetallanlage mit einem Kapitalanteil von fünf bis
15 Prozent geht es vorrangig um den Vermögensschutz auch
als Ausgleichsfaktor bei einem Börsencrash. Die erhöhte Nachfrage in Krisenzeiten bewirkt oft einen gewaltigen Preisauftrieb,
siehe Herbst 2008 und zweites Halbjahr 2011.

➤ Kaufen Sie am besten mehrere Barren unterschiedlichen
Gewichts, damit Sie auch Teilverkäufe vornehmen können.

➤ Eine physische Anlage in Barren ist die falsche Strategie bei
einem kurzfristigen, schnellen Rein und Raus. Hier sind Sie
mit Zertifikaten besser dran. Barren sind die richtige Antwort
für ein mittel- bis langfristiges Investment.

➤ Denken Sie daran, dass sich Schmuck kaum als Geldanlage eignet. Anlagemünzen sind eine vernünftige Alternative
vor allem für Investoren mit Sammlerblut in den Adern.

➢ Platin ist meistens, allerdings nicht immer das wertvollste Edelmetall. Silber ist deutlich billiger. Greifen Sie als Langzeitanleger entschlossen zu, wenn Platin unter Gold notiert.

➢ Kaufen Sie auch bei niedrigen Kursen nicht alles auf einmal. Das gilt für Barren, Anlagemünzen, ETF/ETC, Bergbau- und Minenaktien sowie Aktienfonds.

➢ Barren können Sie bei jeder Bank erwerben, ebenso bei darauf spezialisierten Edelmetallhändlern. Erkundigen Sie sich zuvor, ob der jeweilige Händler vertrauenswürdig ist.

Führende Hersteller von Edelmetallbarren

Degussa Germany	Heraeus Germany	Unicore Belgien	Münze Austria
Die Degussa AG wurde 1873 als *„Deutsche Gold- und Silber-Scheide-Anstalt"* gegründet. Der Name stammt von 1980. Seit 2003 gehört Degussa zum Konzern Unicore, der an der belgischen Börse Euronext gelistet ist und 2010 Umsätze von 9,7 Mrd. Euro erzielte.	Die 1851 gegründete Familienfirma Heraeus ist ein Edelmetall- und Technologieunternehmen mit 13.000 Mitarbeitern. Der Schwerpunkt liegt auf der Produktion von Werkstoffen und Goldbarren. Heraeus steigerte 2011 den Umsatz von 18 auf 21 Mrd. Euro.	Unicore wurde 1909 als Bergbaugesellschaft gegründet und zählt zu den weltweit führenden Materialtechnologiekonzernen. Seit dem Kauf von Degussa 2003 fokussiert sich das Unternehmen auf Edelmetallbarren.	Die *„Münze Österreich"* wurde 1194 als *„Wiener Münze"* gegründet. Sie ist eine Tochtergesellschaft der Österreichischen Nationalbank. Deren Goldbarren sind hierzulande kaum verbreitet. Die Münzen „Wiener Philharmoniker" sind dagegen weltweit beliebt.

Quelle: Edelmetallinfo.de, Texte: D. Hawig und eigene Recherche.

Der renommierte Münchener Edelmetallhändler pro aurum bietet neben größeren Stücken in seinem „Bestseller"-Programm folgende Edelmetallbarren an:

„Bestsellerbarren" pro aurum, München			
Gold	Silber	Platin	Palladium
1 Feinunze	250 Gramm	1 Feinunze	1 Feinunze
100 Gramm	500 Gramm	20 Gramm	10 Gramm
	1.000 Gramm	100 Gramm	100 Gramm
Die handlichen „Bestsellerbarren" lassen sich leicht verkaufen.			

Aktuell besitzen die Deutschen 5.800 Tonnen Gold im Wert von rund 170 Milliarden Euro. Fast die Hälfte davon wurde erst in den vergangenen drei Jahren gekauft. Annähernd 40 Prozent der befragten Bundesbürger wollen in den kommenden drei Jahren deutlich mehr Gold kaufen als bislang. Im Schnitt haben die Deutschen 130 Gramm in Gold investiert – knapp drei Prozent ihres Gesamtvermögens.

Die richtige Edelmetallanlage für Sie		
Was die Bundesbürger ab 2012 kaufen wollen		
62,9 % Goldbarren	25,1 % Goldmünzen	12,0 % goldbezogene Wertpapiere
Woher dieses in Gold angelegte Geld stammt		
51,5 % Eigener Kauf Ca. 2.800 t	25,3 % Geschenk Ca. 1.400 t	23,2 % Erbschaft Ca. 1.250 Tonnen
Quelle: Handelsblatt, Umfrage Steinbeis-Universität, Berlin		

Die sich zuspitzende Staatsüberschuldungskrise, die trotz staatlicher Rettungsmaßnahmen und massiver Liquiditätsspritzen seitens der Notenbanken noch längst nicht ausgestanden sein dürfte, treibt viele Investoren in Edelmetallanlagen. Finanzprofessor Jens Kleine von der Steinbeis-Universität in Berlin untersuchte das Kaufverhalten der Deutschen. Dazu sein Kurzkommentar: *„Immer mehr Deutsche wollen Gold kaufen. Ihre Angst vor Geldwertverlust treibt sie zum Kauf. Die Menschen sehen Gold als Versicherungsschutz in der Krise."*

3.2 Sammlerfreude mit Münzen

Kennen Sie Sachwerte, die länger und enger mit der Geschichte der Menschheit verbunden sind als Münzen? Die ersten als Zahlungsmittel eingesetzten Münzen aus Metallen wurden schon vor rund 2.500 Jahren geprägt. Es gibt noch alte römische Münzen, die vielleicht sogar Kaiser Cäsar einst angefasst hat. Deshalb die Frage: Kann eine Geldanlage spannender sein als mit Münzen aus Gold, Silber und Platin?

> *„Die Anleger sollten Gold kaufen, um sich selbst zu schützen. Gold hat nie seine Erträge höher angegeben als sie waren und nie seine Verpflichtungen heruntergespielt oder Konkurs angemeldet. Wenn alles zur Hölle geht, dann ist Gold immer noch da und leistet seinen Dienst."*
>
> Dr. Bill Bommer

Mark Skousen, Herausgeber „Forecasts & Strategies", bemerkt dazu: *„Gold ist die ultimative Absicherung gegen Krisen und Inflationen. Man kann sich nicht von Papiergeldkapital abhängig machen, das einen während einer Panik schützen soll. Rohstoffe sind die einzige Garantie, um in schlechten Zeiten als Versicherungspolice zu dienen."*

Der südafrikanische Krügerrand mit Paul Kruger auf der Vorderseite und der Springbock-Antilope auf der Rückseite ist die wohl beliebteste Goldmünze schlechthin, gefragt als Sammlerstück und Geldanlage. Kurz nach dem Platzen der Internetblase Anfang des neuen Jahrtausends war die Münze für 30 bis 40 US-Dollar zu haben. Zehn Jahre später konnte man davor die Ziffer Eins setzen.

> ➢ In der gesamten Menschheitsgeschichte wurden schätzungsweise 163 Millionen Tonnen Gold gefördert. Jedes Jahr kommen rund 2.500 Tonnen hinzu. Von Anfang 2009 bis Ende 2010 stieg der Silberpreis um über 140 Prozent, der Goldpreis um knapp 60 Prozent und der Aktien-Index MSCI World um fast 37 Prozent.

Welche Münzen wählen? Auf Klassiker setzen und die Größe klug auswählen

Empfehlenswert sind staatliche Münzen wie die „Wiener Philharmoniker" aus Österreich, der südafrikanische „Krügerrand" oder die kanadische Münze „Maple-Leaf". Bekanntheit und hohe Umsätze sorgen für faire Preise.

Von nichtstaatlichen Medaillen rate ich ab. Hier liegt der Kaufpreis meist weit über dem Materialwert, und der Wiederverkauf kann schwierig sein. Auch bei Barren sind die internationalen Klassiker vorzuziehen. Je kleiner die Stückelung, umso größer ist der Produktionsaufschlag. Er beträgt bei pro aurum für den Krügerrand in einer zehntel Feinunze 19 Prozent, bei einer vollen Unze dagegen nur fünf Prozent. Dennoch kann es zweckmäßig sein, z. B. zehn Münzen mit je einer vollen Unze als eine einzige zu zehn Unzen zu kaufen. Teilverkäufe sind dann nicht mehr möglich, sei es, dass Sie gerade das Geld brauchen, sei es, dass Sie bei einer Preisexplosion auch mal Gewinne mitnehmen wollen, ohne sich vom Gesamtbestand zu trennen. Diese Strategie wende ich auch bei Aktien an.

Bei nur einer einzigen großen Münze bereitet die Entscheidung Kopfzerbrechen. Und es ist alles andere als leicht, hier ein geschicktes Timing zu entwickeln. Riesige Renditen sind allerdings mit Anlagemünzen eher selten. Kapitalerhalt und Sammlerfreude sind vordergründig. Es gibt keine Zinsen, und Sie müssen sich vor Betrug und Diebstahl schützen und das Aufbewahrungsproblem lösen. Lohnt sich ein eigener Tresor? Wie sieht es mit der Alternative Bankschließfach aus? Dies frisst Gebühren, ist zwar sicher, aber Sie können sich Ihre Münzen nicht spontan ständig anschauen. Mit Goldminenaktien erhöhen Sie Ihre Renditechancen; aber auch das Risiko steigt.

3.2.1 Beliebte Anlagemünzen aus Gold

Anlagemünzen in Krisenzeiten sehr gefragt

Quelle: Handelsblatt, 19. Sept. 2008, Nr. 183, S. 35. Entnommen aus „Gold – Silber – Platin", S. 73

Wer sich bei seiner Edelmetallanlage ausschließlich von ratio-
nalen Überlegungen leiten lässt und auch über genügend Kapital verfügt, wählt sicherlich Gold-, Silber- und Platinbarren in unterschiedlicher Größe. Hier ist der Aufschlag auf den reinen Metallwert am geringsten. Wer kunstvoll geprägte Münzen liebt,
wird sich bei einem solchen Investment wohlfühlen. Die einzelne Münze verlangt wegen der geringeren Metallmenge oft weniger Kapitaleinsatz als für einen Goldbarren erforderlich ist.

Sammlerexemplare wie die zehn Euro-Münze aus Gold werden ständig in begrenzter Auflage geprägt und sind wegen ihrer
Motive und Auflagen begehrt. Neue Sammlermünzen können
im Allgemeinen zum Ausgabepreis gekauft werden.

Anlagemünzen sind eigentlich in Münzform geprägte Goldbarren. Sie heißen deshalb auch Bullionmünzen. Das aus dem
Englischen stammende Wort „bullion" bedeutet Goldbarren. Sie
gelten in ihren Herkunftsländern oft als Zahlungsmittel, wobei
ihr aktueller Preis den Nennwert häufig erheblich übersteigt.

American Gold Eagle (USA: Bullionmünze)

American Gold Eagle

Quelle: „Gold – Silber – Platin", S. 75

Die besonders beliebte
Anlagemünze „Ameri-
can Gold Eagle" wurde
erstmals 1986 von der
„United States Mint"
geprägt. Diese Gold-
münze gibt es in einer
Reinheit von 22 Karat,
also 916/1000 Fein-
gold.

Der American Gold Eagle wird als zehntel, viertel, halbe und
ganze Unze geprägt. Der Nennwert unterhalb einer Feinunze
ist wie bei anderen Bullionmünzen eher symbolisch.

Die Vorderseite zeigt die Liberty, die Rückseite einen stolzen, kraftvollen Adler, der im Nest landet. Früher wurden die Jahreszahlen römisch, seit 1992 arabisch auf die Münzen geprägt.

Krügerrand (Südafrika: Bullion-/Kurantmünze)

Der südafrikanische Krügerrand mit dem hohen Feingoldgehalt von 916 bzw. 22 Karat zählt weltweit zu den beliebtesten Anlagemünzen. Der Name „Krügerrand" wird vom gesetzlichen Zahlungsmittel in Südafrika, dem Rand, sowie dem südafrikanischen Politiker Stephanus Johannes Paulus Kruger, abgeleitet.

„Kruger" spricht man als „Krüger" aus. Beide Schreibweisen sind üblich. Der Krügerrand ist nur in Gold erhältlich und wird als Zahlungsmittel anerkannt, wobei der vom aktuellen Goldpreis abhängige Nennwert schwankt.

Krügerrand: Südafrika

Quelle: „Gold – Silber – Platin", S. 75

Maple Leaf (Kanada: Bullionmünze)

Der goldene Maple Leaf mit Nennwert 1, 5, 10, 20 und 50 Kanada-Dollar wird in der *Royal Canadian Mint* seit 1979 hergestellt und zählt zu den auflagenstärksten Goldmünzen rund um den Globus.

Maple Leaf: Kanada

Quelle: „Gold – Silber – Platin", S. 76

Der Feingehalt wurde von 999 auf 9999 erhöht. Der Maple Leaf ist die erste Münze mit einer derart hohen Reinheit. Gebräuchlich für diese begehrte Bullionmünze sind 1/20, 1/10, eine viertel und eine halbe Unze. Das namensgebende Ahornblatt ist immer aufgeprägt, während das Portrait der Königin Elisabeth II gelegentlich aktualisiert wird. Wer sich fragt, weshalb kanadische Münzen das Bildnis der englischen Queen tragen, sollte wissen, dass Kanada eine konstitutionelle Monarchie und parlamentarische Demokratie mit Sitz in der Hauptstadt Ottawa und gleichzeitig ein Bundesstaat ist.

American Buffalo (USA: Bullionmünze)

American Buffalo

Quelle: „Gold – Silber – Platin", S. 77

Die beliebte Münze American Buffalo – vorn mit einem Indianerhäuptling, hinten mit einem Büffel – wurde als erste Münze der „United States Mint" mit der hohen Feinheit von 9999/24 Karat hergestellt.

Der American Buffalo mit seinen einprägsamen, von dem Designer James Earle Fraser stammenden Motiven, wird auch „Indian-Head-Nickel" und „Buffalo-Nickel" genannt. Der Nennwert der Goldmünze im Gewicht von einer Feinunze beträgt 50 Dollar und wird in den USA als Zahlungsmittel akzeptiert.

Australien Kangarro/Nugget (Bullionmünze)

Die im Jahr 1986 von der australischen „Perth Mint" geprägte Anlagemünze hat eine Reinheit von 9999/24 Karat. Sie dient als Motiv für das erste in Australien gefundene Nugget.

Diese Form ähnelt dem Kontinent. Seit 1990 ziert ein Känguru die Vorderseite in den alljährlich wechselnden Varianten. Die Bullionmünze wurde 2008 in „Australien Kangarro" umbenannt. Die Rückseite ziert das Portrait der Königin Elisabeth II.

Durch die Prägung in bester Qualität zählt der „Australian Kangarro" wohl zu den schönsten Münzen überhaupt. Sie gibt es in den Größen von 1/20 bis 10 Unzen und für reiche Anleger sogar als Kilogramm.

Kangarro/Nugget

Quelle: „Gold – Silber – Platin", S. 77

Heute würde der reine Goldmetallwert dieser Riesenmünze über 40.000 US-Dollar betragen. Wie in Kanada bilden auch australische Münzen das Bild der englischen Königin Elisabeth II ab. Australien, der flächenmäßig sechstgrößte Staat der Erde, ist eine parlamentarische Monarchie mit der englischen Queen als Staatsoberhaupt, vertreten durch den Generalgouverneur.

Wiener Philharmoniker (Austria, Bullionmünze)

Vor 20 Jahren, 1989, wurde die Goldmünze Wiener Philharmoniker erstmals von der Münze Österreich AG herausgebracht, und zwar anfangs als viertel Unze. Wegen großer Erfolge gibt es sie nun auch als halbe Unze.

Wiener Philharmoniker

Quelle: „Gold – Silber – Platin", S. 78

Die Reinheit der Wiener Philharmoniker beträgt 9999 und 24 Karat. Als bleibendes Motiv, geschaffen vom Künstler Thomas Pesendorfer, ist auf der Vorderseite die Orgel des Wiener Musikvereins abgebildet. Die Rückseite zeigt die Instrumente des Orchesters. Seit Euro-Einführung erscheint der Nennwert nicht mehr in Schilling. 2004 brachte die „Münze Österreich AG" als weltweite Rarität eine auf 15 Stück limitierte Ausgabe mit einem Gewicht von jeweils 1.000 Unzen und aufgeprägtem Nennwert von 100.000 Euro heraus. Der reine Materialwert von „Big Phil" dürfte die Millionen-Dollar-Schwelle überschreiten.

3.2.2 Beliebte Anlagemünzen aus Silber

Kürzlich las ich die Schlagzeile „Silber als der neue Komet am Anlagehimmel!" Das mag etwas übertrieben sein; aber der Kern dieser Aussage stimmt. Silber hat nicht nur eine gewisse monetäre, sondern auch eine hohe, weiter steigende industrielle Bedeutung. Silber wird zu Schmuck und Tafelsilber verarbeitet, wobei das wartungsfreundliche Cromargan dem Edelmetall allmählich den Rang streitig macht. Aktuell meldet die wmf group AG mit ihrer weltweit bekannten Marke WMF, dass das gesamte Bestecksortiment aus dem veredelten und patentierten Cromargan protect hergestellt wird. Dagegen ist Silber als Industriemetall in den Bereichen Lebensmitteltechnik, Elektrik und Elektronik, Pharmazie, Medizin, Medizintechnik und Optik weiterhin unentbehrlich und wird auch für Computer, Handys, Smartphones und die Wasserreinigung gebraucht.

Silber ist knapper als Gold und verbraucht sich im industriellen Einsatz. Das Interesse an Barren und Münzen wächst. Das Silberangebot (Minenproduktion, Recycling, Banken) ist rückläufig. Das Silberdefizit nimmt zu. Die Reserven und Ressourcen in den Minen dürften eine Restlebenszeit von 20 Jahren haben.

Da Silber mit einem Anteil von gut 70 Prozent als Nebenprodukt bei der Gewinnung von Kupfer, Blei und Zink anfällt, lässt sich die Förderung selbst bei anziehenden Preisen nicht sofort erhöhen. Allgemein gilt Silber als das *„Gold des kleinen Mannes"*. Selbst bei geringem Vermögen sind Silbermünzen erschwinglich. Was für Gold gilt, trifft etwas bescheidener auch für Silber zu. Silber ist ein willkommener Ausgleichsfaktor bei Börsenturbulenzen. Stürzen die Aktienkurse in den Keller, steigt Edelmetall als „sicherer Hafen" und damit der Wert Ihrer Silbermünzen. Bei höherem Kapitaleinsatz in Silber sollten Sie beachten, dass die Lagerung großer Mengen vielleicht schwierig ist. Dann ist es besser, auf Gold- und Platinbarren auszuweichen.

Wiener Philharmoniker (Austria, Bullionmünze)

Am 01. Februar 2008 wurden die Wiener Philharmoniker nach der Erfolgsstory auch in Silber angeboten. Im Laufe eines Monats verkaufte die „Münze Österreich AG" mehr als eine Million Wiener Silber-Philharmoniker.

Quelle: „Gold – Silber – Platin", S. 80

Damit hat Europa eine auf Euro lautende attraktive Silber-Anlagemünze, die wegen ihrer hohen Prägequalität auch Sammler schätzen. Der große Erfolg mit der Goldmünze Wiener Philharmoniker veranlasste die Münze Österreich AG, auch eine Silbermünze zu prägen mit einem Nennwert von 1,50 Euro und einem Gewicht von einer Unze. Andere Größen sind nicht geplant. Die von dem Designer Thomas Pesendorfer, dem Chefgraveur der Münze Österreich AG, entworfenen Motive wurden unverändert auf die Silberversion übertragen.

Maple Leaf (Kanada: Bullionmünze)

1988, also zwei Jahre nach der Prägung der ersten amerikanischen Silbermünze, begann auch Kanada damit, seine beliebte goldene Anlagemünze „Maple Leaf" als Silberversion zu prägen. Die Motive blieben unverändert.

Maple Leaf: Kanada

Quelle: „Gold – Silber – Platin", S. 81

Die Vorderseite bringt das namensgebende Ahornblatt, die Rückseite das Portrait von Königin Elisabeth II. Der Feinheitsgrad übertrifft mit 9999 bzw. 24 Karat die Reinheit des American Silver Eagle, der eine Reinheitsstufe von 999 aufweist. Der Nennwert beträgt fünf kanadische Dollar.

American Silver Eagle (USA: Bullionmünze)

American Silver Eagle

Quelle: „Gold – Silber – Platin", S. 81

Im Jahr 1986 prägte die „United States Mint" erstmalig eine silberne Anlagemünze. Den American Silver Eagle gibt es in einer Feinunze. Die kunstvollen Motive grenzen sich von der Goldmünze deutlich ab.

Die Vorderseite bringt das vom Designer Adolph A. Weinman entworfene Motiv der „Walking Liberty", die Rückseite einen Adler des Künstlers John Mercanti. Er hält in seinen Fängen ein Band mit dem lateinischen Spruch „E pluribus unum".

Libertad (Mexiko: Bullionmünze)

Die mexikanische Münzprägeanstalt *„Casa de Moneda de Mexico"* schuf im Jahr 1982 mit der Libertad die erste reine Anlagemünze aus Silber. „Libertad" heißt Freiheit, verkörpert durch die Siegesgöttin, die sich im Münzbild wiederfindet. Die andere Seite stellt das mexikanische Wappen dar.

Die silberne Münze Libertad, auch „Onza" genannt, hat einen Feinheitsgehalt von 999 und wird in den Größen von 1/20 Unze bis zu einem Kilo angeboten. Die Münze ist in Mexiko offizielles Zahlungsmittel.

Libertad (Freiheit)

Quelle: „Gold – Silber – Platin", S. 82

Die Motive wurden im Laufe der Jahre leicht abgewandelt. Der nicht aufgeprägte Nennwert ist vom Silber-Tageskurs abhängig.

China Silber Panda (Bullion-/Sammlermünze)

Obohl von Sammlern geliebt, wird die seit 1983 von der *Peoples Bank of China* geprägte Münze „China Silber Panda" der Gruppe Anlagemünzen zugeordnet. Das Motiv Pandabär wechselt alljährlich.

China Silber Panda

Quelle: „Gold – Silber – Platin", S. 82

Der Pandabär wurde vor über 100 Jahren in Zentralchina entdeckt und gehört wegen seines possierlichen Aussehens zu den beliebtesten und bekanntesten Tieren rund um den Globus. Mit einem Nennwert von fünf bis 300 Yuan ist diese Silbermünze im Riesenreich China gesetzliches Zahlungsmittel.

Die aufgeprägte Valuta der Anlagemünzen wird durch den Materialwert beträchtlich überschritten. Das immer wieder neue Panda-Münzbild ziert die Feinunze neben der Nennwert-, Reinheits- und Feingewichtsangabe. Die Rückseite zeigt das Prägejahr und den himmlischen Tempel „Beijing". Da von dieser Münze auch Fälschungen im Umlauf sind, sollten Sie diese nur bei einem seriösen Münzhändler kaufen. Beliebt bei Sammlern sind die Zehn-Yuan-Münzen. In geringer Stückzahl werden als Geldanlage auch Kilo-Pandas angeboten.

Silber Koala (Bullion- und Sammlermünze)

Der australische Koala

Quelle: „Gold – Silber – Platin", S. 83

Der 2007 geschaffene australische Koala aus Silber zählt nach dem „Silber-Philharmoniker" aus Österreich vom Februar 2008 zu den jungen internationalen Anlagemünzen. Das Münzbild zeigt das Beuteltier Koala.

Der kuschelige Beutelbär ist in Australien ähnlich beliebt wie der Pandabär in China. Der putzig wirkende Koala wie der emotional ebenso ansprechende Panda werden wegen ihres attraktiven Äußeren auch in Sammlerkreisen geschätzt. Der Silber-Koala gilt in Australien als gesetzliches Zahlungsmittel, wobei der Nennwert schwankt.

Der Materialwert übersteigt das aufgeprägte Nominal, wie bei Bullionmünzen üblich. Die australische Prägestätte „The Perth Mint" setzt qualitativ neue Maßstäbe. Alle Ausgaben des Silber-Koala zeigen einen fein geriffelten Münzrand und tragen ein „P" Mintmark. Die schöne Ausstattung und das Logo machen auf die Prägung durch die „Perth Mint" aufmerksam.

Silber Kookaburra (Bullion-/Sammlermünze)

Die Silbermünzen aus Australien und China mit dem kuscheligen Koala-Beutelbär, dem Eisvogel Kookaburra und dem possierlichen Pandabär, sprechen schon emotional viele Sammler und Privatanleger an.

Der Silber Kookaburra

Quelle: „Gold – Silber – Platin", S. 84

Wie schön, wenn sich Sammlerfreude mit dem Interesse an einer wertsteigernden Geldanlage so harmonisch miteinander paart. Hier macht ein Investment Spaß. Der australische Silber-Kookaburra mit dem größten Eisvogel der Welt als jährlich wechselndes Motiv ist die erste Anlagemünze aus Silber, die von der Prägestätte „The Perth Mint" seit 1990 herausgegeben wird. Das hochwertig geprägte Produkt wird in unterschiedlicher Ausgestaltung weltweit gesammelt. Die Münze mit einer Feinheit von 999 gibt es im Feingewicht von ein, zwei und zehn Unzen sowie einem Kilogramm. Der silberne Kookaburra mit einem Nennwert von fünf bis 150 Australischen Dollar ist gesetzliches Zahlungsmittel. Das Münzbild zeigt den Kookaburra mit dem Schriftzug *„The Australian Kookaburra 1 Oz. 99 Silver"* samt Angabe des Prägejahrs. Auf der Rückseite erscheint Königin Elisabeth II als offizielles Staatsoberhaupt.

- ➤ Da Anlagemünzen aus Silber in Deutschland bis 2014 nur mit dem ermäßigten Steuersatz von sieben Prozent belastet werden, stellt diese Kiloversion eine sehr interessante Anlagealternative zum Kilosilberbarren dar, für den immer der volle Mehrwertsteuersatz von 19 Prozent anfällt. Sobald auch Silbermünzen voll mit 19 Prozent besteuert werden, steigt der aktuelle Preis um zwölf Prozent.

Silber Britannia (Großbritannien: Bullionmünze)

Silber Britannia

Quelle: „Gold – Silber – Platin", S. 85

Namensgeber dieser weltweit beliebten Anlagemünze „Silber Britannia" im Gewicht einer Unze und der untypischen Feinheit von 95,8 Prozent ist die „Britannia" – die Personifizierung der britischen Inseln.

Der Nennwert von zwei Pfund liegt deutlich unter dem Materialwert der Anlagemünze, die in England auch als gesetzliches Zahlungsmittel dient. Die vorstehende Abbildung zeigt das Standarddesign. Die von P. Nathan geschaffene Britannia wird eingerahmt vom Schriftzug *„Britannia Prägejahr One Ounce Fine Silver".* Auch der Künstlername Nathan fehlt nicht. Die Rückseite bringt in gewohnter Weise das Portrait der englischen Königin.

Quelle für Textgrundlage Gold- und Silbermünzen: David Hawig, EDELMETALLinfo.de und für Silbermünzen Panda, Koala, Kookaburra und Britannia: www.bullionweb.de

3.2.3 Anlagemünzen aus Platin

Vom „kleinen Silber" zum gefragten Rohstoff

Lange Zeit wurde der Wert von Platin nicht erkannt. Die Spanier, die es bei der Goldwäsche entdeckten, nannten es abfällig „platina", was auf „kleines Silber" hindeutet.

Dies geschah in Unkenntnis der vielseitigen Verwendungsmöglichkeiten. In turbulenten Börsenzeiten zeigt der Richtungspfeil meist in eine „edle" Zukunft. Platin ist als seltenes Edelmetall für die physische Anlage in Barren und Münzen, als Schmuck und Industriemetall begehrt. Platinbarren und -münzen sind bei gleichem Gewicht oft teurer als Gold. Es fällt der volle Mehrwertsteuersatz an, während bei Gold die Steuerpflicht entfällt. Umgekehrt gibt es bei einem größeren Platininvestment kaum Lagerungsprobleme.

Platin wurde erst vor rund 180 Jahren entdeckt und deshalb im Gegensatz zu Gold und Silber nicht als herkömmliches Zahlungsmittel eingesetzt. Wegen des geringeren Bekanntheitsgrades ist auch das Angebot an Platinmünzen überschaubar. Beliebt sind vor allem die australischen Koalas mit ihren wechselnden Motiven, die chinesischen Pandas und das stolze Wikinger Schiff (Noble) von der Insel Man. Die Preise für Platin-Anlagemünzen notieren in der Regel deutlich über dem Goldpreis. Wer bestimmte Jahrgänge und Motive sucht, muss viel Geduld mitbringen. Platinmünzen sind im Vergleich zur Gold- und Silberversion eher rar.

Platin Koala (Bullion- und Sammlermünze)

Der australische Platin-Koala, erstmals im Jahr 1988 von der Prägeanstalt *„The Perth Mint"* geprägt, zählt zu den schönsten, beliebtesten und bekanntesten Bullionmünzen aus Platin.

Platin Koala, Australien

Quelle: „Gold – Silber – Platin", S. 86

Der putzige Beutelbär in mehreren Varianten mit unten stehender Jahreszahl gilt als Symboltier Australiens. Der Koala als ein nachtaktiver Baumbewohner lebt in den Eukalyptuswäldern Ostaustraliens.

Erstmals wurde der Platin-Koala 1888 als Anlagemünze mit einem Gewicht von einer halben Unze in einer Auflage von 12.000 Stück geprägt und in „Polierter Platte" (englisch: Proof) hergestellt. Schon bald wurde das Sortiment erweitert um das Gewicht von 1/20, 1/10, einer viertel und einer ganzen Unze. Hinzu gesellten sich in geringen Stückzahlen Koala-Münzen aus Platin mit einem Feingehalt von 999,5 und einem Gewicht von zwei Unzen und als Sonderprägung für wohlhabende Anleger mit zehn Unzen und einem Kilogramm. Australien ist eine parlamentarische Monarchie mit Staatsoberhaupt Queen Elisabeth II, vertreten durch den Generalgouverneur.

Platin Panda (China: Bullion-/Sammlermünze)

Platin Panda (China)

Quelle: „Gold – Silber – Platin", S. 87

Die *Peoples Bank of China"* überraschte im Jahr 1987 durch eine Platinmünze mit dem Pandabärenbild über eine Unze, Feingehalt 999,5, Stückzahl auf 2.000 mit Nennwert 100 Yuan begrenzt.

Wegen des großen Interesses gibt es seit 1990 den Platin-Panda auch in den Größen 1/10, eine viertel und eine halbe Unze, wobei der Nennwert 10, 25 und 50 Yuan beträgt. Üblich waren geringe Auflagen von maximal 10.000 Stück. Seit einigen Jahren werden vermehrt und in größeren Mengen Platinunzen mit einem wechselnden Pandabild als Motiv geprägt. Die andere Seite bringt unverändert den himmlischen Tempel „Beijing" und das Prägejahr. Von dieser weltweit bekannten chinesischen Münze in Gold, Silber, Platin und zeitweilig sogar in Palladium gibt es für Sammler neben der üblichen Stempelglanz-Ausführung auch Sätze in „Polierter Platte" (Proof) mit unterschiedlichen Panda-Motiven.

American Platinum Eagle (USA: Bullion- und Sammlermünze)

Seit 1997 gibt es die offizielle amerikanische Platinmünze von der „United States Mint". Die USA führten also im Vergleich zu vielen anderen Ländern erst rund zehn Jahre später Anlagemünzen aus Platin ein.

Quelle: „Gold – Silber – Platin", S. 88

Der Nennwert von 10 bis 100 US-Dollar ist jeweils doppelt so hoch wie bei der Goldversion, liegt dennoch aber deutlich unter dem reinen Platinwert der Münzen mit einem Gewicht von 1/10, einer viertel, halben und ganzen Unze. Der American Platinum Eagle bildet als gleichbleibendes Motiv die amerikanische Freiheitsstatue „Liberty" und das Prägejahr ab. Die andere Seite zeigt einen Weißkopfseeadler im Flug bei aufgehender Sonne und darunter den Nennwert. Die jährliche Auflagenhöhe hängt von der Nachfrage ab.

Die „West Point", jüngste Prägestätte der USA, stellt den American Platinum Eagle in anspruchsvoller „Polierter Platte" (englisch: Proof) her. Die Auflagen liegen im vier- und fünfstelligen Bereich. Abweichend von der normalen Stempelglanz-Ausführung variiert in der edlen Proof-Version das Adler-Motiv jährlich – für Münzsammler ein Anreiz, sich den American Platinum Eagle fortlaufend zuzulegen.

Platin Maple Leaf (Kanada: Bullionmünze)

Platin Maple Leaf

Quelle: „Gold – Silber – Platin", S. 88

Im Jahr 1993 brachte die Prägestätte „The Royal Canadien Mint" aus Ottawa erstmals ihre Anlagemünze „Maple Leaf" in einer Platinversion im Gewicht von 1/20 Unze und einem Feinheitsgehalt von 999,5 heraus.

Die vordere Münzseite zeigt das kanadische Staatswappen – das Ahornblatt (englisch: Maple Leaf) – und die andere Seite die englische Königin Elisabeth II.

Platin „Noble" bzw. „Wikinger Schiff" (Isle of Man: Bullionmünze)

Die Insel Man bzw. „Isle of Man" liegt mitten in der Irischen See vor der Küste Nordwestenglands, ist 50 km lang, 21 km breit und gehört Großbritannien. Dieses „Juwel" in der irischen See ist als autonomer Kronbesitz direkt der britischen Krone unterstellt. Die Isle of Man – nicht Teil der Europäischen Union – ist bekannt als Steueroase, Sitz von Offshorefirmen und Austragungsort für das Motorradrennen Tourist Trophy.

Die Prägeanstalt „Pobjoy Mint Ltd." brachte von 1983 bis 1990 die Platinmünze „Noble" heraus. Umgangssprachlich heißt sie „Wikinger Schiff" wegen des historischen Schiffsmotivs.

Platin Wikinger Schiff

Quelle: „Gold – Silber – Platin", S. 89

Die Rückseite bringt das Portrait der englischen Königin Elisabeth II. „Noble" zählt zu den bekanntesten Platinmünzen überhaupt. Der Name lässt sich darauf zurückführen, dass eine aus dem Jahre 1344 stammende mittelalterliche englische Goldmünze so heißt und das heutige gängige Zahlungsmittel auf der Isle of Man auch den Namen Noble trägt. Die Platin-Bullionmünze Noble gibt es in den typischen Größen von 1/20 bis zu einer Feinunze. Hinzu kommen einige wenige Sonderprägungen in den Größen von fünf und zehn Unzen.

Fazit: Anlage in Gold-, Silber- und Platinmünzen

Was spricht dafür?

- Anlagemöglichkeit für jeden Geldbeutel
- Steigende Rendite bei Langzeitanlage wahrscheinlich
- Verbindung von Geldanlage mit Sammlerfreude und Hobby
- Breite Streuung des Portfolios
- Gewisse Sicherheit und Ausgleichsfaktor in Börsenkrisen
- Stabile Wertentwicklung bei hoher Inflationsrate
- Meist keine Lagerprobleme (am besten eigener Tresor)
- Erweiterung des geistigen Horizonts
- Kontakte mit Gleichgesinnten

Welche Gefahren bestehen?

➤ Ausufernde Sammelleidenschaft – vom Hobby zur Sucht

➤ Vernachlässigung anderer Anlageformen

➤ Starke Preisschwankungen

➤ Kursverluste vor allem bei kurzfristigem Anlagehorizont

➤ Währungsrisiko (schwacher Dollar, starker Euro)

➤ Gefahr des Betrugs und des Diebstahls

Beliebte Edelmetall-Anlagemünzen		
Gold	**Silber**	**Platin**
American Gold Eagle	American Silver Eagle	American Platinum Eagle
Maple Leaf, Kanada	Maple Leaf, Kanada	Platin Maple Leaf
Gold Koala, Australien	Silber Koala, Australien	Platin Koala, Australien
Gold Panda, China	Silber Panda, China	Platin Panda, China
Krügerrand, Südafrika	Libertad, Mexiko	Platin Noble, Insel Man
Wiener Philharmoniker	Silber-Philharmoniker, Österreich	**Silberne Kilomünzen vor 2014 kaufen, um MWSt-Vorteil zu nutzen.**
Kangarro/Nugget, Australien	Silber Britannia, Großbritannien	
	Kokaburra, Australien	
Steuerfrei	7 % Mehrwertsteuer	19 % Mehrwertsteuer
Mehrere Größen	Mehrere Größen	Mehrere Größen
Teurer als Silber	Am billigsten	Oft teurer als Gold
Händler und Banken	Händler und Banken	Münzhändler

3.3 Wertvolle Diamanten im Depot

Superreiche Investoren erzielen mit seltenen farblosen, hochfeinen weißen, blauen und rosafarbenen Diamanten makelloser Reinheit ab fünf oder zehn Karat eventuell Renditen von 50 Prozent in einem Jahr. Für Privatanleger bestehen diese tollen Aussichten nicht. Vorsicht und aufgepasst! Hier drohen oft Verluste. Wer sich nicht auskennt, zahlt doppelt so viel oder erlöst nur die Hälfte.

Privatleute sind bevorzugte Opfer von Betrügern am Grauen Kapitalmarkt. Der faire Wert lässt sich bei Diamanten schlecht einordnen. Zudem gestaltet sich der Wiederverkauf als schwierig, soweit es nicht um die weltweit begehrten und bei Experten bekannten Spitzensteine geht. Da heißt die Empfehlung eher: Hände weg von einer physischen Anlage. Besser in Diamantenminen oder -fonds investieren. Diamantenschmuck ist faszinierend, aber fast immer als Anlageinstrument ungeeignet.

Nach der überstandenen Absatzkrise kehrt das Vertrauen zurück. So meint der ehemalige De Beers-Chef Gareth Penny: „Diamanten sind rar – und werden zunehmend rarer." Diamanten gelten bei institutionellen Investoren als gute Anlage. Privatanleger sollten sich lieber auf Minenaktien konzentrieren. Der britisch-südafrikanische Bergbaukonzern Anglo American will seinen Anteil am Diamantenhaus De Beers ausbauen. Der Multikonzern kontrolliert 40 Prozent des internationalen Handels mit Rohdiamanten.

Das Labyrinth der Fachausdrücke

Diamanten werden in Karat gehandelt. Ein Karat entspricht 0,2 Gramm und kann – abhängig von der Reinheit, der Farbe, dem Schliff und auch der Marktlage – bis zu 25.000 Euro kosten.

Als „lupenrein" gilt ein Stein, der auch bei zehnfacher Vergrö-
ßerung keinerlei Einschlüsse aufweist. Je reiner ein Diamant,
desto teurer ist er. Bei den Farben sind die Weißabstufungen
„Hochfeines Weiß" über „Getöntes Weiß" bis „Getönt" als
schlechteste Beurteilung zu unterscheiden. Der Schliff ist für
das feurige Funkeln eines Diamanten entscheidend. Die wichtigsten Kriterien für den Preis sind die sogenannten vier C:

❶ Clarity (Reinheit) ❷ Colour (Farbe)
❸ Cut (Schliff) ❹ Carat (Gewicht)

Ein kurzer Ausflug in die Geschichte

Der Diamantenhandel begann parallel zur Besiedlung Afrikas
durch die Europäer. Den größten Stein namens „Star of
Africa" fand man 1869 nahe dem Orange River. 1867 wurden
die ersten Diamanten in Kimberly entdeckt – der Startschuss für
den Diamantenhandel. Nicht zuletzt wegen der Streitigkeiten
über die Herrschaft der Gold- und Diamanten-Förderstätten
kam es zum Burenkrieg zwischen Niederländern und Briten.

Heute wird der Diamantenhandel mit dem Namen De Beers
verknüpft. Der Konzern wurde 1888 gegründet und kontrolliert
fast 80 Prozent vom Abbau und Handel mit Diamanten. Wer
sich in Südafrika um Schürfrechte bemüht, kommt an einer De
Beers-Lizenz nicht vorbei. Dies gilt sogar für die Suche an den
Küsten durch die mit Saugvorrichtungen ausgestatteten Spezi-
alboote. Diese Technik macht es möglich, den Meeresgrund
nach dort liegenden Diamanten abzutasten.

Der Riesenkonzern De Beers hat seinen Geschäftssitz im südafrikanischen Southdale und ist zuständig für den Abbau, die
Sortierung, die Klassifizierung und den Handel an 24 Diaman-
tenbörsen rund um den Globus. Bekannte Spezialbörsen sind
Antwerpen, Amsterdam, New York, Israel, Johannesburg, Mai-
land, Paris und Wien.

Wissenswertes über Herkunft, Fundorte und Anwendungsbereiche

Der Name Diamant leitet sich ab von „diamas" bzw. „adamas". Damit baut sich eine sprachliche Verbindung zu „unbezwingbar" auf, ein Merkmal für extreme Härte. Der Diamant ist das härteste auf der Erde bekannte Material. Künstlich hergestellte Industriediamanten kommen nicht ganz an die hervorragenden physischen Eigenschaften der natürlichen Steine heran.

Die ältesten Funde werden aus Indien gemeldet, möglicherweise bereits im 4. Jahrtausend vor Christi. Diamanten sagte man magische Kräfte nach, weshalb sie – sofern man ihrer habhaft wurde – gern als Talismane dienten. Im alten Rom waren Diamanten schon lange bekannt. Ihre Seltenheit und ihr hoher Wert trugen sehr zur Begehrlichkeit und Wertschätzung bei, zumal sie wegen ihrer Härte auch als Werkzeug genutzt wurden. Dies geschieht bei synthetisch hergestellten Industriediamanten auch noch heute. Gefragt sind hochpräzise Bearbeitungs- und Verschleißwerkzeuge. Plinius der Ältere weist bereits in seinem Werk „Naturalia historia" auf einen solchen Bedarf hin.

Um 600 nach Christi wird über den ersten Diamantenfund auf der indonesischen Insel Borneo berichtet. Indien gilt also nicht mehr als einzige Quelle. Erst im 13. Jahrhundert gelang es, Diamanten zu bearbeiten, allerdings noch ohne die große Kunstfertigkeit heutiger Juweliere. Indien lehnte lange Zeit jede Form der Bearbeitung ab aus Angst und Besorgnis, die magischen Kräfte zu zerstören. Den heutigen kunstvollen Schliff gibt es erst seit rund 100 Jahren. Er lässt die Diamanten feurig und auf einzigartige Weise erstrahlen. Der natürliche Diamant wird in unterschiedlichen Formen geschliffen. Bemerkenswert sind der Brillant-, Achtkant-, Rose- und Baguette-Schliff.

Die unedlen, meist undurchsichtigen künstlich erzeugten Industriediamanten werden auch „Bort" genannt, wahrscheinlich von „bastard" abgeleitet. Der undurchsichtige Carbonado ist ein schwarzer mikrokristallischer Diamant.

Ein Portugiese spürte auf der Suche nach Gold den ersten Diamanten außerhalb Asiens auf und löste einen regelrechten Rausch aus. 1869 entdeckten Abenteurer die ersten Diamanten im Kimberlit-Gestein in dem südafrikanischen Kimberley. Nachdem die Ausbeute in Brasilien abnahm, übernahm Südafrika schon bald die Rolle des wichtigsten Förderers und Hauptlieferanten. Den ersten Diamanten auf dem Meeresgrund fanden Fischer in ihren Spezialbooten vor rund 50 Jahren. Heute gilt Australien als Hauptlieferant. Ebenso läuft die Diamantenförderung in Südafrika unvermindert weiter. 1955 wurde der erste künstliche Diamant für industrielle Zwecke hergestellt. Industriediamanten bestehen aus reinem Kohlenstoff, erzeugt unter hohem Druck aus dem Material Graphit.

Weitere Diamanten-Erstfunde 19./20. Jahrh.			
Jahr	Land	Jahr	Land
1826	Russland	1906	Kongo
1851	Australien	1908	Namibia
1867	Südafrika	1912	Angola
1901	Venezuela	1920	Westküste Afrika
1906	USA (Arkansas)	1969	China
Quelle Text und Grafik: wikipedia.org/wiki/Diamant, 13.06.12			

Naturdiamanten wurden in vielen Gebieten der Erde aufgespürt. Hauptfundort war bis 1720 Indien. 50 Jahre später, 1870, wurden Diamanten in Brasilien und in Südafrika entdeckt. Heute sind indische und indonesische Minen großteils erschöpft.

Wie entstehen Diamanten?

Laut www.gold-shopping.com/diamant bilden sich Diamanten im Erdmantel unter hohem Druck und großer Hitze, Temperaturen ab 1.000 Grad Celsius – und dies alles in einer Tiefe von rund 150 Kilometern. Dort verwandelt sich der hexagolane Kohlenstoff in schneller Reaktion zu natürlichen Diamanten, während bei künstlichen Steinen der Prozess mit Kohlenstoff aus Graphit nachgeahmt wird. Bei Vulkanausbrüchen gelangen die Diamanten an die Erdoberfläche.

In diesem Gemisch bilden sich die Gesteine Kirnberlit und Lamproit. Sie bilden als Muttergestein den Ursprung der Diamanten. Die Rezeptur sieht so aus: Gasreiche vulkanische Gesteine katapultierten bei einer Eruption die verborgenen Schätze aus dem Erdinneren vereinzelt nach oben. Dabei überstanden die wertvollen einschlussarmen Diamanten den durch Eruptionen ausgelösten Transport aus der Tiefe unbeschädigt. Mikrodiamanten haben eine andere Geschichte. Ihr Ursprung ist auf Meteoriteneinschläge zurückzuführen.

Textquelle für Kapital 3.3, S. 107 bis 111: www.gold-shopping.com/Diamanthandel.html

Gespräch mit einem Profi-Diamantenhändler: Für Privatanleger ein gefährliches Spiel

Aus einem von der FINANCIAL TIMES Deutschland vor einigen Jahren durchgeführten Interview zwischen dem Diamantenhändler Ulrich Freiesleben aus Antwerpen und dem Edelsteinexperten Markus Zydra, FTD, wähle ich zwei besonders aussagekräftige Kommentare aus:

Markus Zydra, FTD: *„Privatleute können bei den Profis in Antwerpen nicht kaufen und verkaufen?"*

Ulrich Freiesleben: *„Nein, da müssen Experten zwischengeschaltet werden, um faire Preise zu erzielen. Die Händler spüren sofort, wer sich auskennt. – Und beim Juwelier erhalten sie keineswegs den Einkaufspreis. Verkäufer müssen es bei Profis vor Ort machen. Es lohnt sich aber erst ab dem Einkaräter."*

Markus Zydra, FTD: *„Sind Diamanten eine gute Geldanlage?"*

Ulrich Freiesleben: *„Einige Vermögensverwalter prüfen das Thema. Durch die geringe Transparenz gibt es ein Handicap. Mit den richtigen Kontakten ist es aber möglich. Geschliffene Diamanten sind über die vier C-Kriterien der guten Zertifikate objektiv vergleichbar."* Anmerkung: Dies sind Clarity (Reinheit), Colour (Farbe), Cut (Schliff) und Carat (Gewicht).

Fazit Markus Zydra: *„In einem Diamanten lässt sich auf engstem Raum viel Vermögen bündeln – eigentlich die klassische Fluchtwährung. Problematisch ist es, das Papiergeld zu einem fairen Preis in den Stein zu investieren, da es keine funktionierende öffentliche Börse für Diamanten gibt. – Mit der Einführung von Zertifikaten ist ein erster Standardisierungsversuch gestartet worden. – Der Handel findet in kleinem Kreis statt, das Angebot ist knapp. Faire Preise gibt es nur mit guten Kontakten."*

Allgemeine Einschätzung

Ein gewisses Misstrauen bleibt wegen emotionaler und subjektiver Preisbildung und schlechter Transparenz bestehen. Dem südafrikanischen Marktführer De Beers wird unterstellt, Diamanten zu horten, um den Preis zu diktieren – auch in Antwerpen, wo ungefähr 85 Prozent aller Rohdiamanten an Großhändler und Juweliere vermarktet werden. Zehnmal im Jahr teilt De Beers den angeschlossenen Häusern Kontingente zu.

Es ist auch nicht einfach, alternativ über Aktien in Diamanten zu investieren. Es gibt weltweit nur etwa 30 Diamantenminen. De Beers, Alrosa, Rio Tinto, BHP Billiton und Anglo American sind die größten. Dazu erklärt Stefan Breintner, Rohstoffanalyst und Gold-Fondsmanager beim Vermögensverwalter Dr. Jens Ehrhardt: *„Der Anteil der Diamantensparte am Gesamtgeschäft der Minenbetreiber macht nur ein bis drei Prozent aus. Steigende Preise würden sich also nur marginal auf die Aktienkurse auswirken. Dabei ist die fundamentale Lage gut. Der Markt sollte bis 2014 um sechs Prozent jährlich wachsen."*

„A girl's best friend", sang einst Marilyn Monroe über Diamanten. Die Sängerin dachte dabei vermutlich an ihren feurig funkelnden Juwelenschmuck und nicht an eine Kapitalanlage. Eine inflationssichere und liquide Vermögensanlage sind geschliffene Diamanten nicht. Sie lassen sich zwar in extremen Fluchtsituationen gut am und in Bedrängnis sogar im Körper tragen und auch ziemlich leicht über Grenzen schmuggeln. Wie wenig Diamanten dennoch als Geldanlage taugen, wird jedem Anleger insbesondere in einer Notlage schnell klar, wenn er sie bei einem Juwelier zu Geld machen will.

Der Rohstoffanalyst Axel Röstel, BERENBERG Bank, berichtet: *„Der Verkäufer kann sich glücklich schätzen, wenn er die Hälfte des ursprünglichen Preises erhält. Denn die Handelsspanne und Mehrwertsteuer des Käufers machen rund 50 Prozent des Preises aus. Viele der funkelnden Exemplare sind zudem unverkäuflich, da es keinen privaten Verkaufsmarkt gibt."*

Zudem droht Betrug am Grauen Kapitalmarkt und dies vor allem dann, wenn sich der Eindruck verstärkt, dass der Privatverkäufer wenig Ahnung von Geschäft und Preisfindung hat. Mangelnde Fachkompetenz wird im Diamantengeschäft gnadenlos ausgenutzt, ja knallhart abgestraft. Da verwundert es nicht, dass vornehmlich An- und Verkaufsagenturen ins Visier der Staatsanwaltschaften geraten.

Mitunter werden Kunden mit kleinen Lockvogelangeboten dazu verleitet, nach und nach fünfstellige Geldbeträge in den Diamantenhandel zu stecken, bis sich bei einem größeren Deal dann kein Käufer mehr findet. Versuche auf eigene Faust scheitern; denn einen privaten Verkaufsmarkt, der Angebot und Nachfrage bündelt, gibt es nicht.

Die Einschätzung der Stiftung Warentest lautet: *„Fast immer Verluste – Hände weg!"* Wer als Privatanleger Diamanten als Geldanlage ansieht, liegt meist falsch. Diamanten sind und bleiben teurer Schmuck – und nur das sollten sie sein! Die bessere Alternative ist es, Diamanten-Aktien zu kaufen.

Diamanten – unsicher für Privatanleger

Fallbeispiel: Nach telefonischem Kontakt eines Anlageberaters kaufte ein Privatinvestor mehrere Diamanten zum Gesamtpreis von rund 50.000 Euro. Die ursprünglich gepriesene Wertsteigerung erwies sich als Flop. Als der Privatanleger die Diamanten verkaufen wollte, waren die Juweliere nur bereit, die wertvollen Juwelen zum Großhandelspreis zu erwerben. Dieser lag halb so hoch wie der Kaufpreis.

Das Landgericht Darmstadt verurteilte den Anlageberater zur Erstattung der Preisdifferenz. Auf ein solch wohlwollendes gerichtliches Urteil sollten Sie nicht vertrauen. Besser: Hände weg und bei Gold, Silber und Platin bleiben!

Jeder einzelne Stein ist eine Herausforderung. Selbst Experten schätzen die Qualität nicht immer richtig ein. Der Diamant könnte beim Spalten in Einzelteile zerbrechen. Für einen 15-Karäter Gold bestehen klare Preisvorstellungen. Ein 15-Karäter Diamant wird subjektiv bewertet. Es kommt auf die Qualität, den Schliff, die Farbe, die Reinheit und auch den Marktzugang an.

Lassen Sie sich von dem folgenden Widerspruch nicht blenden: Die Absatzzahlen für die edelsten unter den Steinen steigen. Die Förderung wird zusehends schwieriger und geht zurück. Die Lücke zwischen Angebot und Nachfrage führt zu höheren Preisen. All dies spricht für eine interessante Rendite. Diese gibt es auch, aber nur für reiche institutionelle Investoren mit ausgewiesenem Expertenwissen. So kostbar die hochkarätigen Steine auch sind. Als inflationssichere, liquide Geldanlage erscheinen sie für Privatanleger kaum geeignet, weil zu riskant.

3.4 Goldsuche im Sog der Finanz- und Überschuldungskrise

Kurzer Rückblick: Wie sah es 2008/2009 aus?

Während die Staatsregierungen in den USA und in Europa eilends Rettungspakete schnüren und die internationalen Notenbanken Zinssenkungsaktionen bis nahe null Prozent starten, um den Zusammenbruch des Finanzsystems aufzuhalten, boomt allerorten nur ein Geschäft: der Handel mit Edelmetallen, vor allem Gold.

Der Vertrauensverlust und die Nervosität erreichen im Oktober 2008 eine Dimension, in der Rettungsmaßnahmen wirkungslos abprallen, mögen sie längerfristig auch vernünftig sein. Hochkonjunktur haben Prägeanstalten und Edelmetallhändler, soweit sie sich vorausschauend mit reichlich Barren und Münzen aus Gold, Silber, Platin und Palladium eingedeckt haben. Manch einer muss seinen Laden vorübergehend schließen, weil er kein Gold mehr auftreiben kann. Da kommt auch Omas Matratze als Ort des Hortens von Geldscheinen wieder zu Ehren, und Einbrecher wittern neue Geschäfte. So habe ich aus der aktuellen Finanzpresse in der Art einer kleinen Chronik einige Schlagzeilen und Kurzberichte zusammengetragen.

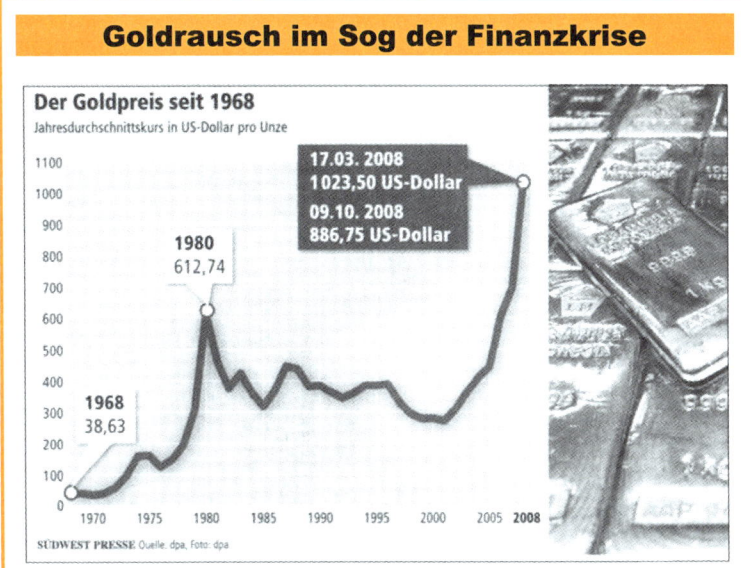

Goldrausch im Sog der Finanzkrise

Der Goldpreis seit 1968
Jahresdurchschnittskurs in US-Dollar pro Unze

17.03. 2008
1023,50 US-Dollar

09.10. 2008
886,75 US-Dollar

1980
612,74

1968
38,63

SÜDWEST PRESSE Quelle: dpa, Foto: dpa

Quelle: SÜDWEST PRESSE, dpa, 11. Oktober 2008, Rubrik
Wirtschaft, S. 11, aus: „Gold – Silber – Platin", S. 100

Der heftige Crash mit seinem Börsenblutbad am Schwarzen
Freitag, 10. Oktober 2008, erinnert an 1929 und 1987. Ich will
etwas von der Stimmung einfangen und die Beweggründe von
Anlegern aufzeichnen. Warum setzen verzweifelte Menschen
jetzt auf Gold bzw. schwenken auf Edelmetalle um? Wenn der
Dow Jones, der Leitindex der US-Börse, an einem einzigen Tag
um über 800 Punkte abstürzt und der DAX um mehr als 700,
was wohl zuvor noch nie in der von Höhen und Tiefen geprägten Börsengeschichte geschah, hinterlässt ein solcher Einbruch
bleibende Spuren von Angst. So erwirbt der alte Börsenhase
Jeremy Grantham, seit vielen Jahrzehnten erfolgreich im Geschäft, im Herbst 2008 erstmals in seinem Leben physisches
Gold. Er argumentiert mit einem Satz, verdächtig, in die Liste
der Börsenaphorismen einzugehen: *„Ich hasse Gold, und ich
würde es nur kaufen, wenn ich verzweifelt wäre."*

In ihrer Angst stürzen sich die Anleger auf Münzen und Barren – die Ware wird jetzt knapp

Auszug aus dem Handelsblatt Nr. 196, 09. Oktober 2008, S. 28/29: „Seine Leute tun alles. Wenn es sein muss, auch im Zweischichtbetrieb, um den Ausnahmezustand irgendwie zu bewältigen. Die Finanzkrise beschert ihm eine wahnwitzige Nachfrage. Erfreulich, eigentlich. Robert Hartmann zieht jetzt die Reißleine. Die Lager sind leer. Geschäftsführer Hartmann von pro aurum ist Goldhändler, Chef eines der größten Handelshäuser für Edelmetalle, Seismograph der deutschen Seele, Gradmesser für die Angst im Zuge der Finanzkrise.

Die Erschütterungen sind gewaltig. Viele Deutsche setzen jetzt alles auf Gold. Münzen, Barren, 150 Gramm, 250 Gramm oder gleich ein ganzes Kilo. Hartmann kann vorerst nichts für sie tun. Privatleute und sogar Banken bestürmen die Händler, doch die nehmen schon keine Bestellungen mehr an. ‚Wir werden schier totgeschlagen mit Aufträgen‘, sagt Gunter Siegel vom Goldhändler Westgold. ‚Gold ist ausverkauft. Wir sind nicht in der Lage, derzeit welches zu liefern. Frühestens im November wieder, auf Vorbestellung‘, sagt ein Berater der Deutschen Bank.

‚Die Scheideanstalten haben nun einige Wochen Lieferzeit.‘ Dies berichtet Stephan Henkel von Unicore. Der Preis steigt auf über 900 Dollar pro Feinunze.“

Goldbarren schon knapp

SÜDWEST PRESSE, 9. Oktober 2008, S. 9, London: Angesichts der Finanzkrise suchen immer mehr Leute Sicherheit mit Gold.

„Die Turbulenzen an den Finanzmärkten haben sich ausgeweitet. Die Anleger werden zögerlicher, ihr Geld den Banken anzuvertrauen und gehen daher verstärkt in Gold.“

Metallhändler Matt Zeman, LaSalle Futures Group, Chicago

Wie die BERLINER ZEITUNG berichtet, werden Goldmünzen und Goldbarren in Deutschland knapp. Händler nehmen keine Bestellungen mehr entgegen in diesem beispiellosen Ansturm. Gleichzeitig steigt der Goldpreis weiter. Die Feinunze kostete gestern, am 08. Oktober 2008, in der Spitze bis zu 915 Dollar – im September waren es weniger als 750 Dollar.

Das Desaster – God, Gold, Government

„Ein Investment in Gold macht Sinn, wenn alles andere keinen Sinn macht. In unsicheren Zeiten gehört Gold einfach dazu."

Jim Cramer, US-Börsenexperte

Handelsblatt Nr. 196, 09. Oktober 2008, S. 30, Ingo Narat, Frankfurt: *„Es sind die ultimativen Zufluchtsorte in jeder heftigen Finanzkrise: Gebete, Edelmetalle sowie Vater Staat. Börsianerseelen suchen die Nähe zu Gott, misstrauische Anleger Gold. Absolute Sicherheit suchende Zins-Liebhaber retten sich dann in Staatsbonds. Angelsachsen freuen sich über die Alliteration: God, Gold, Government. Freude an Wortspielen ersetzt aber nicht den Anlageerfolg. Beim Blick auf ihre Aktienbestände werden viele Börsianer erschrecken."*

Disziplin bewahren mit Edelmetall		
Vorteile	**Nachteile**	**Was? Wieviel?**
„Sicherer Hafen", mehr Ruhe im Depot	Volle Mehrwertsteuer bei Platin und Palladium, 7 % bei Anlagemünzen aus Silber, gar keine Mehrwertsteuer bei Gold	Barren und Anlagemünzen aus Edelmetall
Langfristig Preisanstieg zu erwarten (Knappheit, Schmuckindustrie)		5 % bis maximal 20 % Anlageanteil mit Edelmetall, physisch bis 10 %

Vorteile	Nachteile	Was? Wieviel?
Günstig für den Bestand bei starkem Dollar, da der Preis je Unze pro Dollar berechnet wird	Aufbewahrungskosten; Schutz vor Diebstahl (Bankschließfach, eigener Tresor)	**Sonstige Edelmetallanlagen zur Diversifikation:** ETC/ETF (besonders preiswert);
Ausgewogenheit im Depot durch Defensivanlage	Möglicher Verlust bei sinkenden Edelmetallpreisen	Minenaktien (Dividende, Ziel: steigende Kurse);
Exzellente Risikostreuung, Ausgleichsfaktor (steigende Preise durch Flucht in Gold im Crash)	Währungsrisiko, keine Zinsen, keine Dividende, Ertrag nur bei Preissteigerung (totes Kapital)	Aktienfonds (Dividende, Sondervermögen); Anlage- und Hebelzertifikate (Emittentenrisiko)

Wie gehen Anleger mit Edelmetall um in den Zeiten der sich zuspitzenden Schuldenkrise?

Vier Jahre nach dem Börsencrash 2008, geprägt von der Finanzkrise, ausgelöst durch eine mutierende US-Subprimekrise, sieht es 2012 kaum besser aus.

Die Staatsüberschuldungskrise greift ähnlich einem bösartigen Krebstumor von Griechenland auf Spanien und Italien über. Die Euroängste sind hierzulande so tiefgreifend, dass Bundesanleihen sogar mit Negativzins gezeichnet werden – eine garantierte Kapitalvernichtung. In einem solch schlechten Börsenklima haben Aktien nur geringe Chancen. Mit einem Durchschnittsplus über zehn Prozent schlossen im 1. Halbjahr 2012 nur Aktien aus dem Gesundheitswesen Welt, Technologie Welt und deutsche Nebenwerte ab. Goldminenaktien erlitten im Schnitt einen zwölfprozentigen Verlust. Allmählich aber erholen sie sich.

Derzeit sind die Aktienbewertungen im Goldminensektor niedrig. Negative Nachrichten dürften eingepreist sein. Denken Sie daran, dass mutige Anleger meist langfristig belohnt, Angsthasen dagegen bestraft werden? Aber wer will dies schon hören! Erneut beherrscht die Psychologie die Börse. Verzweiflung wechselt mit kurzen Phasen der Hoffnung und Aufbruchstimmung. Pessimisten vergleichen die heutige Lage mit der Großen Depression. Optimisten blicken nach vorn und sehen das Licht am Ende des Tunnels. Die nervöse Stimmung dokumentiert der Volatilitätsindex VDAX. Er schoss mit 29 Punkten um ein Drittel auf ein Fünfmonatshoch in die Höhe. Seit der Fukushima-Katastrophe Mitte März 2011 zeigt der Schwankungsindex das größte Tagesplus. Ich versuche, die Stimmung in diesem turbulenten Sommer 2012 einzufangen, indem ich auszugsweise ein Interview der boerse.ARD.de vom 19. Juli mit Bettina Seidl und Dr. Jens Ehrhardt wiedergebe.

Mit echtem Gold auf der sicheren Seite: Ein Gespräch der boerse.ARD.de mit Dr. Ehrhardt

Die Anlage in physisches Gold birgt auch Nachteile. Die Vermögensverwaltung DJE Kapital AG nimmt diese aber gern in Kauf. Ein Weltuntergangsszenario ist zwar nicht zu erwarten, aber auch nicht völlig auszuschließen.

Bettina Seidl, Boerse.ARD.de: *„Sie raten zu physischem Gold als Beimischung zum Depot. Sind Sie so pessimistisch? Erwarten Sie einen Zusammenbruch des ganzen Finanzsystems?"*

Dr. Jens Ehrhardt: *„Gold ist eine Versicherung für schwierige Zeiten. Und die könnten uns in der Tat bevorstehen, wenn man sieht, was Staaten und Banken an Schulden aufgehäuft haben. Aus den Bankbilanzen kommen noch einmal rund neun Billionen dazu, in der Eurozone sogar 35 Billionen. Man kann nicht wissen, wie werthaltig die Anleihen, Kredite, Immobilien sind."*

Boerse.ARD.de: *„Aber warum ausgerechnet physisches Gold? Das hört sich doch ganz danach an, als halten Sie das Weltuntergangsszenario für durchaus realistisch."*

Dr. Jens Ehrhardt: *„Ich halte es nicht für wahrscheinlich. Die meisten Marktbeobachter unterschätzen jedoch die gigantischen Schulden, die da aufgehäuft werden. Noch kann Deutschland helfen. Aber wir könnten überfordert sein, sobald zum Beispiel das Bankensystem ins Wanken gerät."*

Boerse.ARD.de: *„Rührt der Hang zum echten Gold auch aus der etwaigen Angst vor dem Zugriff des Staates im Krisenfall?"*

Dr. Jens Ehrhardt: *„1933 gab es in den USA einen Zwang zur Goldabgabe, wobei Zuwiderhandlungen mit bis zu zehn Jahren Gefängnis bestraft wurden. Heute wäre ein solches Gesetz sehr unwahrscheinlich. Völlig ausschließen kann man es aber in Extrem-Situationen nicht."*

Boerse.ARD.de: *Zu den Nachteilen: Die Kosten für Kauf und Aufbewahrung sind recht hoch. Gingen nicht auch ETFs? Die sind doch teilweise auch mit physischem Gold unterlegt."*

Dr. Jens Ehrhardt: *„Ich bevorzuge die physische Anlage. Gerade wenn man sich gegen ein wackeliges Bankensystem absichern will, ist es nicht ratsam, Gold über Zertifikate zu kaufen – vor allem, wenn diese Finanzprodukte den Goldpreis mit Optionen synthetisch abbilden. Bei einigen Banken wie der Schweizer ZKB ist ein ETF ähnlich sicher wie physisches Gold."*

Boerse.ARD.de: *„Gerade wenn man sich für den Ernstfall absichern will, soll man doch eine möglichst kleine Stückelung bei Gold wählen. Ist Gold da nicht zu teuer?*

Dr. Jens Ehrhardt: *„Wir sichern uns ja nicht für den Kriegsfall ab. Daher würde ich die Stückelung nicht allzu klein wählen, was zu teuer wäre. Der Krügerrand ist nicht notwendig."*

④ Klassische Anlagen in Edelmetalle

4.1 Einzelaktien: chancen- und risikoreich

Aktien sind Risikopapiere. Bei langfristigem Anlagehorizont und der richtigen Strategie können Sie mit Qualitätstiteln, wozu auch die Papiere führender Bergbau- und Minenunternehmen zählen, im Jahresschnitt eine höhere einstellige, im Bullenmarkt sogar eine zweistellige Rendite einfahren. Dies setzt jedoch voraus, dass Sie mehrere in- und ausländische Einzeltitel unterschiedlicher Branchen und Indizes im Depot haben. Es macht Mut, dass laut DAI (Deutsches Aktieninstitut) im ersten Halbjahr 2012 die Zahl der Anteilseigner um gut 17 Prozent auf über zehn Millionen Bürger anstieg.

Wenn Sie sich auf das DAX-Heimatliebe-Depot beschränken oder in die von dubiosen Börsenbriefen angepriesenen Penny Stocks im Edelmetallsektor investieren, geht diese Strategie vermutlich daneben. *Diversifikation* senkt das Risiko und erhöht die Rendite, wie die Forschungen des Wirtschaftsnobelpreisträgers Harry Markowitz bestätigen. Nicht alles auf eine Karte setzen, bezieht den Anlagezeitpunkt mit ein. Studieren Sie die Charts bekannter Bergbau- und Minenaktien von 2007 bis 2012, packt Sie vielleicht blankes Entsetzen.

Planen Sie Ihre Aktienanlage für Jahrzehnte, ist der Zeitraum nicht entscheidend. Bevorzugen Sie das schnelle Rein und Raus, kommt es auf ein geschicktes Timing an. Da heißt es, niedrige Einstiegskurse nutzen und satte Gewinne mitnehmen. Sehr einfach umzusetzen in der Theorie, ungemein schwierig im Börsenalltag. Aber ein kluges Stock-Picking ist erlernbar.

Ich zähle zu der Gruppe, die kauft bei Angst und verkauft bei Hoffnung – eine Strategie, mit der ich gewöhnlich zu den Siegern zähle. Sie auch? Lassen Sie sich nicht abschrecken vom Abwärtssog, sondern nutzen Sie extrem günstige Einstiegschancen, wie es sie nur alle paar Jahre gibt. Kaufen Sie diejenigen Titel, deren Geschäftsmodell überzeugt und über die es erfreuliche Nachrichten gibt. Begrenzen Sie Ihren Depotanteil pro Titel auf zwei bis fünf Prozent.

Vertrauen Sie keiner einzelnen Analysteneinschätzung, schon gar nicht, wenn es sich um einen Penny Stock handelt. Hier lassen sich die Kurse – bedingt durch den geringen Börsenwert und gefüttert von Gerüchten – leicht manipulieren. Nutzen Sie die Informationen der Fachpresse, und schauen Sie sich im Internet um. Vermeiden Sie unbedingt eine einseitige Ausrichtung. Übergewichten Sie Bergbau- und Goldminenaktien nicht. Hüten Sie, soweit vorhanden, Ihren steuerfreien Altaktienbestand wie einen Schatz. Und bedenken Sie, dass es neben Barren und Münzen andere Investmentformen gibt wie ETC, Themenfonds und bestimmte Anlagezertifikate.

4.1.1 Bergbau- und Minenaktien – Einstiegschance nach Korrektur

Als ich für die 1. Auflage dieses Werkes eine Auswahl von Bergbau- und Minenaktien zusammenstellte und für das Buch „Neue Börsenstrategien für Privatanleger" die Kursentwicklung zwölf Monate später berechnete, überraschte mich der Erfolg.

Von den damaligen Kursgewinnen ist derzeit nur wenig übrig geblieben. Vergleichbar mit dem Biotechbereich, dessen Höhenflug um die Jahrtausendwende brutal abgebremst wurde, aus dem sich jetzt aber einige Aktien zu immer neuen Allzeithochs aufschwingen – siehe BIOGEN aus den USA oder BB Biotech aus der Schweiz. Jetzt zählen die Edelmetallaktien noch zu den Verlierern wegen der eskalierenden Staatsüberschuldung, den Rating-Abstufungen und dem drohenden Konjunkturabschwung im turbulenten Börsenjahr 2012.

> *„Die meisten Leute interessieren sich für Aktien, wenn alle anderen es tun. Die beste Zeit ist aber, wenn sich niemand für Aktien interessiert.*
>
> *Frage nicht nach dem Preis, den du für ein Unternehmen bezahlst, sondern nach dem Wert, den du für dein Geld bekommst."*
>
> Warren Buffett

Wer mutig ist und bei starker Korrektur oder beim Crash in der Bodenbildungsphase ordert, erhält solche Titel spottbillig nachgeschmissen. Wer beherzt zugreift und antizyklisch handelt, dem winken vielleicht ähnlich hohe Kursgewinne wie vor fünf Jahren. Aber es liegt im Naturell des Börsianers, Aktien nicht dann zu ordern, wenn sie wirklich niedrig bewertet sind und der Buchwert den Kurs übertrifft, sondern eher dann, wenn sich alle um sie reißen und von Unterbewertung keine Rede mehr sein kann.

Aktien sind geschütztes Sondervermögen. Einige Titel notieren nahe ihrer Mehrjahrestiefs. Dabei sind Edelmetalle selbst knappe Güter, die in schwierigen Zeiten als sicherer Hafen gefragt sind und als Sachwerte beste Gegenwehr bieten bei Papiergeldverfall und Inflationsanstieg. So kostete die Aktie des Marktführers Barrick Gold Ende Juli 2012 weniger als 26 Euro – und dies bei einem niedrigen Euro im Vergleich zum Dollar. Vier Wochen später notierte die Aktie über 30 Euro.

Zu den größten Rohstoffkonzernen zählt als Kerninvestment im Minenbereich BHP Billiton, als australisch/englisches Unternehmen im STOXX 50 gelistet. Trotz des niedrigen Kursniveaus sind die langfristigen Wachstumschancen nicht schlecht. Das KGV ist niedrig, liegt bei 8, während die Dividendenrendite rund vier Prozent beträgt. Empfohlen wird auch Rio Tinto.

Freude mit Goldminenaktien: Ein Interview mit Chefanalyst Volker Schnabel Ende Juni 2012

Die boerse.ARD.de unterhielt sich im 1. Quartal 2012 mit dem Chefanalysten der Vermögensverwaltung Mack & Weise über die Anlagechancen mit Goldminenaktien. Den aktuellen Anlass bildete ein Ausbruch nach oben beim Goldpreis, ein Signal für Bodenbildung und eine aufwärts gerichtete Trendwende. Ich gebe dieses mit Angela Göpfert geführte Gespräch gekürzt wieder:

Boerse.ARD.de: *„War dies die lang ersehnte Trendwende?"*

Volker Schnabel: *„Die Schwäche des Goldminensektors hatte durchaus fundamentale Gründe. Der langjährige Preisanstieg löste eine Art Goldgräberstimmung aus, sodass massiv Geld in den Sektor floss."*

Boerse.ARD.de: *„Und was hat sich nun geändert?"*

Volker Schnabel: *„Die Förderkosten in der Branche liegen zwischen 540 und 1.300 US-Dollar pro Feinunze. Das sind attraktive Gewinnmargen, die sich beim aktuellen Goldpreis um 1.600 Dollar mit Tendenz eher in Richtung 1.900 US-Dollar abzeichnen. Wir erleben eine Art Bodenbildung, von der aus deutliche Kursgewinne möglich erscheinen. Die Notenbanken werden nicht mit dem Gelddrucken aufhören. Goldaktien sind die einzige Währung, die vor Kaufkraftverlust zu schützen vermögen."*

Boerse.ARD.de: *„Das ist sicherlich ein Argument für Goldminenaktien. Zudem hieß es zuletzt immer wieder, Goldminentitel seien chronisch unterbewertet. An der Börse fielen die Kurse der Papiere trotzdem weiter. Warum sollte es nun anders sein?"*

Volker Schnabel: *„Der Goldminensektor hat drei Jahre lang enttäuscht. Wenn nun die ersten positiven Meldungen kommen, dann dürften wir noch einige Sprünge nach oben erleben. Werden parallel dazu die Abkühlungstendenzen in der Weltwirtschaft größer, gehen viele Investoren aus den zyklischen Sektoren heraus. Der Goldminenbereich bietet sich als Alternative geradezu an. Hier finden sich viele attraktive Aktien, die nicht selten sogar bewertungstechnisch auf ihre 2008er-Tiefstände gefallen sind. Selbst wenn sich der Goldpreis in nächster Zeit nur zwischen 1.400/1.500 Dollar je Feinunze bewegen sollte, produzieren die Unternehmen enorme Gewinne."*

Boerse.ARD.de: *„Das klingt ja fast zu schön, um wahr zu sein. Wo liegen die Risiken?"*

Volker Schnabel: *„Die Goldminenbetreiber haben zahlreiche, teils riskante Explorationsprojekte angestoßen. Sie mussten dabei immer tiefer in die Erde hineingehen. Arbeiten bei 4.000 oder 5.000 Metern in der Tiefe sind nicht mehr selten. Da gibt es auch mal Wassereinbrüche oder Energieengpässe. Politische Probleme in einigen Teilen der Goldminenwelt sind ebenfalls ein Risikofaktor. Es gibt außerdem kaum einen Bereich, der so zersplittert ist wie der Goldminensektor."*

Boerse.ARD.de: *„Fällt da die Auswahl nicht sehr schwer?"*

Volker Schnabel: *„Man muss sich auf die großen Adressen konzentrieren. Sie vereinen fast 90 Prozent der gesamten Fördermenge auf sich."*

Boerse.ARD.de: *„Sind die Goldminenaktien eine interessante Alternative zum physischen Goldbesitz?"*

Volker Schnabel: *„Ich würde sie eher als eine sehr gute Bei-*
mischung im Gesamtportfolio sehen; denn der physische Gold-
besitz ist die zwingende Antwort auf die Kaufkraft entwertende
Gelddruck-Orgie der Notenbanken. Aktuell bieten Goldminen-
aktien günstige Chance-Risiko-Profile, wo derjenige, der vor der
Herde als Pionier frühzeitig Mut beweist, mit großen Kursge-
winnen belohnt werden dürfte. Dennoch sollte man nicht mit
Vollgas rein, sondern besser schrittweise."

Begrenzte Fördermengen bei Gold machen Minenaktien zusätzlich attraktiv

Nach Meinung führender Experten wurde das Fördermaximum bei Gold bereits 2003 erreicht. Zum einen wird es zusehends schwieriger und kostspieliger, das edle Metall aus dem Erdreich zu holen. Zum anderen steigt mittel- bis längerfristig die Nachfrage. Drum werden auch alternative Methoden, wie die Zweitverwertung von Abraumhalden, rentabel. Seit dem Jahr 1999 werden weniger neue Goldlager entdeckt. Auch mit Edelmetallreserven ist es gar nicht so gut bestellt. All dies spricht für einen Preisanstieg.

Goldreserven (unten) und Ressourcen (oben) 1995 – 2007

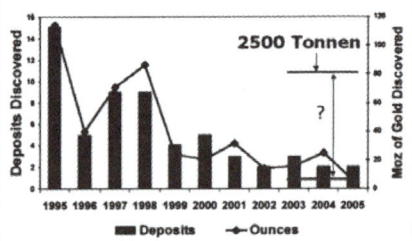

Reserven sind bekannte Vorkommen, die bereits heute abgebaut werden können.

Ressourcen sind bekannte Vorkommen, die derzeit noch nicht wirtschaftlich nutzbar sind.

Quelle: Smart Investor, Heft 10/2008, S. 26; abgebildet in: „Gold – Silber – Platin", S. 108

> ➢ Die Knappheit des Materials bei anhaltend hoher Nachfrage macht anziehende Preise wahrscheinlich. Hinzu kommt die niedrige Bewertung. Außerdem enthält bei Abbau unter Tage das Erz immer weniger Gold. Auch von daher geht die Förderquote zurück.

4.1.2 Was heißt „Seniors" und „Juniors"?

Minengesellschaften lassen sich in zwei unterschiedliche Gruppen einteilen: bezüglich Größe und Marktstellung in Seniors und Juniors, im Hinblick auf den Entwicklungsstand der Minen in Produzenten und Explorer.

Produzenten sind Bergbauunternehmen, die bereits Rohstoffe in betriebsbereiten Minen abbauen und oftmals hoch kapitalisiert sind und über einen Börsenwert von mehreren Milliarden US-Dollar bzw. Euro verfügen. Die großen, im Markt etablierten und rund um den Globus aktiven Konzerne sind allesamt Seniors. Man denke an Barrick Gold, Goldcorp, Gold Fields, Kinross, Newcrest und Newmont Mining. Diese Adressen sind den Experten bekannt, und ein Totalverlust wäre ungewöhnlich.

Die Explorer befinden sich noch in der Erschließungsphase neuer Minenprodukte. Ist die Ausbeute besser als erwartet, winken viel höhere Kursgewinne als bei den Produzenten der Seniors-Liga. Umgekehrt sind Enttäuschungen einzuplanen, zumal in der frühen Minenentwicklungsphase die Kapitalkraft gering und schon deshalb ein Untergang möglich wäre. Die meist als Explorer gestarteten Juniors entwickeln die erschlossenen Minenprojekte bis zur Produktionsreife allein oder gemeinsam mit einem Partner weiter. Chancenreiche Juniors werden nicht selten von kapitalstarken Großkonzernen übernommen. Dies bringt weitere Kursgewinnchancen.

> ➢ Ein Preisaufschlag von 25 bis 50 Prozent auf den aktuellen Kurs ist beim Zielunternehmen üblich. Dass sich zwei große Bergbaukonzerne zusammenschließen, kommt zwar auch gelegentlich vor, aber funktioniert längst nicht immer.

Man denke an die geplatzten Fusionsträume von Rio Tinto und BHP Billiton. Lange Zeit hing der Zusammenschluss zwischen dem Schweizer Bergbauriesen XStrata und dem Börsenneuling Glencore, ebenfalls in der Schweiz als weltweit größter Rohstoffhändler beheimatet, an einem seidenen Faden. Obgleich die meisten Analysten dieses Zusammengehen unter Gleichrangigen auf Augenhöhe wohlwollend beurteilten, drohte ein Scheitern wegen unterschiedlicher Preisvorstellungen und EU-Auflagen. Generell sieht es mit der erfolgreichen Einverleibung chancenreicher Explorer noch am besten aus, sind sie doch für zwei Drittel aller Neuentdeckungen verantwortlich.

Ich rate Ihnen, liebe Leser, nicht unbedingt dazu, sich Explorer ins Boot zu holen. Sie bekommen so gut wie keine Nachrichten und erfahren, sollte Entscheidendes geschehen, dies meist zu spät, falls überhaupt. Manager von Themenfonds, die sich auf Juniors konzentrieren, sind hier zweifellos im Vorteil. Ansonsten ist es selbst für Experten schwierig, Juniors angemessen und zutreffend zu bewerten. Anfangs gibt es weder Umsatz noch Gewinn, sondern nur hohe Kosten in Millionenhöhe durch die Bohrprogramme. Da fehlt der lange Atem; die Kapitaldecke schmilzt zusammen wie der Schnee in der Sonne.

Auch die künftigen Einnahmen lassen sich nicht verlässlich einplanen. Börsenbriefgurus wittern hier ein lukratives Geschäft. Gut für Sie als Anleger, wenn die Autoren seriös sind und ihre Marktmacht nicht missbrauchen. Dies droht, sobald sie die Kurse kleiner Werte durch geschönte Analysen nach oben treiben, um selbst unten einzusteigen und auf dem Gipfel alles zu verkaufen. Vor allem bei Penny Stocks lassen sich Kurse leicht manipulieren; hier muss man nicht Millionen bewegen.

Goldförderung nach Ländern und Reserven

Land und Rang im Jahr 2011	Maximum Jahr	Maximum Menge	Förderung 2011	Vom Maximum	Menge Reserven
China	2011	355 t	355 t	100 %	1.900 t
Australien	1997	314 t	270 t	86 %	7.300 t
USA	1998	366 t	237 t	65 %	3.000 t
Russland	1989	304 t	200 t	66 %	5.000 t
Südafrika	1970	1.000 t	190 t	19 %	6.000 t
Peru	2005	208 t	150 t	72 %	2.000 t
Kanada	1991	177 t	110 t	62 %	990 t
Ghana	2011	100 t	100 t	100 %	1.400 t
Indonesien	2001	166 t	100 t	60 %	3.000 t
Usbekistan	1998	100 t	90 t	90 %	1.700 t
Mexiko	2011	85 t	85 t	100 %	1.400 t
Neuguinea	2000	75 t	70 t	93 %	1.200 t
Brasilien	1990	102 t	55 t	54 %	2.400 t
Chile	2000	54 t	45 t	83 %	3.400 t

Anmerkung: Der in dieser Übersicht nicht erfasste „Rest der Welt" verfügt insgesamt über rund 10.000 Tonnen Reserven. Hier betrug im Jahr 2011 die Fördermenge ca. 630 Tonnen.

Quelle: SMART INVESTOR, Ausgabe 5/2012, S. 8 und 9

Übernahmen sind teuer und nur mit deutlichen Kursaufschlägen zu haben. Für die Besitzer der Aktien von Zielunternehmen ist dies eine große Chance auf schnelle, plötzliche Buchwertvermehrung im zweistelligen Bereich.

Umgekehrt sinkt meist zumindest vorübergehend der Kurs der Bieterfirma. Dies geschieht wegen der hohen Belastungen und der negativen Erfahrung, dass die oft nicht harmonierenden Unternehmenskulturen oft alle Synergieeffekte wegfressen.

Goldene Zeiten für Minenbetreiber: Die größten Goldförderer Südafrikas 2010			
Förderer Gold	**Umsatz in US-D**	**Menge Feinunze**	**Nettoergebnis US-D**
Anglogold	3,92 Mrd.	1,80 Mio.	-268 Mio.
Gold Fields	4,16 Mrd.	1,93 Mio.	+479 Mio.
Harmony	1,49 Mrd.	1,27 Mio.	-25 Mio.
Quelle: Handelsblatt-Grafik, Nr. 2039, 09. Dezember 2010			

4.1.3   Bekannte Bergbau- und Minenaktien

Um Ihnen einen guten Überblick zu verschaffen, bringe ich alphabetisch geordnete Übersichten bekannter Bergbau- und Minenaktien. Dies geschieht unter Angabe wichtiger Kennziffern, angereichert durch einen Mehrjahreschart, entnommen aus den Internetinformationen der ARD-BÖRSE – ergänzt mit Zahlenmaterial aus der Datendatei des Anlegermagazins BÖRSE ONLINE.

Nach Aufruf der Webseite von www.boerse.ARD.de klicken Sie links oben auf den Kasten „Wertpapiersuche". Hier können Sie börsentäglich wichtige Informationen einsehen. Versuchen Sie, vor der endgültigen Entscheidung möglichst viel zu erfahren, auch wenn dies bei Auslandsaktien oft schwierig ist.

> Alternativ zu Einzelaktien aus dem Bergbau- und Minensektor bietet sich ein Edelmetall-ETC (Exchange Traded Commodities) oder ein erfolgreicher Themenfonds an.

> Die großen Minenaktien, die sogenannten „Seniors", sind sicherer als die „Juniors" in der zweiten Reihe.

> Penny Stocks aus dem Minensektor erinnern an ein Russisches Roulette. Die Kurse lassen sich von Börsengurus leicht manipulieren. Hinterfragen Sie auch, warum diese Aktien überhaupt das triste Dasein als Penny Stock führen.

> Aktien sind riskanter als Barren und Münzen, aber im Bullenmarkt steigt der Kurs. Eventuell winkt auch eine Dividende, die in den USA vierteljährlich ausgeschüttet wird.

Die Aktien-Fundgrube erspart langes Suchen

1. Agnico-Eagle MNS, Kanada, WKN 860 325

Quelle: boerse.ARD.de/ard/kurse, August 2012

1. Agnico-Eagle MNS, Kanada, WKN 860 325

Kurzprofil: Das kanadische Minenunternehmen Agnico-Eagle, Abkürzung AEM, spezialisiert sich auf die Goldförderung insbesondere im Untertage-Abbau. Der Konzern betreibt in Quebec mit Blick auf die vorhandenen Reserven eine der größten Goldminen. AEM hat in LaRonde bislang über 4 Mio. Feinunzen Gold produziert und zählt zu den kostengünstigsten Herstellern im Bereich der nordamerikanischen Goldindustrie. Rund um die LaRonde-Mine treibt AEM neue Projekte voran. Sie wecken Hoffnung auf langfristige Reserven und damit einen positiven Cashflow als Grundlage für weitere Expansionen. Aktuell beträgt der Jahrescashflow rund 663,5 Mio. US-Dollar nach 483,5 Mio. US-Dollar im Vorjahr. Für 2012 hebt der Konzern das Ziel für die Goldproduktion auf 975.000 Feinunzen an.

Kennzahlen Ende Juli 2012 (www.finanzen100.de)

Börsenwert: 5,4 Mrd. €

Streubesitz: 70 % (BlackRock: 10 %)

Eigenkapital US-D: 2010: 3,7 Mio., 2011: 3,2 Mio.

KGV: 2012(e): 21,1 und 2013(e): 17,0

Ergebnis pro Aktie: 2010: +1,63 €, 2011: -2,76 €; 2012(e): +1,47 €, 2013(e): +1,83 €.

Dividende/Aktie: 2010: 0,53 €, 2011: 0,66 €, 2012(e): 0,62 €

Mitarbeiter: 2009: 2.781, 2010: 3.243, 2011: 5.106

Kurs am 14. September 2012: 38,50 €

52-Wochen-Hoch/Tief: 53,30 €/24,45 €

Kursentwicklung 2012: 35,10 €/24,50 €

Analysteneinschätzungen: 26. Juli 2012: UBS „BUY", 26. Juli 2012: Dundee Sucurities: „BUY"

Internet: www.agnico-eagle.com

Kontakt: D.Kushnir@agnico-eagle.com

2. Anglo American, GB/Afrika, WKN A0M UKL

Quelle: boerse.ARD.de/ard/kurse, Oktober 2012

Raum für Notizen: ....

....

Kurzprofil: Das 1917 gegründete und im STOXX 50 notierte englisch/südafrikanische Unternehmen mit Geschäftssitz in London und Johannesburg zählt zu den weltweit größten Bergbauunternehmen. Anglo American baut neben Diamanten insbesondere Kupfer, Eisenerz, Kohle und Nickel ab und ist in Afrika, Europa, Asien, Australien, Süd- und Nordamerika aktiv.

Kennzahlen Ende Juli 2012 (www.finanzen.100.de)

Börsenwert: 34,2 Mrd. €

Streubesitz: 40 %

Eigenkapital US-D: 2009: 26,1 Mio., 2010: 34,2 Mio.

KGV: 2010: 13,0; 2011: 7,6; 2012(e): 8,5 und 2013(e): 7,1

Ergebnis/Aktie: 2010: 3,28 €, 2011: 4,02 €; 2012(e): 3,01 €

Dividende/Aktie: 2010: 0,54 €, 2011: 0,61 €, 2012(e): 0,64 €

2. Anglo American, GB/Afrika, WKN A0M UKL

Mitarbeiter: 2010: 100.000, 2011: 110.000

Kurs-Buchwert-Verhältnis (KBV): 1,07 (möglichst niedrig)

Kurs-Umsatz-Verhältnis (KUV): 1,59 (möglichst niedrig)

Kurs-Cashflow-Verhältnis (KCV): 4,39 (möglichst niedrig)

Kurs am 14. September 2012: 25,00 €

52-Wochen-Hoch/Tief: 35,40 €/23,90 €

Kursentwicklung 2012: -11 %

Internet: www.angloamerican.com

Kontakt: investorrelations@angloamerican.com

3. Anglo American Platinum, WKN 856 547

Quelle: boerse.ARD.de/ard/kurse, Oktober 2012

Raum für Notizen: ....

....

Kurzprofil: Der größte Platinproduzent der Welt, Anglo American Platinum, hat für 2012 seinen Ausblick gesenkt.

3. Anglo American Platinum, WKN 856 547

Die Tochter von Anglo American kürzt den Investitionsaufwand. Der schwache Platinpreis und die verhaltene Nachfrage lösen beim Branchenprimus Besorgnis aus. Der Halbjahresgewinn ging um über 75 % zurück. Ein Jahr zuvor verdiente der Konzern pro Aktie viermal so viel. Für 2012 dürften lediglich 2,4 bis 2,5 Mio. Feinunzen gefördert werden, nachdem zuvor mit 2,5 bis 2,6 Mio. Unzen gerechnet wurde. Nach dieser Gewinnwarnung brach der Aktienkurs deutlich ein. Ein Einstieg oder Zukauf bietet sich nur an, wenn sich die Lage verbessert.

Kennzahlen Ende Juli 2012   WKN 856 547

Börsenwert: 11,5 Mrd. €

Kurs am 14. September 2012: 40,35 €

52-Wochen-Hoch/Tief: 60,90 €/39,65 €

Kursentwicklung 2012: 58,70 €/38,70 € = -32 %

4. AngloGold Ashanti, WKN 164 180/915 102

Kurzprofil: Der südafrikanische Konzern mit seinen beiden im Umlauf befindlichen Wertpapierkenn-Nummern ist der größte Goldproduzent Afrikas. AngloGold Ashanti meldete für 2012 einen Rekordgewinn von 1,3 Mrd. US-Dollar und verdoppelt die Dividende. Der Goldförderer bringt seine Projekte voran und erzielt somit auch hohe Renditen für die Aktionäre. CEO Mark Cutifani rechnet mit höheren Goldpreisen durch die Nachfrage von China und Indien, die Käufe der Zentralbanken und Investoren, die vermehrt in Gold anlegen. Besonders ertragreich ist die Geita-Mine in Tansania. Die Kosten für 494.000 Unzen lagen nur bei 536 US-Dollar pro Feinunze. Die Obuasi-Mine in Ghana förderte vier Prozent mehr als im Vorjahr. Die Gesamtjahresproduktion betrug 2011 ca. 4,33 Mio. Feinunzen.

4. AngloGold Ashanti, WKN 164 180/915 102

Quelle: boerse.ARD.de/ard/kurse, Oktober 2012

Raum für Notizen: ....

....

Kennzahlen Ende Juli 2012   **zwei WKN**

Börsenwert: 7,4 Mrd. €   KGV für 2013(e): 5,8

Kurs am 14. September 2012: 27,50 €

52-Wochen-Hoch/Tief: 36,05 €/24,15 €

Kursentwicklung 2012: 35,65 €/24,15 € = -6 %

Kurs-Buchwert-Verhältnis (KBV): 2,39 (möglichst niedrig)

Kurs-Umsatz-Verhältnis (KUV): 2,11 (möglichst niedrig)

Kurs-Cashflow-Verhältnis (KCV): 4,94 (möglichst niedrig)

5. Barrick Gold, Kanada, WKN 870 450

Kurzprofil: Das kanadische Unternehmen zählt seit der Fusion mit Placer Dome zu den weltweit größten Goldkonzernen.

Barrick Gold betreibt Goldminen und Entwicklungsprojekte in Nord- und Südamerika, Australien, Afrika, Russland und Zentralasien. 2011 erzielte die Aktie ihr Allzeithoch von über 40 Euro und notiert aktuell zehn Euro darunter. Das Aufholpotenzial ist beträchtlich; die Analysen der Banken machen Mut. Die vierteljährlich ausgeschüttete Dividende beträgt aktuell 0,20 Euro.

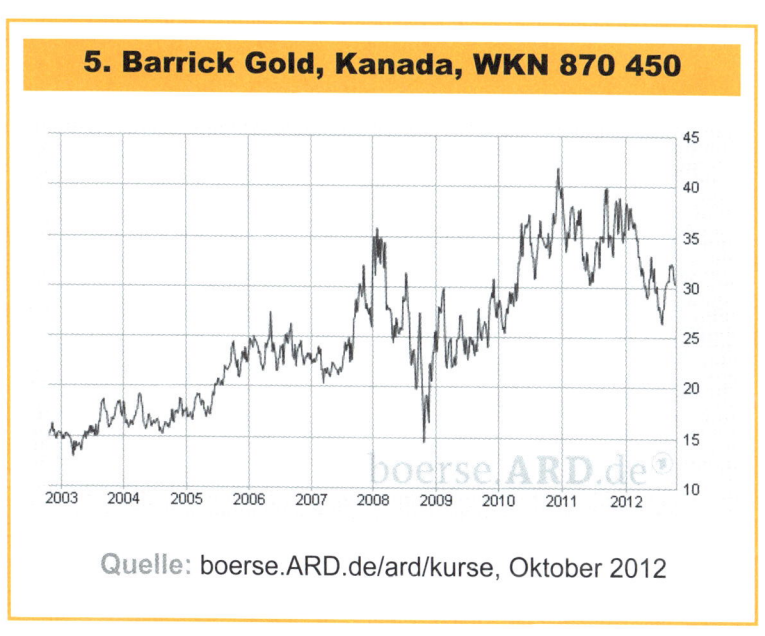

5. Barrick Gold, Kanada, WKN 870 450

Quelle: boerse.ARD.de/ard/kurse, Oktober 2012

Raum für Notizen: ....

....

Kennzahlen Ende Juli 2012   **WKN 870 450**

Börsenwert: 26 Mrd. €   KGV für 2013(e): 6,2

Kurs am 14.09.2012: 31,90 €   Förderkosten: 575 USD/Unze

52-Wochen-Hoch/Tief: 40,25 €/25,40 €

Kursentwicklung 2012: 38,90 €/25,40 € = -23 %

Analysteneinschätzungen: 26. Juli 2012: UBS „BUY",
Sarasin Research: „BUY", HSBC: „Overweight"

6. BHP Billiton, GB/Australien, WKN 908 101

Quelle: boerse.ARD.de/ard/kurse, Oktober 2012

Raum für Notizen: ....
....

Kurzprofil: Der dem STOXX 50 angehörende englisch/süd-afrikanische Konzern entstand 2001 durch die Fusion des britischen Metall- und Bergbauunternehmens Billiton und des australischen Rohstoffunternehmens BHP mit Geschäftssitz in London. Der Bergbaukonzern BHP Billiton mit seinen knapp 41.000 Mitarbeitern produziert Aluminium, Blei, Diamanten, Edelstahlmaterialien, Eisenerz, Erdöl, Kohle, Mangan, Silber, Titanminerale, Uran und Zink. Hinzu gesellen sich Logistik und Transport.

Kennzahlen Ende Juli 2012 (www.finanzen.100.de)

Börsenwert: 50,2 Mrd. €

Streubesitz: 40,4 %

Eigenkapital US-D: 2010: 48,5 Mio., 2011: 56,8 Mio.

KGV: 2011: 6,7; 2012(e): 8,1 und 2013(e): 7,7

6. BHP Billiton, GB/Australien, WKN 908 101

Ergebnis pro Aktie: 2010: 1,84 €, 2011: 3,58 €;
2012(e): 2,80 €, 2013(e): 2,94 €

Dividende/Aktie: 2010: 0,69 €, 2011: 0,75 €, 2012(e): 0,97 €

Mitarbeiter: 2009: 40.990, 2010: 39.570, 2011: 40.760

Kurs am 14. September 2012: 25,10 €

52-Wochen-Hoch/Tief: 26,80 €/19,00 €

Kursentwicklung 2012: 26,80 €/20,35 € = -11 %

Kurs-Buchwert-Verhältnis (KBV): 1,73 (möglichst niedrig)

Kurs-Umsatz-Verhältnis (KUV): 1,00 (möglichst niedrig)

Kurs-Cashflow-Verhältnis (KCV): 5,35 (möglichst niedrig)

Analysen im Juli 2012: UBS und Deutsche Bank: „BUY"

Internet: www.bhpbilliton.com

Kontakt: brendan.haris@bhpbilliton.com

7. Eldorado Gold, Kanada, WKN 892 560

Kurzprofil: Der kanadische Konzern mit Geschäftssitz in Vancouver senkte seine Produktionsprognose von zuvor 775.000 auf nur noch 660.000 Feinunzen Gold bei relativ niedrigen Kosten von 465 US-Dollar pro Unze. Da im 2. Quartal 2012 der Nettogewinn deutlich abnahm, wird die Dividende um ein Drittel gekürzt. Der Umsatzanteil von Gold liegt bei 13 Prozent. Eldorado schloss Anfang 2012 die Übernahme von European Goldfields ab, die 95 Prozent an einer Blei-, Zink- und Silbermine in Griechenland sowie Beteiligungen in Rumänien hält.

Kennzahlen Ende Juli 2012   WKN 892 560

Börsenwert: 6,2 Mrd. €   **Förderkosten je Unze:** 465 USD

Kurs am 14. September 2012: 11,70 €

52-Wochen-Hoch/Tief: 16,00 €/7,95 €

Kursentwicklung 2012: 11,85 €/7,95 € = -28 %

7. Eldorado Gold, Kanada, WKN 892 560

Quelle: boerse.ARD.de/ard/kurse, Oktober 2012

Raum für Notizen: ....

....

8. Goldcorp, Kanada, WKN 890 493

Kurzprofil: Der 1954 gegründete kanadische Goldkonzern hat seinen Geschäftssitz in Vancouver mit rund 9.000 Mitarbeitern in Lohn und Brot. Goldcorp verfügt mit Red Lake, Ontario, über die weltweit wohl reichste Goldmine. Im 2. Quartal 2012 ging die Goldproduktion gegenüber dem Vorjahreszeitraum zurück, nämlich von 162.400 auf rund 140.700 Feinunzen.

Kennzahlen Ende Juli 2012   **WKN 890 493**

Börsenwert: 23,6 Mrd. €

Kurs am 14. September 2012: 29,70 €

52-Wochen-Hoch/Tief: 41,00 €/25,40 €

Kursentwicklung 2012: 37,40 €/25,40 € = -18 %

Alle 5 Analysen Ende Juli 2012: „Outperform" bis „BUY"

Internet: www.goldcorp.com

8. Goldcorp, Kanada, WKN 890 493

Quelle: boerse.ARD.de/ard/kurse, Oktober 2012

Raum für Notizen: ....

....

9. Gold Fields, Südafrika, WKN 862 484

Kurzprofil: Der 1998 gegründete, weltweit viertgrößte Goldproduzent hat seinen Firmensitz in Johannesburg und beschäftigt rund 47.000 Mitarbeiter. Im 1. Quartal 2012 ging der Gewinn um 18 % zurück, verursacht durch die gesunkene Produktion und den niedrigeren Goldpreis in südafrikanischen Rand.

Während der Goldpreis in US-Dollar im 1. Quartal 2012 um 7 % zulegte, büßte er in der südafrikanischen Währung um 4 % ein. Gold Fields fördert die Hälfte in Südafrika – daher das Minus.

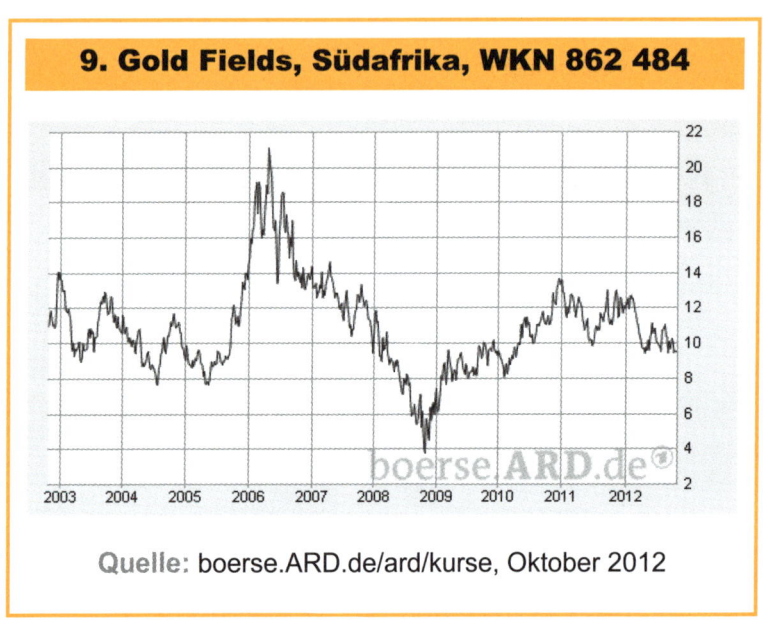

9. Gold Fields, Südafrika, WKN 862 484

Quelle: boerse.ARD.de/ard/kurse, Oktober 2012

Raum für Notizen: ....

....

Kennzahlen Ende Juli 2012   **WKN 862 484**

Börsenwert: 7,2 Mrd. €

KGV: 2013(e): 5,7

Kurs am 14. September 2012: 9,90 €

52-Wochen-Hoch/Tief: 13,25 €/9,05 €

Kursentwicklung 2012: 12,80 €/9,20 € = -2 %

Kurs-Buchwert-Verhältnis (KBV): 1,48 (möglichst niedrig)

Kurs-Umsatz-Verhältnis (KUV): 1,73 (möglichst niedrig)

Kurs-Cashflow-Verhältnis (KCV): 4,49 (möglichst niedrig)

Internet: www.goldfields.go.za

10. Harmony Gold, Afrika, WKN 864 439

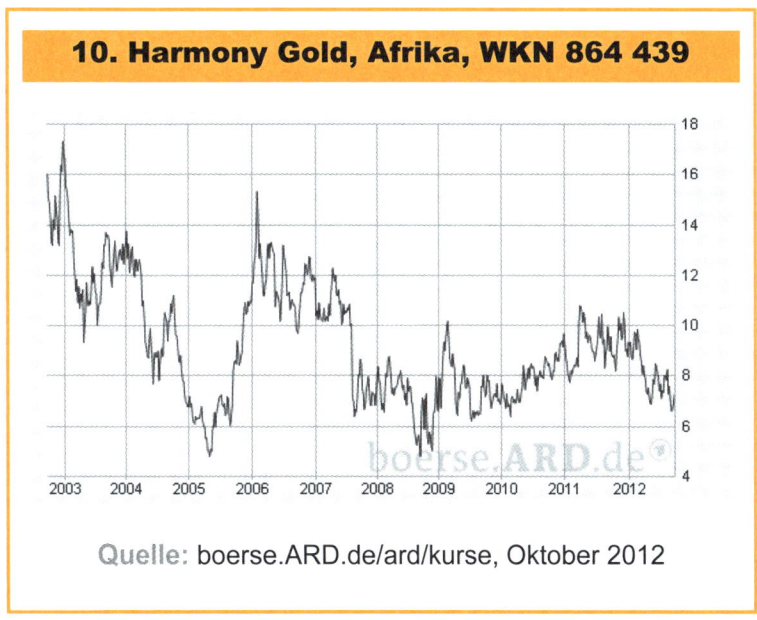

Quelle: boerse.ARD.de/ard/kurse, Oktober 2012

Raum für Notizen: ....

....

Kurzprofil: Der südafrikanische Minenkonzern Harmony Gold mit Geschäftssitz in Johannesburg leidet ähnlich wie die Mitbewerber darunter, dass die Währungsdifferenzen derzeit die Gewinne wegfressen. Selbst als der Goldpreis im 1. Vierteljahr 2012 um rund 7 % zulegte, verlor der Goldpreis im gleichen Zeitraum in der südafrikanischen Währung Rand um rund 4 %.

Kennzahlen Ende Juli 2012   WKN 864 439

Börsenwert: 3,5 Mrd. €   KGV 2013(e): 12,2

Kurs am 14. September 2012: 6,80 €

52-Wochen-Hoch/Tief: 10,60 €/6,70 €

Kursentwicklung 2012: 9,90 €/6,80 €

Kurs-Buchwert-Verhältnis (KBV): 1,05 (möglichst niedrig)

Kurs-Umsatz-Verhältnis (KUV): 2,50 (möglichst niedrig)

10. Harmony Gold, Afrika, WKN 864 439

Kurs-Cashflow-Verhältnis (KCV): 7,65 (möglichst niedrig)

Dividende 2012: 0,09 €

Analysteneinstufung 07. Juli 2012: Deutsche Bank „BUY"

Internet: www.harmony.go.za

11. IAM Gold, Kanada, WKN 899 657

Quelle: boerse.ARD.de/ard/kurse, Oktober 012

Raum für Notizen: ....

....

Kurzprofil: Der kanadische Goldminenbetreiber IAM Gold mit Firmensitz in Toronto verbuchte 2012 einen Umsatz- und Gewinnrückgang – verursacht durch geringere Goldverkäufe und gestiegene Minenkosten. Den Ausblick mit einer Goldförderung von 840.000 bis 910.000 Feinunzen bestätigte der Vorstand, sodass die Analysteneinschätzungen positiv sind. Im Frühjahr übernahm IAM eine kanadische Mine für 608 Mio. US-Dollar.

11. IAM Gold, Kanada, WKN 899 657

Kennzahlen Ende Juli 2012   **WKN 899 657**

Börsenwert: 3,4 Mrd. €

KGV: 2013(e): 7,4

Kurs am 14. September 2012: 11,45 €

52-Wochen-Hoch/Tief: 17,05 €/7,20 €

Kursentwicklung 2012: 13,90 €/7,20 € = -38 %

Kurs-Buchwert-Verhältnis (KBV): 1,17 (möglichst niedrig)

Kurs-Umsatz-Verhältnis (KUV): 2,69 (möglichst niedrig)

Kurs-Cashflow-Verhältnis (KCV): 7,04 (möglichst niedrig)

Alle 5 Analysteneinstufungen: Juni/Juli 2012: „Outperform"

Internet: www.iamgold.com

12. Impala Platinum, Afrika, WKN A0K FSB

Quelle: boerse.ARD.de/ard/kurse, Oktober 2012

12. Impala Platinum, Südafrika, WKN A0K FSB

Kurzprofil: Der südafrikanische Edelmetallkonzern kommt momentan aus den negativen Schlagzeilen nicht heraus. Der Kursabsturz sollte zumindest solange nicht für einen Einstieg oder Zukauf genutzt werden, wie die politischen, gesellschaftlichen und hausgemachten Probleme und Streitigkeiten mit Simbabwe noch anhalten. So musste im März 2012 die wichtige Rustenberg-Mine zeitweilig die Produktion einstellen. Als sehr belastend wirkt sich weiterhin der dramatische Preisverfall bei Platin aus. Für erneute Unruhen sorgen die rivalisierenden Gewerkschaften und damit zusammenhängende wilde Streiks. So wurde im Frühjahr 2012 wochenlang das Flaggschiffprojekt, die Rustenburg-Mine, illegal bestreikt. Dies führte zu massivem Produktionsausfall. Da im Mai 2012 auch noch ein Förderband im Untergrund Feuer fing, kamen drei Mitarbeiter ums Leben – extrem schlecht für das angekratzte Ansehen.

Kennzahlen Ende Juli 2012   WKN A0K FSB

Börsenwert: 8,4 Mrd. €

KGV: 2012(e): 17,9 und 2013(e): 13,4

Kurs am 14. September 2012: 13,60 €

52-Wochen-Hoch/Tief: 18,20 €/11,95 €

Kursentwicklung 2012: 17,40 €/11,95 € = -32 %

13. Kinross Gold, Kanada, WKN A0D M94

Kurzprofil: Der kanadische Goldförderer Kinross machte im 1. Halbjahr 2012 mit zwei wichtigen Meldungen auf sich aufmerksam. Zum einen verkaufte der Goldminenkonzern seinen 50-prozentigen Anteil an der Crixá-Goldmine für 220 Mio. US-Dollar an AngloGold Ashanti aus Südafrika.

Zum anderen verdient sich die kanadische Explorationsfirma Edgewater einen 51-prozentigen Anteil am Goldprojekt Enchi in Ghana, das Kinross Gold gehört. Die beiden Partner melden ansehnliche Ressourcen von 794.000 Unzen mit einem Gehalt von 1,13 Gramm Gold pro Tonne. Das Vorkommen liegt nahe der Oberfläche. Bei nur 75 Metern unter der Erde ist der Abbau relativ einfach und kostengünstig. Sie sollten die Kinross-Aktie beobachten. Die Großbank UBS stuft sie mit „Buy" ein.

Kennzahlen Ende Juli 2012   WKN A0D M94

Börsenwert: 7,8 Mrd. €

Kurs am 14. September 2012: 7,65 €

52-Wochen-Hoch/Tief: 13,35 €/5,55 €

Kursentwicklung 2012: 10,30 €/5,65 € = -41 %

13. Kinross Gold, Kanada, WKN A0D M94

Quelle: boerse.ARD.de/ard/kurse, Oktober 2012

14. Newcrest Min., Australien, WKN 873 365

Quelle: boerse.ARD.de/ard/kurse, Oktober 2012

Raum für Notizen: ....

....

Kurzprofil: Australiens führender Konzern fördert Gold und Kupfer und baut seine Marktstellung als weltweit drittgrößter Goldproduzent aus. Wegen der Zustände in indonesischen Bergwerken kritisieren Menschenrechts- und Umweltorganisationen die Firma. Im 2. Quartal 2012 konnte Newcrust die Produktion bei Gold um zehn und Kupfer um 13 Prozent erhöhen. Das Produktionsziel für Gold liegt 2012 bei 2,3 Mio. Feinunzen, und auch mehr Kupfer soll gefördert werden.

Kennzahlen Ende Juli 2012   WKN 873 365

Börsenwert: 15 Mrd. €   KGV: 2012(e): 15,4; 2013(e): 11,7

Kurs am 14. September 2012: 23,20 €

52-Wochen-Hoch/Tief: 30,90 €/17,35 €

Kursentwicklung 2012: 28,85 €/17,15 € = -31 %

14. Newcrest Mining, Australien, WKN 873 365

Kurs-Buchwert-Verhältnis (KBV): 1,21 (möglichst niedrig)

Kurs-Umsatz-Verhältnis (KUV): 4,69 (möglichst niedrig)

Kurs-Cashflow-Verhältnis (KCV): 9,20 (möglichst niedrig)

Analysteneinstufung 23. April 2012: Credit Suisse: „BUY"

Internet: www.newcrest.com.au

15. Newmont Mining, USA, WKN 853 823

Quelle: boerse.ARD.de/ard/kurse, Oktober 2012

Raum für Notizen: ....

....

Kurzprofil: Das 1916 gegründete Bergbau-Unternehmen aus Denver, Colorado, hat 34.000 Mitarbeiter in Lohn und Brot. Der weltweit zweitgrößte Goldkonzern fördert alljährlich über 7,5 Mio. Unzen Gold und hält Reserven von mehr als 2.800 Tonnen. 70 % der Produktion stammen aus Nord- und Südamerika. Außer Gold baut Newmont auch Silber, Kupfer und Zink ab.

15. Newmont Mining, USA, WKN 853 823

Im 2. Quartal 2012 sanken durch weniger Gold- und Kupfer-ausstoß Umsatz und Ertrag. Die Produktion bei Gold nahm um drei und bei Kupfer um zehn Prozent ab. Für 2012 erwartet Newmont eine Goldförderung von ca. fünf Mio. Unzen.

Kennzahlen Ende Juli 2012 WKN 853 823

Börsenwert: 17,2 Mrd. € KGV: 2012(e): 10,3; 2013(e): 8,9

Kurs am 14. September 2012: 42,95 €

52-Wochen-Hoch/Tief: 72,40 €/33,70 €

Kursentwicklung 2012: 50,10 €/33,70 € = -12 %

Kurs-Buchwert-Verhältnis (KBV): 1,73 (möglichst niedrig)

Kurs-Umsatz-Verhältnis (KUV): 2,26 (möglichst niedrig)

Kurs-Cashflow-Verhältnis (KCV): 5,89 (möglichst niedrig)

3 Analysteneinstufungen Juni 2012: Overweight bis BUY

16. Norilsk Nickel, Russland, WKN 676 683

Kurzprofil: Das russische Bergbauunternehmen wurde 1993 gegründet, hat seinen Geschäftssitz in Moskau, beschäftigt 96.000 Mitarbeiter und erzielt einen jährlichen Umsatz von 15 Mrd. und einen Gewinn von 5,2 Mrd. US-Dollar. JSC MMC Norilsk Nickel ist Weltmarktführer für Nickel und Palladium, zählt mit seinen Tochterfirmen zu den größten Platin- und Kupfer-Produzenten, baut Gold, Silber, Platin- und Buntmetalle ab. Norilsk verstärkt in Indonesien die Kupfer- und Kohleförderung.

Kennzahlen Ende Juli 2012 WKN 676 683

Börsenwert: 17,2 Mrd. € KGV: 2012(e): 6,8; 2013(e): 6,5

Kurs am 14. September 2012: 12,65 €

52-Wochen-Hoch/Tief: 19,45 €/11,00 €

Kursentwicklung 2012: 15,45 €/11,30 € = -30 %

Kurs-Buchwert-Verhältnis (KBV): 2,27 (möglichst niedrig)

Kurs-Umsatz-Verhältnis (KUV): 2,52 (möglichst niedrig)

Kurs-Cashflow-Verhältnis (KCV): 5,84 (möglichst niedrig)

Dividende: 2011: 0,51 €, 2012: 0,53 €, Div.-Rendite: über 4 %

Analysen Juni 2012: Société Générale und UBS: „BUY"

Internet: www.nornik.ru

16. Norilsk Nickel, Russland, WKN 676 683

Quelle: boerse.ARD.de/ard/kurse, Oktober 2012

Raum für Notizen: ....

....

17. Polyus Gold, Russland, WKN A0J 4HH

Kurzprofil: Das führende russische Bergbau- und Metallunternehmen, Schwerpunkt Gold, wurde 1980 gegründet.

Polyus Gold mit Firmensitz in Moskau zählt zu den Töchtern von Norilsk Nickel und beschäftigt rund 12.000 Mitarbeiter. 2011 konnte Polyus Gold den Ertrag um 57 Prozent auf 558 Mio. US-Dollar steigern. Da die Gesellschaft fünf Lagerstätten mit hohem Goldvorkommen besitzt und die Förderkosten in Russland verhältnismäßig niedrig sind, dürften die Gewinne auch künftig reichlich sprudeln. Freilich spielen Goldpreis und Währung für die Gewinnentwicklung eine wichtige Rolle. Der Aktienkurs wird derzeit nur in US-Dollar angezeigt. Das könnte den Handel belasten.

Kennzahlen Ende Juli 2012   WKN A0J 4HH

Kurs am 14. September 2012: 16,75 USD

52-Wochen-Hoch/Tief: 31,00 USD/13,80 USD

Kursentwicklung 2012: 31,00 USD/13,80 USD/ = -44 %

Dividende: 20 % Ausschüttungsquote vom Gewinn

Internet: www.polyusgold.ru   **Achtung:** Angaben in USD

17. Polyus Gold, Russland, WKN A0J 4HH

Quelle: boerse.ARD.de/ard/kurse, Oktober 2012

18. Randgold, Afrika, WKN A0B 5ZS

Quelle: boerse.ARD.de/ard/kurse, August 2012

Raum für Notizen: ....

....

Kurzprofil: Der 1995 gegründete Bergbaukonzern Randgold Resources Ltd. mit Geschäftssitz in Jersey hat sich auf die Exploration und Ausbeutung von Goldvorkommen spezialisiert. Die Hauptschürfgebiete liegen im Nordwesten Afrikas.

Kennzahlen Ende Juli 2012   **WKN A0B 5ZS**

Börsenwert: 6,7 Mrd. €   KGV: 2012(e): 15,0; 2013(e): 13,0

Streubesitz: 47 % (BlackRock 12 %)

Kurs am 14. September 2012: 91,00 €

52-Wochen-Hoch/Tief: 91,00 €/56,60 €

Kursentwicklung 2012: 91,00 €/56,60 € = +18 %

Ergebnis je Aktie: 2011: 3,33 €, 2012: 4,85 €, 2013(e): 5,71 €

Dividende: 2011: 0,16 €, 2012: 0,33 €, 2013(e): 0,33 €

Analysen 2012: Deutsche Bank und Merrill Lynch: „BUY"

19. Rio Tinto, Australien/GB, WKN 855 018

Quelle: boerse.ARD.de/ard/kurse, Oktober 2012

Raum für Notizen: ....

....

Kurzprofil: Bei der Rio Tinto Group handelt es sich ähnlich wie bei BHP Billiton um eine doppelte Unternehmensstruktur mit Firmensitz in London und Melbourne. Deshalb sind beide Unternehmen auch im STOXX 50 gelistet. Rio Tinto, gegründet 1873, also vor 140 Jahren, beschäftigt über hunderttausend Mitarbeiter und zählt zu den Weltmarktführern beim Abbau von Mineralien. Der Multikonzern ist in Nord- und Südamerika, Australien, Asien, Europa, Afrika und dem Mittleren Osten tätig. Seit der Übernahme von Alcan aus Kanada zählt Rio Tinto auch zu den weltweiten Marktführern bei Aluminium.

Kennzahlen Ende Juli 2012   WKN 855 018

Börsenwert: 20 Mrd. €   Eigenkapital: 43,8 Mio. €

KGV: 2012(e): 6,8 und 2013(e): 5,8

Kurs am 14. September 2012: 46,50 €

19. Rio Tinto, Australien/England, WKN 855 018

52-Wochen-Hoch/Tief: 61,95 €/40,45 €

Kursentwicklung 2012: 58,75 €/40,95 € = -27 %

Ergebnis je Aktie: 2011: 6,85 €, 2012: 5,46 €, 2013(e): 6,41 €

Kurs-Buchwert-Verhältnis (KBV): 1,66 (möglichst niedrig)

Kurs-Umsatz-Verhältnis (KUV): 1,19 (möglichst niedrig)

Kurs-Cashflow-Verhältnis (KCV): 4,59 (möglichst niedrig)

Dividende: 2011: 1,15 €, 2012: 1,27 €, 2013(e): 1,36 €

Internet: www.riotinto.com

20. Silver-Wheaton, Kanada, WKN A0D PA9

Quelle: boerse.ARD.de/ard/kurse, Oktober 2012

Raum für Notizen: ....

....

Kurzprofil: Das kanadische Silberunternehmen setzt erfolgreich auf langfristige Abnahmeverträge und machte im 1. Quartal 2012 mit Rekordumsätzen auf sich aufmerksam.

20. Silver-Wheaton, Kanada, WKN A0D PA9

Der Umsatz stieg im 1. Vierteljahr 2012 um 26 Prozent auf 200 Mio. US-Dollar. Der Nettogewinn wuchs um 20 Prozent auf 147 Mio. US-Dollar. Der operative Cashflow legte um 29 Prozent zu, und das Silbergeschäft belief sich auf 6,7 Mio. Feinunzen.

Kennzahlen Ende Juli 2012   **WKN A0D PA9**

Börsenwert: 8 Mrd. €   KGV: 2012(e): 16,4; 2013(e): 13,1

Kurs am 14. September 2012: 29,45 €

52-Wochen-Hoch/Tief: 30,80 €/18,00 €

Kursentwicklung 2012: 29,80 €/18,00 € = -18 %

Dividende: 2011: 0,14 €, 2012: 0,32 €, 2013(e): 0,37 €

Internet: www.silverwheaton.com

21. Vale, Brasilien, WKN A0R N7M

Quelle: boerse.ARD.de/ard/kurse, Oktober 2012

21. Vale, Brasilien, WKN A0R N7M

Kurzprofil: Der profitable südamerikanische Bergbaukonzern muss laut Meldung Ende Juli 2012 nur 2 Mrd. US-Dollar an Abgaben und Gebühren an die Finanzbehörden nachzahlen. Die ursprüngliche Forderung war mehr als doppelt so hoch. Im Mai 2012 trennte sich VALE von der kolumbianischen Kohletochter, um aus dem Randgeschäft auszusteigen. VALE bietet trotz Kürzung eine Dividendenrendite von über 6,5 Prozent. Die Anleger-Ikone Warren Buffett ist in diesem Titel investiert.

Kennzahlen Ende Juli 2012   WKN A0R N7M

Börsenwert: 110 Mrd. €   KGV: 2012(e): 5,3; 2013(e): 5,1

Kurs am 14. September 2012: 14,80 €

52-Wochen-Hoch/Tief: 23,80 €/13,70 €

Kursentwicklung 2012: 20,40 €/13,70 € = -34 %

Kurs-Buchwert-Verhältnis (KBV): 1,27 (möglichst niedrig)

Kurs-Umsatz-Verhältnis (KUV): 0,69 (möglichst niedrig)

Kurs-Cashflow-Verhältnis (KCV): 4,29 (möglichst niedrig)

Dividende: 2011: 1,42 €, 2012: 1,01 €, 2013(e): 0,91 €

Analyse vom 30. Juli 2012: Großbank NOMURA: „BUY"

22. XStrata, Schweiz, WKN 552 834

Kurzprofil: Zum Jahresanfang 2012 wurde die Fusion mit dem ebenfalls aus der Schweiz stammenden weltweit führenden Rohstoffhändler Glencore angekündigt. Der Zusammenschluss verzögerte sich wegen des Widerstands von Großaktionären. Zudem stand die Genehmigung der Wettbewerbsbehörden noch aus. Der im Jahr 1926 gegründete Bergbaukonzern XStrata ist in 18 Ländern aktiv, fördert neben Edel- und Buntmetallen Kohle und ist auch im Recycling tätig.

Kennzahlen Ende Juli 2012   WKN 552 834

Börsenwert: 32,5 Mrd. €

KGV: 2012(e): 6,5; 2013(e): 5,6

Streubesitz: 60 % (Glencore: 34 %, BlackRock: 6 %)

Kurs am 14. September 2012: 13,00 €

52-Wochen-Hoch/Tief: 15,80 €/8,35 €

Kursentwicklung 2012: 15,80 €/9,65 € = -29 %

Kurs-Buchwert-Verhältnis (KBV): 1,13 (möglichst niedrig)

Kurs-Umsatz-Verhältnis (KUV): 1,30 (möglichst niedrig)

Kurs-Cashflow-Verhältnis (KCV): 4,27 (möglichst niedrig)

Dividende: 2011 und 2012: 0,33 €, 2013(e): 0,37 €

Internet: www.xstrata.com

22. XStrata, Schweiz, WKN 552 834

Quelle: boerse.ARD.de/ard/kurse, Oktober 2012

Raum für Notizen: ....

....

23. Yamana Gold, Kanada, WKN 357 818

Quelle: boerse.ARD.de/ard/kurse, August 2012

Raum für Notizen: ....

....

Kurzprofil: Das 1980 gegründete kanadische Minenunternehmen mit Geschäftssitz in Toronto hat sich auf die Förderung von Gold, Silber und Kupfer spezialisiert und ist insbesondere in Argentinien, Brasilien, Chile und Mexiko aktiv. Yamana verfügt über ansehnliche Goldreserven. Die Aktie gehört zu den wenigen Titeln, die 2012 ordentlich zulegten – ein Kursplus von einem Drittel. Da verwundert es nicht, dass alle fünf Analysten die Aktie positiv bewerten: zwischen „Outperform" und „Kauf".

Kennzahlen Ende Juli 2012   WKN 357 818

Börsenwert: 9,2 Mrd. €   KGV: 2012: 14,2; 2013(e): 10,0

Kurs am 14. September 2012: 14,35 €

52-Wochen-Hoch/Tief: 13,60 €/8,90 €

Kursentwicklung 2012: 13,60 €/9,05 € = +37 %

23 Yamana Gold, WKN 357 818

Kurs-Buchwert-Verhältnis (KBV): 1,40 (möglichst niedrig)

Kurs-Umsatz-Verhältnis (KUV): 5,33 (möglichst niedrig)

Kurs-Cashflow-Verhältnis (KCV): 9,61 (möglichst niedrig)

Dividende: 2011: 0,12 €, 2012: 0,19 €, 2013(e): 0,20 €

Bergbau- und Edelmetallminen-Aktien

Aktie Unternehmen	WKN	Kurs in € 08.01.13*	Hoch/Tief 1 Jahr in €
Agnico-Eagle	860 325	37,75/+31 %	44,75/24,50
Anglo American	A0M UKL	25,45/-18 %	35,40/20,75
Anglo A. Platinum	856 547	40,85/-20 %	58,70/32,20
AngloGold Ash.	164 180	22,70/-31 %	35,70/22,55
Barrick Gold	870 450	26,10/-31 %	38,90/24,90
BHP Billiton	908 101	26,55/+13 %	27,30/20,35
Eldorado Gold	892 560	9,40/-13 %	12,20/7,95
Goldcorp	890 493	26,95/-23 %	37,40/25,40
Gold Fields	862 484	9,15/-26 %	12,80/8,65
Harmony Gold	864 439	6,00/-34 %	9,90/5,65
IAM Gold	899 657	8,20/-37 %	13,90/7,20
Impala Platinum	A0K FSB	14,20/-12 %	17,40/11,70
Kinross Gold	A0D M94	7,10/-26 %	10,30/5,65
Newcrest Mining	873 365	17,55/-27 %	28,85/17,15
Newmont Mining	853 823	34,40/-27 %	50,10/32,50
Norilsk Nickel	676 683	14,55/+23 %	15,45/11,20
Polyus Gold USD	A0J 4HH	14,55 US-D	22,45/13,80

Bergbau- und Edelmetallminen-Aktien

Aktie Unternehmen	WKN	Kurs in € 08.01.13*	Hoch/Tief 1 Jahr in €
Randgold	A0B 5ZS	71,25/-14 %	76,15/72,25
Rio Tinto	855 018	52,20/+10 %	58,75/39,85
Silver Wheaton	A0D PA9	26,50/+15 %	32,15/18,05
Vale	A0R N7M	15,35/-10 %	20,40/12,45
XStrata	552 834	14,00/+18 %	15,80/9,65
Yamana Gold	357 818	12,60/+7 %	16,05/9,85

Quelle: Die meisten Daten dieser Übersicht stammen aus der boerse.ard.de, der Börse Stuttgart und BÖRSE Online.

*Die Prozentangabe in Spalte 3 zeigt die Kursentwicklung binnen eines Jahres an. Das Minus eröffnet auch Chancen.

Anmerkungen: Als ich diese Aktienauswahlliste im Herbst 2008 für die Startauflage von „Gold – Silber – Platin" zusammenstellte, lag der Buchgewinn ein Jahr später ohne umzuschichten bei 75 %. Auch 2010 gab es bei der nur um wenige Titel ergänzten Auswahl ein hohes zweistelliges Kursplus.

2011 litt die Rendite unter den heftigen Börsenturbulenzen, die sich 2012 wegen der Staatsschuldenkrise und der großen Unsicherheit um Euroland und Euro verschärften. Jetzt sind die meisten Aktien noch niedrig bewertet. Es bahnt sich eine Trendwende an und damit auch ein Einstieg bzw. Zukauf.

Eine verlässliche Einschätzung der Chancen ist schon wegen der stark schwankenden Rohstoffpreise und der Währungsturbulenzen ungemein schwierig. Sie sollten nur schrittweise kaufen, nicht „aus dem Bauch" entscheiden, sondern weitere Nachrichten einholen – am besten über das Internet und über seriöse Wirtschafts- und Börsenmagazine. Hohe Dividendenrenditen sichern den Kurs nach unten ab.

4.1.4 NYSE Arca Gold BUGS Index

Der NYSE Arca Gold BUGS Index – auch HUI genannt – hieß früher AMEX Gold BUGS. Der in US-Dollar berechnete Aktienindex berücksichtigt vor allem die Gold fördernden internationalen Bergbauunternehmen. Der RBS Market Access AMEX Gold BUGS ist ein auf den NYSE Arca Gold BUGS Index bezogener Exchange Traded Funds (ETF). Er wird in Euro berechnet und hat den Vorteil, dass Sie mit nur einer Order 16 an der US-Börse NYSE oder NASDAQ gelisteten Goldtitel in Ihr Depot bekommen, darunter zwölf Titel meiner Auswahl.

BUGS ist die Abkürzung für **B**asket of **U**nhedged **G**old **S**tocks. Gemeint ist damit ein Aktienkorb von Goldunternehmen, die sich nicht mit Vorwärtsverkäufen absichern. Der HUI-Index wurde in der Absicht aufgelegt, sich gegenüber kurzfristigen Goldpreisbewegungen abzusichern. Hier werden nur jene Gesellschaften berücksichtigt, die ihre Goldproduktion auf höchstens 1,5 Jahre vor- bzw. leerverkaufen. Die Gewichtung erfolgt nach Marktkapitalisierung. Notwendige Anpassungen werden quartalsweise vorgenommen. Der HUI bildet die Wertentwicklung von den an der NYSE oder NASDAQ gelisteten Goldaktien ab. Dividenden fließen nicht in die Berechnung ein.

NYSE Arca Gold BUGS Index			
Nr.	Aktie Unternehmen	WKN	Kurs 08.01.13
1	Agnico-Eagle Mines	860 325	37,75 €
2	AngloGold Ashanti	164 180	22,70 €
3	Barrick Gold Corp.	870 450	26,10 €

NYSE Arca Gold BUGS Index			
Nr.	**Aktie** **Unternehmen**	**WKN**	**Kurs** **08.01.13**
4	Eldorado Gold	892 560	9,40 €
5	Goldcorp Inc.	890 493	26,95 €
6	Gold Fields	862 484	9,15 €
7	Harmony Gold Mining	864 439	6,00 €
8	IAM Gold	899 657	8,20 €
9	Kinross Gold Corp.	A0D M94	7,10 €
10	Newmont Mining Corp.	853 823	34,40 €
11	Randgold Resources	A0B 5ZS	71,25 €
12	Yamana Gold Inc.	357 818	12,60 €

Anmerkung: Aktuell, im August 2012, umfasst der NYSE Arca Gold BUGS Index 16 Titel unterschiedlich gewichtet.

4.1.5 RBS Market Access AMEX Gold BUGS als ETF-Alternative

Wenn Sie sich den NYSE Arca Gold BUGS Index genauer ansehen, bekommen Sie vielleicht Appetit und fragen sich: *„Wäre dies nicht auch etwas für mich? Wie kann ich mit einer einzigen Order die meisten in der vorstehenden Übersicht aufgeführten Titel erwerben? Wäre dies nicht die preiswerte, die Rendite erhöhende und das Risiko verringernde Streuung?"* Ihre Überlegung ist richtig. Der Exchange Traded Funds (ETF) RBS Market Access AMEX Gold BUGS hilft Ihnen, dieses Vorhaben zu verwirklichen. Der passiv gemanagte ETF konzentriert sich voll auf international führende Goldaktien und wird in Euro berechnet.

ETF AMEX GOLD BUGS, WKN A0M MBG

Quelle: boerse.ARD.de/ard/kurse, Oktober 2012

Raum für Notizen: ....

....

Kurzprofil: Der passiv gemanagte Indexfonds entspricht weitgehend dem NYSE AMEX GOLD BUGS INDEX, gilt wie Aktien oder Aktienfonds als geschütztes Sondervermögen und wird als börsennotierter ETF in Frankfurt, XETRA, gehandelt. Goldaktienfreunde finden hier eine preiswerte Langzeitanlage.

Einige Eckdaten für den ETF Anfang August 2012

Fondsgesellschaft: RBS Market Access SICAV

Fondsvolumen: 168 Mio. €   **Fondsalter:** ca. 5 Jahre

Dividende: ausschüttend   **Jahresgebühr:** 0,70 %

Kurs am 01. August 2012: 134,75 €

52-Wochen-Hoch/Tief: 191,50 €/121,50 €

Fondswährung: Euro

Börsenplatz: Frankfurt, XETRA-Handel

4.1.6 Die Gier nach Gold: abgeholzte Regenwälder, vergiftete Flüsse

Gold gilt als sicherer Hafen in schwierigen Zeiten wie der Finanzkrise 2008/2009 und der aktuellen Staatsüberschuldung insbesondere in südeuropäischen Ländern. Gold ist als Geldanlage vor allem gefragt und als Sachwert begehrt, wenn geschürte Ängste die Inflationsgefahr nähren und der Konjunkturmotor durch riesige Staatsschulden, mangelnde Wirtschaftskraft und damit verbundene harte Sparzwänge zu stottern beginnt. Schulden sind zu begleichen – aber in welchem Tempo?

All dies ist die Rezeptur für eine zerstörerische Gier, die den Goldhunger des Westens anheizt, aber in Peru und anderen Regionen abgeholzte Wälder und vergiftete Flüsse hinterlässt. 2006 kostete die Feinunze Gold etwas über 500 US-Dollar. Heute hat sich der Preis mehr als nur verdreifacht. Doch der Goldrausch verstärkt die Kluft zwischen reich und arm, schürt Konflikte, verwandelt Regenwälder in Sandwüsten und in karge, unwirtliche Mondlandschaften, durchlöchert und ausgehöhlt von Kratern. Die Gier nach Gold belastet durch frei werdendes Quecksilber das Erdreich und zerstört durch schmutzige, giftige Abwässer das Leben in den Flüssen. Um das glänzende Gold zu fördern, wird das blaue Gold Wasser ungenießbar und bald zu einem noch knapperen Gut als es Gold sein kann, denkt man an die Lebensbedingungen von Mensch und Tier.

Die große Nachfrage nach Gold und anderen Edelmetallen zerstört den Regenwald von Peru. Allein zwischen 2003 und 2009 wurden mindestens 7.000 Hektar Regenwald gerodet. Und längst ist mit dieser Umweltzerstörung noch nicht Schluss. Bereits die Inkas förderten in Peru Gold – aber mit weniger rabiaten Methoden und nicht auf solch skrupellose Weise wie jetzt.

Der Volkszorn richtet sich gegen die großen Minenbetreiber. Sie werden für den Raubbau an der Natur verantwortlich gemacht. In Madre de Dios gibt es jedoch viele kleine Minen, die den Regenwald zerstören und die Flüsse vergiften. Den zu den Ärmsten der Gesellschaft zählenden Arbeitern fehlt es an Wissen und Geräten, um die Quecksilberbelastung des Bodens einzudämmen und sich gegen Ausbeutung zu schützen. Das giftige Metall schädigt das Nervensystem von Mensch und Tier. Quecksilberpartikel breiten sich über Hunderte von Kilometern aus, setzen sich im Erdreich fest, verseuchen das Flusswasser, verursachen Krebs beim Menschen, Tod bei Fischen und anderem Getier. Wasser, das blaue Gold, wird ungenießbar und giftig – die hässliche Fratze skrupelloser Gier.

Im Verlauf von Jahrtausenden hat sich im peruanischen Amazonas, in Madre de Dios, der feine glitzernde Goldstaub im Sand der Amazonasflüsse angesammelt – ein Paradies für die Mächtigen, eine Hölle und ein Ort der Verdammnis für unwissende Ärmste. Wohl nirgendwo sonst in der Welt gibt es so feines und reines Gold wie hier: eine Riesenchance auf Kapitalvermehrung, erkauft mit einer Zerstörung der Natur und einem Drama für die am Rande der Gesellschaft Lebenden.

Dort, wo das Gold glitzert, gibt es Supermärkte, Apotheken, Tankstellen, Bars und Bordelle, Ausschweifungen ohne Moral. Dort, wo unter menschenunwürdigen Umständen ungelernte Arbeiter Gold suchen, begegnen wir notdürftig mit Planen abgedichteten ärmlichen Holzhütten, Nomadensiedlungen ohne Trinkwasser, ohne Strom, ohne Straßen, ohne Schulen.

Warum aber werden Regenwälder abgeholzt, wenn doch der Goldsand am Grund der Gewässer liegt? Die Flüsse sind tückisch, ändern ständig ihren Lauf. Wo heute Urwald ist, schlängelte sich vor 100 Jahren vielleicht ein Fluss. Um dies zu erkunden und auf eine ergiebige Goldader zu stoßen, werden Bäume gefällt und die Erde aufgewühlt.

Schätzungsweise 32.000 Hektar Urwald wurden in dieser Region bereits abgeholzt. César Ipenza von der Umweltschutzorganisation SPDA warnt: *„Fische gibt es kaum noch, und die wenigen sind wegen der Schwermetallbelastung ungenießbar. Das Gold aus dem Amazonas trägt Ausbeutung, Habgier, Korruption und Umweltzerstörung in sich."* Peru ist reich an Gold. Rund 2,5 Milliarden US-Dollar haben die Exporte 2011 eingebracht.

Peru zählt im Goldgeschäft zu den Großen

Peru gehört neben Südafrika, USA, Australien, Russland, China und Kanada zu den führenden Goldförderern. Großteils wird das wertvolle Edelmetall in gigantischen Minen gewonnen. Yanacocha aus der Region Cajamarca ist eine der flächenmäßig größten Goldminen der Welt. Auf den Kurszetteln der Börsen fehlt dieses Unternehmen. Die Mine soll um das Zehnfache erweitert werden. Dies löst Widerstand bei Umweltschützern und Bauern aus. Sie verlieren nicht nur ihr Land als Existenzbasis, sondern leiden unter dem verseuchten Boden und vergifteten Flüssen.

Im Zuge des Goldrauschs wuchs die Provinzstadt Puerto Maldonado in nur fünf Jahren um 40 Prozent. Dort, wo es vor zwölf Monaten noch keine geteerte Straße gab, machen die Importeure von Baggern und Lastwagen wie Yamaha und Caterpillar mittlerweile Millionenumsätze. Über 50.000 Bauern, Tagelöhner und Abenteurer strömten aus dem Hochland in die grüne Hölle Amazonas. Wer nichts mehr zu verlieren hat, sieht hier seine letzte Chance. Mittlerweile stehen die Goldsucher vor den Toren des größten Naturparks in Madre de Dios. Höchste Zeit, dass die Regierung auf die Proteste und Alarmrufe reagiert!

Quelle: SÜDWEST PRESSE, Ausgabe vom 07.08.2012, Rubrik: „Im Brennpunkt, zerstörerische Gier", Autorin Sandra Weiß

4.1.7 Zum besseren Verständnis: Rückblick Finanzkrise 2008

Die von Amerika ausgehende Finanzkrise eskalierte im September/Oktober 2008 zu einem Desaster an den globalen Börsen, das seit den 1930er-Jahren seinesgleichen suchte. Kein Wunder, dass zwangsläufig das Interesse an Gold, Silber, Platin als sichere Anlageform stieg – physisch als Barren und Münzen, ebenso als ETF bzw. ETC. Während die Kursstürze an den weltweiten Aktienmärkten allein im Monat Oktober 2008 zu einem Buchverlust von 5,8 Billionen Dollar bzw. 4,5 Billionen Euro führten, schlugen sich ETF/ETC wacker.

Beim Dow Jones kam es am 29. September 2008 mit 777,7 Punkten zum größten Tages-Kursverlust seit 1987. Der US-Leitindex fiel nach Punkten stärker als bei den Terroranschlägen am 11. September 2001. Noch schlimmer gestaltete sich der Kursabsturz in Russland und in Ostasien. Auch die meisten Rohstoffe hat es erwischt: Kurseinbrüche binnen eines Jahres um bis zu 80 Prozent. Die Anleger flohen wegen drohender Bankenpleiten sogar aus Geldmarktfonds, leerten ihre Giro- und Sparkonten, um sich vor dem befürchteten Verlust ihrer Einlagen zu schützen und in das als sicher geltende Gold umzuschichten. So stieg am 27. September 2008 der Goldpreis um zwölf Prozent, binnen 24 Stunden von 740 auf 890 US-Dollar je Feinunze.

Auch der DAX entging der Heimsuchung nicht und stürzte bis auf 5.600 Punkte ab – so tief notierte er zuletzt 2006. Noch stärker traf es den MDAX und SDAX. Dennoch waren die Tiefststände noch nicht erreicht. Der 10. Oktober dürfte als „Schwarzer Freitag" in die Börsengeschichte eingehen. Das Blutbad, das dieser Börsencrash hinterließ, löst Entsetzen aus.

Binnen eines Jahres verloren Dow Jones und Nasdaq 40 %, der S&P 500 rund 42 %, der DAX 43 %, der MDAX 50 %, der TecDAX 48 %, der SDAX über 55 %, der Hang Seng 41 %, der japanische Nikkei und der Euro Stoxx die Hälfte. Allein am 10. Oktober 2008 gab der deutsche Leitindex fast 600 Punkte ab.

Im Bankensektor brannte es nach der Lehman Brothers-Pleite lichterloh. Das gesamte Finanzsystem stand am Abgrund. Es drohte ein das Weltwirtschaftswachstum zerstörender Dominoeffekt. Etliche europäische Großbanken – wie der damals noch dem DAX angehörende deutsche Immobilienfinanzierer Hypo Real Estate – brauchten milliardenschwere Staatshilfen zum Überleben. Bundeskanzlerin Angela Merkel und der damalige Finanzminister Peer Steinbrück in der großen Koalition knüpften blitzschnell in Absprache mit führenden Industrienationen ein großes Rettungspaket im Umfang von einer halben Billion Euro, um den Gau im Bankensektor noch abzuwenden.

Die BaFin, die Bundesanstalt für Finanzdienstleistungsaufsicht, sah nicht tatenlos zu und verkündete am 19. September 2008, dass Leerverkäufe der Aktien von elf Finanzunternehmen bis zum Jahresschluss nicht mehr zulässig seien. Zuvor hatten die Aufsichtsbehörden der USA und Großbritannien Leerverkäufe verboten, kann doch ein geballtes Short Selling ein Finanzunternehmen – siehe Lehman Brothers – rasch in den Untergang treiben. Wird der Markt mit massiven Leerverkäufen überschwemmt und der erhoffte Kursverfall in krimineller Absicht durch Gerüchte verstärkt, steigt bei angeschlagenen Unternehmen die Insolvenzgefahr. Je angespannter die Marktlage ist, umso mehr gewinnt die Edelmetallanlage neue Liebhaber. Dabei geht es nicht nur um physisches Gold, Silber und Platin als Barren und Anlagemünzen. Bei längerfristigem Anlagehorizont spricht einiges für erstklassige Bergbau- und Minenaktien, zumal oft attraktive Dividenden winken. Als Alternative bieten sich Edelmetall-Themenfonds, ETF und ETC an.

4.1.8   Das Aktienauswahl-Punkte-system für Könner

Ich habe mir für Sie etwas Besonderes ausgedacht, ein praktisches Punktesystem, um eigene Kaufentscheidungen zu erleichtern. Dabei gewichte ich die entscheidenden Kennziffern doppelt gegenüber den als weniger bedeutsam eingeschätzten Daten. Sie selbst vergeben jeweils einen Punkt bis zu drei Punkten. Stehen mehrere Aktienkandidaten auf Ihrer Beobachtungsliste, entscheiden Sie sich für den bzw. die Punktesieger.

Dieses System habe ich ursprünglich entwickelt, um mit meinen Kindern eine demokratische Auswahl des Urlaubszieles zu ermöglichen oder die am besten passende Depotbank zu finden.

Das von mir ausgedachte Aktienauswahl-Punktesystem lässt sich effizient nutzen, wenn Sie wichtige Kennzahlen mit einbeziehen. Dafür eignet sich z. B. die Datenbank von BÖRSE ONLINE. Achten Sie auf ein niedriges Kurs-Gewinn-Verhältnis im Branchenvergleich, einen möglichst hohen Buchwert gegenüber dem aktuellen Kurs, ein günstiges Kurs-Umsatz-Verhältnis mit einer Null oder Eins vor dem Komma (KUV) und ein niedriges Kurs-Cashflow-Verhältnis (KCV). Neben einer hohen Dividendenrendite und Eigenkapitalquote sind positive Analysten-Einstufungen interessant. Niemals darf eine Finanzzahl allein den Ausschlag geben. Es kommt auf die Gesamtsicht an. Besonders chancenreich sind unterbewertete Aktien von Unternehmen, bei denen der Firmenwert über dem Aktienkurs liegt. Der Starinvestor Warren Buffett ist mit dieser Strategie seit Jahrzehnten erfolgreich.

Warum bietet das Punktesystem auch für Sie einen Spielraum, innovativ zu sein?

Ich empfehle, dieses Modell als Grundmuster für die Eingabe am Computer zu nutzen und beliebig abzuwandeln. Die Liste muss, damit sie übersichtlich bleibt und leicht zu berechnen ist, auf eine Seite passen. Sie sollten Ihr Punktesystem vorrätig ausdrucken oder kopieren. Dieses Verfahren habe ich den Studenten der EBZ Business School in Bochum bei einer Vorlesung vorgestellt. Es ist denkbar, dass Sie bezüglich der Gewichtung andere Vorstellungen haben, dass Sie die Zeilenzahl neu zuordnen, erweitern oder verringern. Schaffen Sie sich Raum für Kreativität! Dann macht Börse noch mehr Spaß.

Punktesystem für die eigene Aktienauswahl					
Bewertungsfaktor	0 P.	1 P.	2 P.	3 P.	Zahl
Doppelte Gewichtung: Jeder Punkt zählt zweifach					
Kurs-Gewinn-Verhältnis					
Börsensegment/Index					
Kursentwicklung 1 Jahr					
Portfolio-Streuung					
Eigenkapital oder KCV					
Buchwert oder KBV					
Dividendenrendite					
Ergebnisentwicklung					
Analysen/Rating					
Value, Substanzkraft					
Technische Analyse					
Geschäftsmodell					
Hoch/Tief 52 Wochen					
Zwischensumme					

Punktesystem für die eigene Aktienauswahl					
Bewertungsfaktor	**0 P.**	**1 P.**	**2 P.**	**3 P.**	**Zahl**
Normalgewichtung: Die Ergebnisse zählen einfach					
Internationalität					
Bekanntheitsgrad					
Nachrichten/IR/PR					
Sympathie/Standards					
Wert der Marke					
Insiderhandel					
Zwischensumme					
Endergebnis					

4.2 ETF/ETC: bei Anlegern beliebt

Bei Profis befinden sich Exchange Traded Funds (ETF), auch Indexfonds genannt, längst im Depot. Und wie sieht es bei Ihnen aus? Es bietet sich ein Vergleich mit Aktienfonds an. Bei den großen Standardwerten gibt es nur wenige Produkte (15 – 20 %), die längerfristig besser als der Vergleichsindex, die Benchmark, abschneiden.

Ist es da nicht klug, die börsengehandelte Variante zu wählen? Es gibt keinen Ausgabeaufschlag, und die Verwaltungsgebühr ist niedrig. Während bei Publikumfonds für Aktien im Schnitt 1,90 Prozent jährliche Verwaltungskosten anfallen, beträgt die Gebühr bei ETF im Schnitt nur 0,40 Prozent. Es macht viel aus, ob sich in 10, 20 oder 30 Jahren Ihr Buchgewinn alljährlich um zwei oder um weniger als ein halbes Prozent verringert.

4.2.1   Grundkurs ETF und ETC

Mehr als nur der berühmte kleine Unterschied

Ein ETF (Exchange Traded Funds) wird oft mit einem ETC (Exchange Traded Commodities) gleichgesetzt bzw. verwechselt. Bei diesen beiden modernen Anlageprodukten besteht als Vergleich ein Unterschied wie zwischen dem X- und Y-Chromosom beim menschlichen Geschlecht: weiblich oder männlich?

➤ Ein börsengehandelter Indexfonds oder ETF gilt als Sondervermögen und ist bei Insolvenz der ausgebenden Bank ebenso vor Zugriff geschützt wie Ihre Aktien.

➤ Ein ETC zählt zur Gruppe der Zertifikate bzw. Schuldverschreibungen. Geht die ausgebende Bank Pleite, ist Ihr Vermögen womöglich weg. Ein Edelmetall-ETC ist physisch abgesichert, wenn der Emittent den Gegenwert in Barren hinterlegt. Der Bestand darf nicht beliehen werden. XETRA Gold bietet als Alleinstellungsmerkmal auf Wunsch die Lieferung in Gold an. Aber das Einschmelzen, wenn die Stückelung nicht passt, und der Transport sind teuer.

Ein passiv gemanagter ETF ist weder besser noch schlechter als die Benchmark und damit transparent. Studieren Sie den darauf bezogenen Index, so wissen Sie, dass sich der fortlaufend gebildete ETF-Kurs auf gleichem Niveau bewegt. Und beim Vergleich mit einem Indexzertifikat fällt als Trumpfkarte ins Gewicht, dass kein Emittentenrisiko besteht.

Bei einem aktiv gemanagten ETF können Auswahl und Gewichtung abweichen. Schade, dass sich die Fondsmanager damit nicht zufriedengeben, sondern ständig Neues erproben. Es besteht ähnlich viel Begriffswirrwarr wie bei den 500.000 Zertifikaten. Es gibt sicherlich keinen Privatanleger, der diese Produktvielfalt versteht und darin versteckte Finten erkennt.

> ➤ **Mein Rat:** Begnügen Sie sich mit den klassischen passiv gemanagten ETF und physisch besicherten ETC. Da wissen Sie, was Sie im Depot haben.

Zehn Merkmale und Vorteile von passiv gemanagten ETF im Überblick
❶ Geschütztes Sondervermögen auch bei Emittentenpleite
❷ Börsentäglicher Handel, fortlaufende Kursstellung
❸ Hohe Transparenz, identisch mit abgebildetem Index
❹ Preiswert, kein Ausgabeaufschlag, Spreat (Unterschied zwischen An- und Verkaufskurs) nur rund 0,1 %
❺ Geringe jährliche Verwaltungsgebühr, im Schnitt 0,4 %
❻ Neustrukturierung nur, wenn sich der Index ändert
❼ Naturgetreue Abbildung aller führenden Indizes; keine bessere, aber auch keine schlechtere Entwicklung
❽ Jährliche Ausschüttung oder Thesaurierung (Wiederanlage) der anfallenden Dividenden
❾ Abwicklung des ETF-Handels großteils über XETRA
❿ Mittelabfluss bei ETF auch in Krisen kaum zu befürchten

Einige weitere ETC-Informationen

ETC und ETF werden ebenso wie Aktien fortlaufend an der Börse auf XETRA gehandelt. Als Anleger können Sie schnell und transparent auf eine breite Palette von Rohstoffen zurückgreifen, ohne dabei riskante Terminkontrakte beziehen oder die Rohstoffe physisch ordern zu müssen. Sie können für Gold, Silber, Platin und Palladium einzelne physisch gesicherte ETC kaufen, aber diese vier Edelmetalle auch als Rohstoffkorb mit unterschiedlicher oder gleicher Gewichtung ordern. Auf diese Weise sparen Sie Gebühren und senken das Anlagerisiko.

Wie sieht es mit der Sicherheit bei ETC aus?

Physisch unterlegte ETC von ETF Securities sind zu 100 Prozent besichert. Die Edelmetallbarren werden vom Depotverwalter, der HSBC Bank, in eigenen Tresoren in London und Zürich verwahrt. Dazu meint der Emittent: *„Physisch hinterlegte ETC bergen kein Kreditrisiko, da ihre Investoren ein Wertpapier halten, das mit physischem nicht verleihbarem Metall hinterlegt ist."* Dies gilt auch für den hier vorgestellten ETFS Physical PM Basket mit der WKN A0N 62H und den für Gold, Silber, Platin und Palladium aufgelegten ETC mit einem jeweils nur anderen Schlussbuchstaben.

Der von der Deutschen Börse Commodities herausgegebene ETC XETRA GOLD ist komplett durch Gold gedeckt. 95 Prozent vom Goldbestand werden in den Tresoren der Clearstream eingelagert, dem deutschen Zentralverwahrer für Wertpapiere. Der restliche Teil wird als Gold-Lieferanspruch gegen die UNICORE unterhalten. Die Besonderheit bei XETRA Gold besteht darin, dass jeder Investor sein Gold auf Wunsch zugesandt bekommt. Dieser Lieferanspruch vermittelt ein Gefühl der Sicherheit und wird gelegentlich genutzt. XETRA Gold hat damit ein Alleinstellungsmerkmal unter den ETC – wohl ein Hauptgrund für die Marktführerschaft.

4.2.2 Überblick über das interessante Edelmetall-ETC-Angebot

Schauen wir uns einige Edelmetall-ETC genauer an! Am besten, Sie rufen bei Bedarf die aktuellen Daten bei der ARD-Börse (boerse.ARD.de), der Börse München oder Stuttgart ab. Ich empfehle, um Kosten zu sparen, Ihr Portfolio zu streuen und das Risiko zu senken, den Basketkorb aus allen vier Edelmetallen mit Übergewichtung Gold, WKN A0N 62H. Oder Sie konzentrieren sich allein auf Gold. Hier ist XETRA Gold führend.

❶ XETRA Gold, Dt. Börse, WKN A0S 9GB

Quelle: boerse.ARD.de/ard/kurse, Oktober 2012

Raum für Notizen: ....
....

Kurzprofil: Der bei Anlegern beliebte, marktführende, von der Deutschen Börse Commodities aufgelegte ETC XETRA GOLD bietet als Besonderheit den Lieferanspruch in Gold und fällt durch rege Handelsaktivitäten, also hohe Liquidität auf.

Kennzahlen Anfang August 2012   WKN A0S 9GB

Edelmetall: Gold   **Aktueller Kurs:** 41,70 €

52-Wochen-Hoch/Tief: 43,80 €/37,25 € = +12 %

Kursverlauf: 6 Monate: -2 %, 1 Jahr: +12 %, 3 Jahre: +95 %

Wertpapierart: ETC, besicherte Schuldverschreibung

Währung: Euro   **Laufzeit:** unbefristet

Ertragsverwendung: thesaurierend

Auflagedatum: 14. Dezember 2007

Besonderheit: Anspruch auf Goldlieferung

❷ ETFS Physical PM Basket, WKN A0N 62H

Quelle: boerse.ARD.de/ard/kurse, Oktober 2012

Raum für Notizen: ....

....

Kurzprofil: Der ETC/ETF von Securities, von mir „Grand mit Vier" getauft, bringt alle vier Edelmetalle und sorgt mit nur einer Order für gute Streuung. Gold ist in der mit Edelmetallbarren besicherten Schuldverschreibung mit 51,3 %, Silber mit 24,2 %, Platin mit 16,2 % und Palladium mit 8,3 % gewichtet.

Kennzahlen Anfang August 2012   WKN A0N 62H

Edelmetallkorb: Gold, Silber, Platin, Palladium

Aktueller Kurs: 97,15 €   Auflagedatum: April 2007

52-Wochen-Hoch/Tief: 113,60 €/89,55 € = -6 %

Kursverlauf: 6 Monate: -7 %, 1 Jahr: -6 %, 3 Jahre: +91 %

Wertpapierart: ETC, besicherte Schuldverschreibung

Managementgebühr: 0,43 %   Laufzeit: unbefristet

Ertragsverwendung: thesaurierend, Währung in Euro

❸ ETFS Physical Gold, WKN A0N 62G

Quelle: boerse.ARD.de/ard/kurse, Oktober 2012

Raum für Notizen: ....

....

Kurzprofil: Der von ETFS Securities aufgelegte ETF/ETC in Gold verfolgt das Ziel, auch Privatinvestoren einen einfachen, sicheren und preiswerten Zugang zu Edelmetallen zu erschließen. Wie der 5-Jahres-Chart zeigt, befindet sich Gold langfristig im Aufwärtstrend. Es gilt, stärkere Kurskorrekturen zu nutzen.

Kennzahlen Anfang August 2012   WKN A0N 62G

ETC: Gold   Name: ETFS Physical Gold

Aktueller Kurs: 127,05 €   Auflagedatum: 08.05.2007

52-Wochen-Hoch/Tief: 133,75 €/114,20 € = +11 %

Kursverlauf: 6 Monate: -3 %, 3 Jahre: +92 %, 5 Jahre: +161 %

Wertpapierart: ETC, besicherte Schuldverschreibung

Managementgebühr: 0,43 %   Laufzeit: unbefristet

Ertragsverwendung: thesaurierend, Währung in Euro

Quelle: boerse.ARD.de/ard/kurse, Oktober 2012

Raum für Notizen: ....

....

Kurzprofil: Wer vermögend ist, kann auch bei geringem Platzbedarf Kilobarren in Gold kaufen. Bei Silber ist dies schwierig. Im Schnitt kostet eine Feinunze Gold über 50mal soviel. Ein Kilo Gold sicher zu lagern, ist kein Problem, aber einen Zentner Silber für eine gleich hohe Summe? Silber ist auch als Industriemetall gefragt. Da ist ein ETC die richtige Alternative.

Kennzahlen Anfang August 2012   WKN A0N 62F

ETC: Silber   **Name:** ETFS Physical Silver

Aktueller Kurs: 21,85 €   **Laufzeit:** unbefristet

52-Wochen-Hoch/Tief: 30,20 €/19,90 € = -23,5 %

Kursverlauf: 6 Monate: -13 %, 3 Jahre: +121 %, 5 Jahre: +130 %

Wertpapierart: ETC, besicherte Schuldverschreibung

Ertragsverwendung: thesaurierend, Währung in Euro

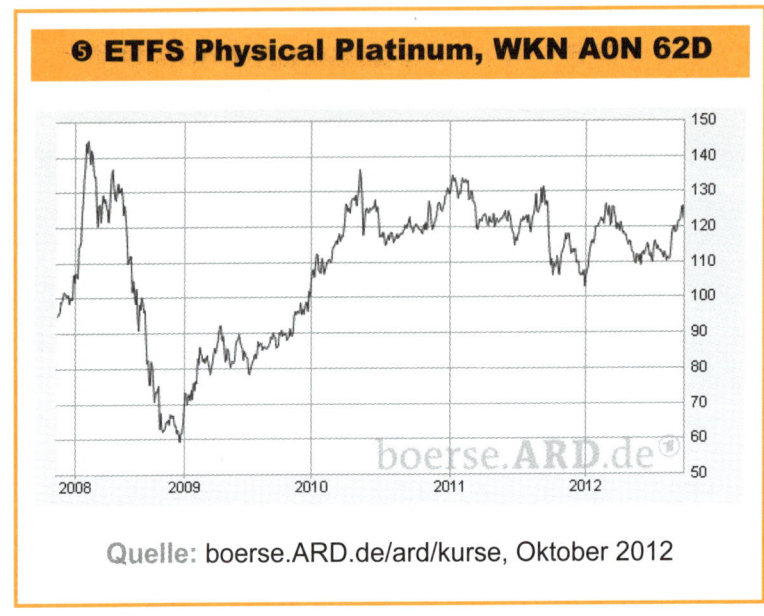

❺ ETFS Physical Platinum, WKN A0N 62D

Quelle: boerse.ARD.de/ard/kurse, Oktober 2012

Raum für Notizen: ....

....

Kurzprofil: Der ETC/ETF Physical Platinum erlitt einen Kurs-einbruch von 140 auf 60 Euro Ende 2008/Anfang 2009, um sich danach zu erholen auf ein derzeit schwankendes Niveau zwischen 100 und über 120 Euro. Platin spielt in der Autoindustrie eine wichtige Rolle. Bei Konjunktureinbruch reagiert der Kurs empfindlich. Sie sollten solche Kursschwäche nutzen.

Kennzahlen Anfang August 2012   WKN A0N 62D

ETC: Platin   Name: ETFS Physical Platinum

Aktueller Kurs: 110,50 €   Laufzeit: unbefristet

52-Wochen-Hoch/Tief: 131,70 €/102,00 € = -9,5 %

Kursverlauf: 6 Monate: -8 %, 3 Jahre: +32 %, 5 Jahre: +17 %

Wertpapierart: ETC, besicherte Schuldverschreibung

Ertragsverwendung: thesaurierend, Währung in Euro

⑥ ETFS Physical Palladium, WKN A0N 62E

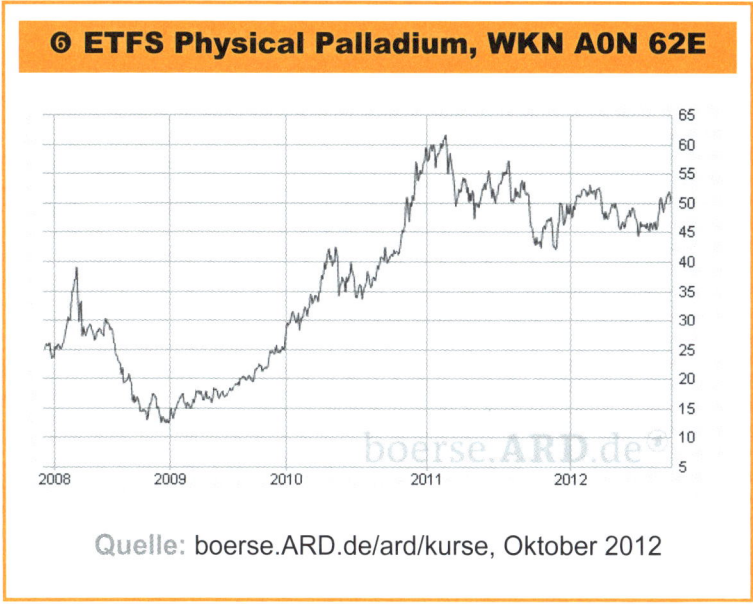

Quelle: boerse.ARD.de/ard/kurse, Oktober 2012

Raum für Notizen: ....

....

Kurzprofil: Palladium wird vor allem dann in der Automobilindustrie für Diesel-Katalysatoren gebraucht, wenn der Platinpreis hoch ist und die Konjunktur boomt wie nach der Abwrackprämie 2010 und bei den auch 2011 randvollen Auftragsbüchern. Bei Kursschwäche bietet sich der ETC Physical Palladium an, als Alternative die Aktie von Norilsk Nickel aus Russland.

Kennzahlen Anfang August 2012   WKN A0N 62E

ETC: Palladium   Name: ETFS Physical Palladium

Aktueller Kurs: 45,55 €   Laufzeit: unbefristet

52-Wochen-Hoch/Tief: 54,15 €/39,65 € = -17 %

Kursverlauf: 6 Monate: -13 %, 3 Jahre: +143 %, 5 Jahre: +85 %

Wertpapierart: ETC, besicherte Schuldverschreibung

Ertragsverwendung: thesaurierend, Währung in Euro

❼ ETFS Precious Metals DJ U, WKN A0K RKK

Quelle: boerse.ARD.de/ard/kurse, Oktober 2012

Raum für Notizen: ....

....

Kurzprofil: Der ETC Precious Metals DJ UBS CISM notierte 2008/2009 unter zehn Euro und hat sich verdoppelt. Börsen-platz ist XETRA. Er investiert in Gold/Silber, orientiert sich am Dow Jones-UBS Commodity Index und thesauriert Zinserträge.

Kennzahlen Anfang August 2012   WKN A0K RKK

ETC: Gold und Silber, aktiv gemanagt, Basiswährung Dollar

Name: ETFS Presious Metals DJ UBS CISM

Aktueller Kurs: 19,95 €   Auflagedatum: 03. Nov. 2006

52-Wochen-Hoch/Tief: 22,65 €/18,25 € = +1 %

Kursverlauf: 6 Monate: -6 %, 3 Jahre: +98 %, 5 Jahre: +142 %

Wertpapierart: ETC, Inhaberschuldverschreibung

Managementgebühr: 0,49 %   **Laufzeit:** unbefristet

Ertragsverwendung: thesaurierend, Währung in Euro

Edelmetall ETF und ETC im Überblick

Produktname	WKN	Kurs 09.01.13	Hoch/Tief 1 Jahr €
RSB Market Access AMEX Gold Bugs	A0M MBG (ETF)	135,00 € (Index)	174,3/121,3
XETRA Gold	A0S 9GB	40,95 €	44,55/38,70
ETFS Physical PM Basket	A0N 62H (ETC)	98,95 €	108,7/92,50
ETFS Physical Gold	A0N 62G	124,60 €	135,5/117,9
ETFS Physic. Silver	A0N 62F	22,70 €	27,15/20,60
ETFS Phys. Platinum	A0N 62D	118,90 €	129,3/107,3
ETFS Phys. Pallad.	A0N 62E	50,95 €	53,15/44,20
ETFS Precious Metals DJ UBS CISM	A0K RKK (ETC)	19,70 €	21,80/18,70

Anmerkungen: Beim RSB Market Access AMEX Gold BUGS wird der an den US-Börsen NYSE und NASDAQ notierte NYSE ARCA Gold BUGS Index, auch HUI genannt, naturgetreu nachgebildet. Hier handelt es sich um einen passiv gemanagten Exchange Traded Funds (ETF), also um ein für die Anleger geschütztes Sondervermögen.

Alle anderen Titel sind physisch besicherte Schuldverschreibungen mit einem gewissen Emittentenrisiko, wobei der beliebte ETC XETRA GOLD als Alleinstellungsmerkmal den Anspruch auf Goldlieferung gewährleistet.

Begehrt sind auch die Produkte von ETFS Securities, wobei es sich beim ETFS Physical PM Basket um einen Edelmetallkorb mit Gold (51,3 % Anteil), Silber (24,2 %), Platin (16,2 %) und Palladium (8,3 %) handelt. Ich habe ihn geordert und in Anlehnung an Skat „Grand mit Vier" getauft.

4.3 Edelmetall-Publikumsfonds

Es erfordert mehr Mut, in Einzelaktien anzulegen als in einen Aktienfonds. Wählen Sie einzelne Bergbau- und Edelmetallminentitel aus, so können Sie mit Glück und Geschick eine wesentlich höhere Rendite erwirtschaften, aber auch viel leichter in die Verlustzone abdriften.

Es ist spannend, und Sie können Erfolgserlebnisse erfahren. Fühlen Sie sich für Ihr Handeln verantwortlich, und verzichten Sie bei einer Panne auf die Sündenbocksuche! Umgekehrt ist das Risiko bis hin zum Totalverlust ungleich höher. Hier gilt wie überall: Je größer die Chance, umso größer ist auch das Risiko. Entscheiden Sie sich für einen Fonds, so liegen die größten Vorteile darin, dass breit gestreut wird und Profis für Sie arbeiten. Das Verlustrisiko sinkt. Aber auch Ihre Rendite wird geschmälert. Sei es durch den allerdings verhandelbaren Ausgabeaufschlag, der bis zu fünf Prozent beträgt, sei es durch die jährlich anfallenden Verwaltungs- bzw. Erfolgsgebühren, die im Durchschnitt bei knapp zwei Prozent liegen. Dies summiert sich bei einer Langzeitanlage auf eine zweistellige Abschöpfung. Umgekehrt fallen für Sie keine direkten Transaktionskosten an, wenn der Fondsmanager umschichtet. Geschieht dies allzu oft, sinkt jedoch durch den Aufwand die Rendite.

Was halten Sie von folgender Strategie? Sie kaufen einige große Werte, bei Edelmetallaktien „Seniors" genannt, und decken vor allem die mittleren Titel, als „Juniors" tituliert, mit einem guten Themenfonds ab. Für dieses Vorgehen spricht einiges: Informationen über Nebenwerte sind rar. Über kleinere Auslandstitel erfahren Sie nichts. Fondsmanager schlagen nur selten die weltweit führenden Indizes wie DOW und DAX. Über 80 Prozent zählen hier zu den Verlierern. Bei den Nebenwerten liegen sie oft vorn. Machen Sie sich den Unterschied zunutze!

Wer sind bei Edelmetallen die Fondssieger?

Der DJE Gold & Ressourcen-Fonds des renommierten Vermögensverwalters Dr. Jens Ehrhardt mit der WKN 164 323 gewichtet Goldminenaktien zumindest mit einem 30-prozentigen Anteil. Niedrige Förderkosten und eine gesunde Finanzstruktur bilden die Kriterien für die Aktienauswahl.

Da die DJE Kapital AG neben Goldminenaktien zwecks Risikominimierung auch in Basis-Metallunternehmen und Konzerne aus dem Energie- und Agrarsektor investiert, hebt sich dieser Fonds deutlich von den Verlierern ab. Er kann aber bezüglich seiner Gewinnentwicklung auch nicht immer mit den besten reinrassigen Goldminenfonds mithalten. Der Buchgewinn von gut einem Drittel in drei Jahren überzeugt, ohne rekordverdächtig zu sein. Der für Dr. Jens Ehrhardt arbeitende Fondsmanager Stefan Breintner kommentiert seine beiden Goldfonds selbst.

Zu den herausragenden Goldfonds mit einer Drei-Jahres-Performance von 115 Prozent zählt der von Martin Siegel betreute Stabilitas-Pacific Gold+Metals, WKN A0M L6U. Geschäftsführer Martin Siegel erwartet für 2012 ein neues Allzeithoch. Diese Prognose könnte schiefgehen. Noch besser schnitten im Drei-Jahres-Vergleich der Nestor Australien, WKN 570 769, mit 174 Prozent und der Gold Equity-Fonds, WKN 757 324, mit einem Drei-Jahres-Ergebnis von 121 Prozent ab.

Da wirken die Drei-Jahres-Kursentwicklung von 13 Prozent beim Craton Capital Precious Metal, WKN 964 907, und die 27 Prozent beim PEH Q-Goldmines, WKN 986 366, eher kümmerlich. Schauen wir auf die Performance innerhalb eines Jahres, lagen all diese Fonds im Minus. Interessant ist, dass der Drei-Jahres-Sieger Nestor Australien auch hier am besten abschnitt mit einem Kursverlust von lediglich 7,5 Prozent.

Metallminenfonds aus Smart Investor 5/12, Zuordnung nach 3-Jahres-Performance

Rang	Fonds	WKN	3 Jahre	1 Jahr
01	Nestor Australien	570 769	+174 %	-7 %
02	Gold Equity	757 324	+121 %	-18 %
03	Stabilitas Pacific Gold + Metal	A0M L6U	+115 %	-18 %
04	LO World Gold Exp.	813 929	+81 %	-23 %
05	BGF World Mining	986 932	+74 %	-17 %
06	BGF World Gold	974 119	+57 %	-14 %
07	Earth Exploration F.	A0J 3UF	+56 %	-39 %
08	Martin Currie Global	911 373	+43 %	-10 %
09	DJE Gold & Ressourcen P	164 323	+35 %	-24 %
10	PEH Q-Goldmines	986 366	+27 %	-28 %
11	CRATON Capital Precious Metal	964 907	+13 %	-23 %

Benchmark-Vergleich: Der ETF NYSE Arca Gold BUGS, WKN ETF 091, erzielte eine Jahres-Performance von -24 %.

Das Fazit von Autor Christian Bayer: *„Bei Edelmetallaktien-Fonds spricht vieles für ein Investment. Dazu zählen die sehr günstige Bewertung der Unternehmen und die aller Wahrscheinlichkeit nach höheren Kurse vor allem bei der Krisenwährung Gold. Industriemetalle dagegen hängen am konjunkturellen Zyklus. Von dieser Seite ist in den nächsten Monaten eher mit schlechten Nachrichten zu rechnen.“*

4.3.1 Grundkurs Aktienfonds

Pro und Kontra Aktienfonds		
Vorteile	**Nachteile**	**Kriterien**
Profis handeln für Sie – wichtig für jeden Einsteiger.	Sie geben Ihre Entscheidung in fremde Hände.	Ist dies ein etablierter Fonds mit erfolgreichem Management?
Beim Umschichten entstehen für Sie keine Transaktionskosten.	Häufiges Umschichten ist belastend für die Rendite.	Wie oft und warum wird überhaupt umgeschichtet? Verlangt es die Marktlage?
Reinvestierte Dividende, Hinweis „thesaurierend", erspart Ihnen die Abgeltungsteuer. Ihr Anteil steigt.	Sofern Sie den jährlichen Pauschalbetrag von 801 € nicht ausschöpfen, ist dies ungünstig.	Bei langem Anlagehorizont ist „thesaurierend" sehr günstig, wenn Ihr Fonds zum steuerfreien Altbestand vor 2009 zählt.
Je nach Börsenplatz und Depotbank entfällt der Ausgabeaufschlag ganz oder zumindest teilweise.	Beim Ausgabeaufschlag von 5 % verdienen Sie erst dann am Kursgewinn, wenn der Fonds über 5,5 % steigt.	Überprüfen Sie, ob ein Ausgabeaufschlag anfällt und wie hoch er ist. Bei einem ETF gibt es nur einen sehr geringen Spread.
Bei langem Anlagehorizont ist es wichtig, wenn die jährliche Verwaltungsgebühr nur etwa 1 % beträgt. Der Durchschnitt liegt bei 1,9 %.	Investieren Sie in einen Aktienfonds einige Jahrzehnte, schmälert eine zweiprozentige Managementgebühr Ihre Rendite empfindlich. Dies belastet den Vermögensaufbau.	Bei einem ETF/ETC liegt die durchschnittliche Verwaltungsgebühr bei unter 0,5 %. Je langfristiger Ihr Anlagehorizont ist, umso wichtiger ist hier ein Gebührenvergleich.

Pro und Kontra Aktienfonds (Fortsetzung)

Vorteile	Nachteile	Kriterien
Aktienfonds und Einzelaktien sind geschütztes Sondervermögen. Bei Emittentenpleite ist Ihr Geld nicht weg.	Hier gibt es ganz im Gegensatz zu Anlagezertifikaten (Schuldverschreibungen) überhaupt keinen Nachteil. Ein Emittentenrisiko besteht nicht.	Geschütztes Sondervermögen bietet solange Sicherheit, wie das betreffende Unternehmen, in dem Sie Aktionär sind, nicht insolvent wird.
Sie müssen die Marktlage und das Börsengeschehen nicht ständig verfolgen.	Wer den Markt nicht beobachtet und zu wenig weiß, lässt sich leicht über den Tisch ziehen.	Fehlt es Ihnen an Zeit und Interesse, sind Sie mit Themenfonds und ETF/ETC am besten bedient.
Mit wenigen Themenfonds können Sie alle Märkte abdecken und Ihr Depot breit streuen: mehr Rendite – weniger Risiko.	Wer nur Aktienfonds kauft und völlig auf Einzelaktien verzichtet, kann auf aktuelle Markttrends nicht optimal reagieren.	Welche Performance hat der Fonds in den letzten drei Jahren erzielt? Mit wie viel Sternen stufen die Rating-Agenturen Ihren Fonds ein?
Bei Fonds mit Schwergewicht außerhalb Europas lässt sich das Währungsrisiko mittels „Quanto" erheblich verringern.	Gold, Silber, Platin werden in Dollar berechnet. Sichert Ihr Fonds das Währungsrisiko nicht ab, drohen in turbulenten Zeiten vielleicht hohe Verluste.	Überlegen Sie bei Edelmetallaktienfonds und ETF/ETC, Ihr Währungsrisiko mit „Quanto" abzudecken. Kostenlos ist dieser Service allerdings nicht.

Tipp: Nutzen Sie die Wirtschaftspresse, die führenden Anleger- bzw. Fondsmagazine und die Börseninformationen im Internet.

4.3.2 DJE-Fonds Gold & Ressourcen P, Fondschef Breintner informiert

Meine Vorbemerkung: Dr. Jens Ehrhardt bzw. die DJE Gruppe in München zählt zu den erfolgreichen, innovativen sowie renommierten Vermögensverwaltern und Fondsgesellschaften im deutschsprachigen Raum. So landete der im Jahr 2003 aufgelegte Aktienfonds DJE – Gold & Ressourcen bereits in der Goldfonds-Rangliste von EURO AM SONNTAG im Hochsommer 2008 auf Rang 2, was für eine beachtliche relative Stärke spricht.

Ende Oktober 2008 schrieb mir Fondsmanager Dr. Jens Ehrhardt daraufhin folgenden Kurzkommentar: *„Ich glaube nach wie vor längerfristig an das Gold. Es ist schon erstaunlich, dass die Goldaktien die Kursvervielfachung des Goldes bislang nicht mitgemacht haben. Sie sind im Verhältnis zum Goldpreis so preiswert wie noch nie."* (Anmerkung: Diese Einschätzung gilt uneingeschränkt auch noch heute.)

Dr. Jens Ehrhardt, von BÖRSE ONLINE einige Male zu Deutschlands Börsenstar gekürt, hält den langfristigen Aufwärtstrend bei Gold für ungefährdet. Der Aktienfonds DJE – Gold & Ressourcen P investiert sein Vermögen vorwiegend in die Aktien von Gesellschaften, die bei der Gewinnung, Verarbeitung und Vermarktung von Gold tätig sind.

Zudem erwirbt der Fonds auch Aktien von Unternehmen, die in anderen primären Ressourcen aktiv sind. Dazu zählen Wasser, Metalle, Erdöl, Erdgas und Getreide. Erfordert es die Wirtschaftslage, investiert der Fonds mit gewissen Anteilen in fest und variabel verzinsliche Wertpapiere. Ein Blick auf die Zusammensetzung lohnt sich. Die Seite 195 bringt die aktuellen Anlageschwerpunkte mit Gewichtung.

Dazu ein weiterer Kurzkommentar von Dr. Jens Ehrhardt:

„Ein Investmentfonds sollte auf Dauer besser als ein ETC sein. Sonst verliert er seine Daseinsberechtigung. – Ein Zertifikat ist ein Schuldpapier und widerspricht dem Sachwertcharakter von Gold und Rohstoffen. Bei der Fast-Pleite der Investmentbank Bear Stearns (und der Insolvenz von Lehman Brothers) konnte man erleben, dass Zertifikate im Ernstfall erheblich an Wert verlieren, auch wenn sie auf soliden Sachwerten beruhen. Wenn jemand wirklich für Extremzeiten vorsorgen will, sollte er Edelmetalle und Rohstoffe nicht über Zertifikate erwerben."

DJE – Gold & Ressourcen P, WKN 164 323

Quelle: boerse.ARD.de/ard/kurse, Oktober 2012

Raum für Notizen: ....

....

Kennzahlen Anfang August 2012   WKN 164 323

Art: Aktienfonds themenorientiert Gold/Edelmetall Welt

Kapitalanlagegesellschaft: DJE Investment S. A.

Kurs 09.08.2012: 170,85 €   **Fondswährung:** Euro

DJE – Gold & Ressourcen P, WKN 164 323

52-Wochen-Hoch/Tief: 229,35 €/156,20 €/= -12 %

Kursverlauf: 6 Monate: -14 %, 3 Jahre: +14 %, 5 Jahre: +3 %

Auflagedatum: 27.01.2003   **Risikostufe:** 4

Fondsvolumen: 87 Mio. €   **Ausgabeaufschlag:** 5 %

Jahresgebühr insg.: 1,82 %   **Dividende:** thesaurierend

Kommentar von DJE-Fondsmanager Stefan Breintner:

Goldminenkonzerne bilden den Anlageschwerpunkt. Laut Anlagerichtlinien sind mindestens 30 Prozent des Fondsvermögens in dieses Segment zu investieren. Angestrebt wird mittelfristig im Goldminenbereich eine Quote von rund 50 Prozent. Im Fokus stehen Goldproduzenten, die neben einem soliden Produktionswachstum eine gute Förderkostenkontrolle aufweisen. Ein Beispiel hierfür ist die hohe Einzeltitelgewichtung der Aktie des in Afrika aktiven Goldkonzerns Randgold Resources. Der Goldgehalt je abgebauter Tonne Gestein liegt bei Randgold derzeit unter dem Goldgehalt der Reserven. Sobald das Unternehmen die Gesteinsschichten mit einem höheren Goldgehalt erreicht, steigt die Produktion stärker an, während die Förderkosten gleichzeitig fallen. Somit kann Randgold auch bei stagnierendem Goldpreis künftig höhere Cash Flows generieren.

Die Förderkostenproblematik ist einer der Hauptgründe, weshalb sich die Anteilsscheine von Goldproduzenten in letzter Zeit enttäuschend entwickelten. So stiegen von Ende Juni 2011 bis Juni 2012 die Förderkosten bei etablierten Seniorproduzenten wie Newmont Mining um 21 Prozent auf 711 US-Dollar je Unze und bei Barrick Gold um 38 Prozent auf 613 Dollar. Die Hintergründe des starken Kostenanstiegs sind vielschichtig. Goldabbau ist ein personalintensives Geschäft. Qualifizierte Bergbauingenieure und erfahrene Facharbeiter sind begehrt und verlangen hohe Gehälter und deutliche Lohnsteigerungen.

Auch die Kosten für Energie und Minenausrüstung wachsen seit Jahren stetig. Hinzu kommt, dass neue Goldprojekte oftmals in politisch instabilen Ländern lokalisiert sind. Der Aufwand übertrifft hier das Niveau von Nordamerika deutlich.

Kostentreibend wirkt auch der weltweit abnehmende Goldgehalt im Gestein. Im Schnitt fördern die Minen nur noch ein bis zwei Gramm Gold je Tonne abgebauten Gesteins. Die errechneten Gesamtkosten erreichen bereits ein Niveau von etwa 1.500 US-Dollar je Feinunze. Positiv an dieser Entwicklung ist lediglich, dass trotz starker Nachfrage die globale Goldminenproduktion zurückgehen wird. Mittel- bis längerfristig dürfte auch von daher der Feinunzenpreis zulegen.

Nachdem der Goldpreis im September 2011 ein Allzeithoch in Höhe von 1.921 US-Dollar erreichte, setzte eine Korrektur mit anschließender Konsolidierung ein. Belastet wurde die Goldpreisentwicklung durch eine sich abschwächende Nachfrage aus Indien und China. Zudem bremsten deflationäre Tendenzen den Preis. In einem inflationären Umfeld ist Gold als Sachwert aussichtsreich. Mittlerweile sind die meisten Edelmetallaktien niedrig bewertet. Seniorproduzenten werden auf KGV-Basis aktuell nur noch mit Multiplen im Bereich von 10 bewertet, Wachstumswerte mit einem KGV um 15. Im Durchschnitt der letzten Jahre wurde für etablierte Goldproduzenten meist ein KGV zwischen 20 bis 30 und für wachstumsstarke Werte im Produktionsbereich ein KGV von bis zu 50 bezahlt. Die günstig bewerteten Aktien von Goldproduzenten zeigen bei anziehender Feingoldnotierung ein attraktives Chance/Risiko-Verhältnis.

Goldaktien bilden mittelfristig den Kernbestandteil des DJE – Gold & Ressourcen. Um das Risiko zu begrenzen, investiert das Management auch in Produzenten von Basismetallen, Energie- und Agrarrohstoffen sowie in die chemische Industrie. Diese Konzeption senkt durch breite Streuung das Risiko und verringert zudem die Schwankungsbreite (Volatilität).

➤ **Kurzkommentar Dr. Jens Ehrhardt:** *„Strategisch streben wir Gewichtungen zwischen 10 und 15 Prozent an. Im Agrarbereich investieren wir bevorzugt in Dünger- und Pflanzenschutzmittelproduzenten, wie CF Industries oder Syngenta."*

Wegen der sich verschärfenden Witterungsturbulenzen im Zuge des Klimawandels – beispielsweise die anhaltende Dürre in Getreideanbaugebieten – dürfte die Nachfrage nach Dünger hoch bleiben. Wegen der schwierigen Rahmenbedingungen für Produzenten von Platin und Palladium investieren wir derzeit nicht in Platinförderer. Dagegen haben wir Werte der chemischen Industrie im Portfolio, die sich auf das Recycling von Platin und Palladium spezialisieren wie Umicore oder Boliden. Bei Basismetallen halten wir Kupfer für aussichtsreich. Hier erwarten wir ähnlich wie bei Gold steigende Notierungen. Im Energiebereich setzen wir zum einen auf etablierte Öl- und Gasproduzenten mit guter freier Cash Flow-Generierung wie Royal Dutch Shell und zum anderen auf Dienstleister in der Öl- und Gasindustrie mit hohen Auftragsbeständen wie Petrofac.

Zusammensetzung DJE Gold & Ressourcen		
Länder	**Unternehmen**	**Branchen**
Kanada: 42 %	Yamana Gold: 7 %	Rohstoffe: 78 %
USA: 10 %	Randgold Res.: 7 %	Energie: 8 %
England: 9 %	Barrick Gold: 6 %	Industrie: 2 %
Jersey: 7 %	Newmont Min.: 5 %	Konsumgüter: 1 %
Deutschland: 6 %	New Gold, Aurico Gold, Eldorado, IAM-Gold, Petrofac: je 3 %	Finanzen: 1 %
Sonstige: 26 %		Sonstige: 10 %
Der Aktienanteil beträgt insgesamt 83 %.	Goldcorp: 2 %	Anleihen sind mit 4 %, Rohstoff-Fonds mit 2 % vertreten.
	Sonstige: 58 %	

Bei allen Aktieninvestments ist die Fundamentalanalyse entscheidend. Wir achten auf eine günstige Cash Flow-Bewertung
und freie Cash Flow-Rendite und berücksichtigen nur bilanziell
solide Unternehmen ohne oder mit nur wenig Schulden. Die
zyklischen Rohstoffaktien sind volatiler als der Gesamtmarkt.

4.3.3   DJE GoldPort Stabilitätsfonds P, Fondschef Breintner informiert

DJE GoldPort Stabilitätsfonds, WKN A0M 67Q

Quelle: boerse.ARD.de/ard/kurse, Oktober 2012

Raum für Notizen: ....
....

Kennzahlen Anfang August 2012   WKN A0M 67Q

Art: Anlageschwerpunkt Mischfonds ausgewogen global
Kapitalanlagegesellschaft: DJE Investment S. A.
Kurs 09.08.2012: 120,95 CHF   Fondswährung: CHF

DJE GoldPort Stabilitätsfonds, WKN A0M 67Q

52-Wochen-Hoch/Tief: 125,80 CHF/109,60 CHF/= +10 %

Kursverlauf: 6 Monate: +2 %, 3 Jahre: +15 %, seit 2008: +21 %

Auflagedatum: 01.04.2008   **Risikostufe:** 3

Fondsvolumen: 158,4 Mio. CHF

Ausgabeaufschlag: 5 %

Jährliche Gebühren insgesamt: 1,80 %

Rating-Einstufung für diesen Mischfonds: 5 Sterne

Dividende: thesaurierend

Der GoldPort Stabilitätsfonds aus dem Hause Dr. Jens Ehrhardt wendet sich an Anleger, die Gold- und Rohstoffaktien als zu riskant einschätzen. Sie wollen gern im Bereich der physischen Edelmetalle investieren, ohne dabei das Metall selbst lagern zu müssen. Da ist der DJE GoldPort Stabilitätsfonds genau die richtige Antwort. Dieser Mischfonds ist darauf ausgerichtet, einen stetigen absoluten Ertrag zu erzielen. GoldPort verfolgt einen vermögensverwaltenden Ansatz und kann bis zu 49 Prozent des Fondskapitals im physischen Gold binden. Bis zu 30 Prozent dürfen in physisch hinterlegtes Gold investiert werden. Dies geschieht mit Goldbarren, eingelagert im Tresor einer Schweizer Großbank. Die maximale Goldquote wird über Verbriefungen durch ETF- und ETC-Investments erreicht.

Darüber investiert dieser Mischfonds bis zu zehn Prozent in Silber-, Platin- und Palladiumanlagen. Der GoldPort Stabilitätsfonds ist jedoch nicht als reiner Edelmetallfonds einzustufen. Es handelt sich vielmehr um eine über verschiedene Wertanlageklassen ausgerichtete, substanzorientierte Strategie. Neben Edelmetallen zählen defensive Value-Aktien, solide Unternehmensanleihen, Immobilienanteile und inflationsgeschützte festverzinsliche Papiere zu den Anlageschwerpunkten.

4.4 Eine weitere Alternative: Edelmetall-Anlagezertifikate

Vor gut 20 Jahren, zum Jahresende 1990, gab es gerade mal ein Zertifikat. Drei Jahre später waren es 450, weitere drei Jahre über 23.000. Danach ging es Schlag auf Schlag. Binnen 36 Monaten verdreifachte sich die Zahl der Zertifikate auf 63.500. Bis Herbst 2008 stieg das gigantische Wachstum auf 203.500 Produkte. Wie sieht es 2012 aus? Kein Atemholen! Produktion wie am Fließband, statt endlich das Begriffswirrwarr zu entflechten!

Zertifikateplage	
Dez. 1990:	1
Dez. 2002:	450
Dez. 2005:	23.100
Dez. 2006:	63.500
Sept. 2008:	203.500
Jan. 2011:	503.500
Aug. 2012:	582.500
386.500 Anlage- und 196.000 Hebelzertifikate	

Die Börse Stuttgart verzeichnete neben 3.500 ETF und 400 ETC in der ersten Augusthälfte 2012 bereits 386.500 Anlagezertifikate und 196.000 Hebelzertifikate, also deutlich über eine halbe Million Schuldverschreibungen, Gattung Zertifikate. Hinzu gesellten sich 325.000 Optionsscheine. All diese Produkte haben Bezeichnungen, die sich unterscheiden müssen, und Wertpapierkenn-Nummern.

Es gibt weltweit keinen Menschen, der diese unglückselige Produktvielfalt überblickt. Als Test schilderte ich einem Emittenten meine Begeisterung für sein „Maulwurfzertifikat". Es würde wie ein Hügel werfender Maulwurf bei Kursanstieg mit starkem Aufwärtstrend reagieren. Und so wie sich ein Maulwurf bei Gefahr ins Erdreich duckt und unterirdische Gänge buddelt, reagiert dieses Zertifikat beim Kursrutsch. Der Banker meinte: „tolles Produkt". Die Sache hatte einen Schönheitsfehler. Das Maulwurfzertifikat entsprang meiner Fantasie.

Kein Grund, sich bei Erreichen von einer halben Million stolz zurückzulehnen und Hymnen der Freude anzustimmen. Ich empfinde dies als eine Plage. Hätte jeder Banker 2008 verstanden, was er da an verbrieften Kreditderivaten selbst kaufte, anpries und veräußerte, wäre die ursprüngliche Subprimekrise nicht zu einem solch alles zerstörenden Monster rund um den Globus mutiert. Die weltweite Finanzkrise, begleitet von einem heftigen Börsencrash, stieß große Teile des Banken- und Versicherungssystems in den Abgrund, brachte die Realwirtschaft ins Wanken und machte milliardenschwere Finanzspritzen und eilends geschnürte staatliche Rettungspakete notwendig.

Erst die Pleite von Lehman Brothers bewirkte ein Durchatmen und machte so manchem Anleger überhaupt erst klar, dass es sich schlichtweg um Schuldverschreibungen handelt. Etwaige Garantien beziehen sich lediglich auf das Produkt. Sie greifen nicht, wenn der Emittent in Insolvenz gerät.

➢ Es wird höchste Zeit zu erkennen, dass Schulden zurückzuzahlen sind und niemand jahrzehnte- oder lebenslang über seine Verhältnisse leben kann. Dies gilt für den Einzelmenschen ebenso wie für Städte, Länder und Staaten.

4.4.1 Grundkurs Zertifikate

Zertifikate sind Schuldverschreibungen. Als Basiswert dienen oft Einzelaktien, Aktienkörbe und Indizes. Meldet das auflegende Bankhaus Insolvenz an, ist das Zertifikat wertlos. Dies gilt sogar für Garantieprodukte. Das Beispiel Lehman Brothers hinterließ deutliche Spuren und sorgte dafür, rasch Schutzmechanismen einzubauen.

Wer marktkundig ist, findet je nach Risikoneigung, Anlagezeitraum, Strategie und persönlichen Vorlieben im Edelmetallsektor interessante Anlage- und Hebel-Zertifikate.

Der Ausspruch der Investorlegende Warren Buffett ist übertragbar: *„Kaufe nur, was du kennst und verstehst!"*

Mein Rat: Hände weg von allen hochspekulativen, komplizierten und unverständlichen virtuellen Konstrukten! Es gilt, aus dem Finanzdesaster die richtigen Konsequenzen zu ziehen.

Was sind überhaupt Zertifikate?

Rechtlich sind diese virtuellen Produkte Schuldverschreibungen mit verbrieftem Zahlungsanspruch bei vorhandenem Emittentenrisiko. Anders ausgedrückt: Es sind die von Geldinstituten ausgegebenen zinslosen Anleihen mit variablem Rückzahlungsbetrag. Die Bankhäuser übernehmen die Kursfeststellung, sorgen für liquiden Handel und sind Nutznießer der Differenz An- und Verkaufspreis, Spread genannt. Der Wert des Zertifikates ist von der Entwicklung des Basiswertes abhängig, z. B. dem Aktien- oder Indexkurs wie DAX oder DOW.

Das Indexzertifikat: der ETF/ETC-Konkurrent

Die Emittenten bieten liquide Indexzertifikate für alle gängigen Börsenbarometer an. Anfang August 2012 gab es knapp 4.700 Indexzertifikate. Bei der Erstauflage dieses Buches 2009 waren es nicht einmal halb so viele.

4.700 Börsenbarometer gibt es weltweit nicht. Ein aktives Management macht diese galoppierende Anzahl möglich auf Kosten von Übersicht und Verständnis. Versteckte Gebühren sind Mode. Ursprünglich – und dies gilt weiterhin für jedes passiv gemanagte Indexzertifikat – wurde das Börsenbarometer naturgetreu wie ein ETF abgebildet, z. B. DAX oder Euro Stoxx 50. Ein solches Zertifikat stimmt mit der Börsennotierung überein. Die Kosten sind niedrig. Es wird nur ein Spread, der geringe Unterschied zwischen An- und Verkaufspreis, erhoben.

Ein passiv gemanagtes Produkt schneidet weder besser noch schlechter als der darauf bezogene Index ab. Es macht jede Bewegung punktgenau mit, während die besten Fonds die Benchmark schlagen und die Verlierer darunter notieren.

Bonuszertifikate mögen steigende Märkte

Es gibt knapp 189.000 Bonuszertifikate. Dies spricht für die Beliebtheit, macht aber eine Produktdurchdringung unmöglich. Immer neue Versionen erschweren das Verständnis. Generell überzeugen Bonuszertifikate, vor allem in klassischer Ausrichtung: ein attraktiver Sicherheitspuffer nach unten und eine ungebremste volle Gewinnchance nach oben.

Diese an eine „Eier legende Wollmilchsau" erinnernde Kombination bieten klassische Bonuszertifikate. Sie sind nach historischen Tiefständen und im Bullenmarkt chancenreich. Verschenkt wird auch hier nichts. Als Anleger bezahlen Sie für Bonus und höhere Sicherheit in der Regel mit dem Verlust der Dividende. Am meisten profitieren Sie in der Hausse. Auch im Seitwärtstrend und bei mäßiger Korrektur ohne extreme Kursschwankungen erwirtschaften Sie eine Rendite.

Wie funktioniert das Bonuszertifikat? Der Emittent stattet es mit einem Bonusbetrag sowie einer oberen und einer unteren Kursschwelle aus. Sobald das Zertifikat ausläuft und der Preis des Basiswertes innerhalb der beiden Schwellen liegt und diese nie berührt, bekommen Sie am Ende der Laufzeit den vereinbarten Bonusbetrag ausgezahlt.

Mit Discountzertifikaten oft richtig platziert

Wer die Wahl hat, hat die Qual. Über 185.100 Discountzertifikate buhlen um Ihre Gunst. Unmöglich, sie exakt voneinander abzugrenzen, ihre Alleinstellungsmerkmale und Besonderheiten zu erkennen und zu verstehen.

In einem unsicheren, richtungslosen, von Angst geprägten Umfeld verzeichnen viele Investmentfonds Geldabflüsse. Da spielen Discountzertifikate ihre Vorteile aus. Sie vermindern das Verlustrisiko, ohne bei Trendumkehr nach oben außen vor zu bleiben. Beim Kauf eines führenden Bergbautitels wie Rio Tinto, Goldcorp oder Barrick Gold winken zweistellige Rabatte.

Im Gegenzug verzichten Sie auf einen weiteren Kursgewinn oberhalb einer Marke, Cap genannt. Je höher der Discount unterhalb des aktuellen Kurses beim Einstieg ist, umso tiefer wird der Cap gesetzt bzw. umso früher wird ein möglicher Kursgewinn begrenzt. Vorsichtige Anleger schätzen diese Rabattpapiere; sie greifen auch gern auf physisches Edelmetall zurück.

Sichere Garantiezertifikate haben ihren Preis

Bei vielen Anlegern ist nach einem Börsencrash der Wunsch nach Kapitalerhalt so stark ausgeprägt, dass sie wegen Verlustangst auf eine Rendite verzichten und eine schleichende Kapitalvernichtung hinnehmen.

Die Flucht in Garantieprodukte gibt es nicht gratis. Sie müssen für den vereinbarten Kapitalerhalt bezahlen – sei es mit dem Einbehalt der Dividende, mit hohen Gebühren oder magerer Rendite. Sie kann so gering sein, dass sie weder die Inflationsrate und die Transaktionskosten noch eine etwaige Abgeltungsteuer verkraftet. Wer heute sein Geld aufs Sparkonto legt, muss wegen der Minimalverzinsung nach zehn Jahren mit einem Kaufkraftverlust von mindestens 15 Prozent rechnen. Inflationsrate und Abgeltungsteuer fressen auch den Gewinn von Garantiezertifikaten auf. Gegenüber Discount- und Bonuszertifikaten ist die Garantievariante nur dann vorteilhaft, wenn die Aktienindizes extreme Kursverluste erleiden. Bei allen übrigen Marktbewegungen verliert das Garantieprodukt. Seien Sie ein bisschen mutiger bei Vermögensaufbau und Altersvorsorge!

Es bietet sich folgender Vergleich an: So mancher Autofahrer begnügt sich mit einer Teilkaskoversicherung für das eigene Fahrzeug, weil die Prämie für eine Vollkaskoversicherung hoch ist und er der eigenen Fahrweise vertraut. Teilgarantiezertifikate sichern das eingesetzte Kapital zu 75 bis 95 Prozent ab. Dafür ist die Chance auf eine akzeptable Rendite größer. Im Klartext: je geringer die Garantie, desto höher die Renditechance!

Basketzertifikate für Individualisten

Wollen Sie sich ein Basketzertifikat ins Depot legen, so halten Sie Ausschau nach einem attraktiven Aktienkorb aus dem Rohstoff- und Edelmetallbereich. Selbst bei einem kleineren Portfolio lassen sich mit dieser Strategie wichtige Märkte und Branchen abdecken, und Sie sparen Transaktionskosten.

Die Zusammensetzung bei klassischen Produkten – beispielsweise Goldminen- und Rohstoffaktien – ändert sich gewöhnlich auch dann nicht, wenn eine Branche überdurchschnittlich gut oder schlecht abschneidet. Sobald sich das Börsenbarometer ändert, werden Auswahl und Gewichtung angepasst.

Schutz vor Währungsrisiken mit Quanto

Trägt das Zertifikat den Zusatz „Quanto", bedeutet dies, dass der Titel währungsgesichert ist. Schwankungen der Wechselkurse, insbesondere das Verhältnis Euro/Dollar, beeinflussen die Kursentwicklung dann nicht überproportional. Ist der Dollar stark, erhalten Sie beim Umrechnen weniger Euro, und der Goldpreis pro Unze steigt.

Diese Absicherung ist wichtig bei den in Dollar gehandelten Rohstoffkontrakten, z. B. Gold, Silber, Platin, Palladium. Verfügt das Quanto-Zertifikat über eine begrenzte Laufzeit, werden die Kosten der Währungsabsicherung beim Aufgeld verrechnet.

Bei einem Open-End- bzw. Endlos-Zertifikat zieht die ausgebende Bank die Belastungen für die Währungsabsicherung fortlaufend vom Wert des Zertifikats ab. Es gibt also kein Absicherungsmodell, in dem Sie nicht zur Kasse gebeten werden, sei es über Gebühren, sei es über den Einbehalt der Dividende.

4.4.2   Das Duell: Fonds – Zertifikate

Das folgende Duell soll Sie sicherer machen im Umgang mit Aktienfonds und Anlagezertifikaten und Ihnen die Antwort auf wichtige Fragen erleichtern. Wollen Sie komplizierte strukturierte Anlagezertifikate ordern, dann sollten Sie Überraschungen und ein Emittentenrisiko mit einplanen.

Das Duell: Merkmale Fonds und Zertifikate

Merkmale	Aktienfonds	Anlagezertifikate
Rechtslage	Als Anleger sind Sie Miteigentümer am Fondsvermögen der Kapitalanlagegesellschaft.	Sie erwerben als Anleger eine zinslose Schuldverschreibung von der emittierenden Bank.
Kauforder	Ein Ausgabeaufschlag bis zu 5 % ist üblich. Ein Rabatt ist bei der Depotbank vielleicht verhandelbar.	Beim Kauf über die Börse fallen nur relativ niedrige Transaktionskosten an. Der Handel erfolgt börsentäglich.
Verkaufsorder	Der Verkauf erfolgt gebührenfrei zum angegebenen Rücknahmepreis.	Transaktionskosten werden wie bei Aktien beim Kauf und Verkauf erhoben.

Das Duell: Merkmale Fonds und Zertifikate

Merkmale	Aktienfonds	Anlagezertifikate
Transparenz, Überblick	Üblich sind Monats- und Halbjahres- sowie ausführliche Rechenschaftsberichte.	Die verwirrende Namensvielfalt erschwert den Überblick.
Entscheidungshilfen	Rating- und Rankingtabellen erleichtern Orientierung und Entscheidung.	Die im Internet abrufbaren Stammdaten (ISIN/WKN) erleichtern die Orientierung.
Risiko	Ein Totalverlust des Vermögens ist im Gegensatz zur Anlage in Einzelaktien und geschlossenen Immobilien-, Schiffs- und Filmfonds bei Aktienfonds unwahrscheinlich.	Bei Garantiezertifikaten bezieht sich der Kapitalerhalt nur auf das Produkt, nicht auf den Emittenten. Neue Produkte bieten mehr Sicherheit (verdeckte Kosten).
Sicherheit	Generell ist die Sicherheit hoch. Aktien- und Indexfonds sind als Sondervermögen bei Insolvenz der Fondsgesellschaft geschützt.	Auch große Banken geraten vielleicht in Zahlungsschwierigkeiten (siehe Pleite von Lehman Brothers).
Performance, Indexvergleich	Aktienfonds können besser oder schlechter als der Vergleichsindex, die Benchmark, abschneiden – siehe NYSE ARCA Gold BUGS Index (HUI).	Die Wertentwicklung beim Indexzertifikat entspricht exakt dem Basiswert, zum Beispiel DAX, DOW, Gold- oder Rohstoff-Index.

Das Duell: Merkmale Fonds und Zertifikate

Merkmale	Aktienfonds	Anlagezertifikate
Höhe und Art der Gebühren	Aktienfonds werden aktiv gemanagt. Neben dem Ausgabeaufschlag ist eine Managementgebühr von durchschnittlich 1,9 % üblich.	Beim passiv gemanagten Indexzertifikat fällt nur ein geringer Spread an (Unterschied Geld- und Briefkurs bzw. Kauf- und Verkaufspreis).
Vorteile und Voraussetzungen	Als Privatanleger übertragen Sie Ihre Investment-Entscheidungen auf kompetente Fondsprofis und sparen dadurch Zeit.	Der Investor sollte über gutes Börsenwissen verfügen und den Markt genau beobachten.
Nachteile und Art der Produkte	Die Gebühren sind insgesamt hoch, und Standardwertefonds schlagen die Benchmark zu 80 % nicht.	Bei einfachen Produkten wie dem Indexzertifikat werden keine fortlaufenden Gebühren erhoben.
Umgang mit der Dividende	Die Dividende wird wieder angelegt. Der Hinweis „thesauriert" bedeutet, dass die Gewinnausschüttung in weitere Fondsanteile investiert wird.	Insbesondere bei Produkten mit Discount und komplizierter Ausgestaltung wird die Dividende oft als versteckter Kostenfaktor einbehalten.

4.4.3 Auswahl Edelmetallzertifikate

Die unglaubliche Produktvielfalt von weit über einer halben Million Anlagezertifikaten macht es unmöglich, aus dem Edelmetallmarkt alle bekannten Produkte abzubilden. Zertifikate sind börsengehandelte Wertpapiere. Direktbanken bieten auch den außerbörslichen Handel an.

Hebelzertifikate, die je nach Markteinschätzung auf steigende oder fallende Kurse setzen, bringt das nächste Kapital 5. Der Begriff „Open End" besagt, dass es hier keine Laufzeitbegrenzung gibt. Vergessen Sie nicht, dass Edelmetalle grundsätzlich in US-Dollar berechnet werden. Ich beschränke mich auf Produkte, die alle Preisangaben in Euro aufführen.

Ein kleiner Streifzug durch die Produktvielfalt muss reichen. Ich entscheide mich für die bekannteren Produkte klassischer Ausrichtung. Zählen Sie selbst zu den Zertifikateliebhabern, wird – immer abhängig von der Risikoneigung und den Anlagezielen – auch für Sie das richtige Konstrukt dabei sein. Die Gruppe der physisch besicherten ETC (Exchange Traded Commodities) bringt das Kapital 4.2.1, S. 175 bis 185.

4.4.3.1 Indexzertifikate für Edelmetallaktien

Passiv gemanagte Indexzertifikate bilden das Börsenbarometer wie den NYSE ARCA GOLD BUGS INDEX exakt nach und heißen deshalb auch Partizipationszertifikate. Sie gibt es mit und ohne Währungsabsicherung.

➢ „Quanto" bedeutet, dass Sie als Anleger nicht unter Währungsturbulenzen leiden. Umgekehrt verzichten Sie auf mögliche Devisengewinne. Quanto gibt es nicht kostenlos.

Ich selbst würde jedoch den ETF bzw. Indexfonds mit der WKN A0M MBG (S. 165/166) vorziehen. Ein geschütztes Sondervermögen ist als Sachwert weitaus sicherer als eine Schuldverschreibung.

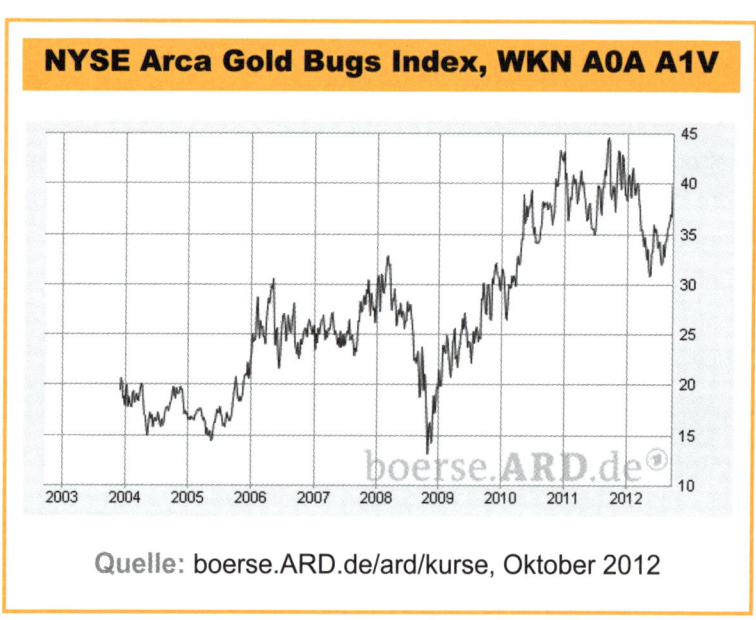

NYSE Arca Gold Bugs Index, WKN A0A A1V

Quelle: boerse.ARD.de/ard/kurse, Oktober 2012

Raum für Notizen: ....

....

Kennzahlen Anfang August 2012   WKN A0A A1V

Art: Indexzertifikat Aktien, Partizipationszertifikat endlos

Kurs 10.08.2012: 33,95 €

Fondswährung: Euro

52-Wochen-Hoch/Tief: 46,35 €/29,20 €/= -8 %

Kursverlauf: 6 Monate: -15 %, 3 Jahre: +32 %, 5 Jahre: +37 %

Emittent: Société Générale   Bezugsverhältnis: 10:1

Verwaltungsgebühr: nein   Quanto: nein

NYSE Arca Gold Bugs I. (RBS), WKN A0A B83

Quelle: boerse.ARD.de/ard/kurse, Oktober 2012

Raum für Notizen: ....

....

Kennzahlen Anfang August 2012   WKN A0A B83

Art: Indexzertifikat Aktien, Partizipationszertifikat endlos

Kurs 10.08.2012: 23,35 €   Fondswährung: Euro

52-Wochen-Hoch/Tief: 47,90 €/18,90 €/= -36 %

Kursverlauf: 6 Monate: -36 %, 3 Jahre: +66 %

Emittent: Royal Bank of Scotland Bezugsverhältnis: 10:1

Verwaltungsgebühr: nein   Quanto: ja

4.4.3.2   Basketzertifikat Edelmetalle

Dieses Partizipationszertifikat bietet einen Edelmetall-korb aus Gold, Silber, Platin, Palladium gleich gewichtet an. Ich würde mich für den mit Barren unterlegten ETC von Securities mit der WKN A0N 62H entscheiden.

➢ Der ETC, von mir als Vergleich zum Kartenspiel Skat „Grand mit Vier" getauft, bringt Anteile von Gold mit 51 %, Silber mit 24 %, Platin mit 16 % und Palladium mit 8 %.

Quelle: boerse.ARD.de/ard/kurse, Oktober 2012

Raum für Notizen: ....

....

Kennzahlen Anfang August 2012   WKN SG0 HPP

Art: Anlagezertifikat, Index- bzw. Partizipationszertifikat, Edelmetallkorb Gold, Silber, Platin, Palladium, endlos

Kurs 10.08.2012: 198,50 €

Basiswert: Edelmetallkorb

52-Wochen-Hoch/Tief: 269,90 €/194,50 €/= -19 %

Kursverlauf: 6 Monate: -15 %, 3 Jahre: +70 %, 5 Jahre: +76 %

Emittent: Société Générale

Bezugsverhältnis: 1:1

Verwaltungsgebühr: nein   **Quanto:** ja

4.4.3.3 Anlagezertifikate Gold ohne und mit Währungsschutz Quanto

Gold Spot Index endlos (RBS), WKN 859 341

Quelle: boerse.ARD.de/ard/kurse, Oktober 2012

Raum für Notizen: ....

....

Kennzahlen Anfang August 2012   WKN 859 341

Art: Anlagezertifikat, Index- bzw. Partizipationszertifikat

Kurs 10.08.2012: 130,15 €

Basiswert: Goldpreis-Index

52-Wochen-Hoch/Tief: 136,10 €/116,00 €/= +7 %

Kursverlauf: 6 Monate: -36 %, 3 Jahre: +96 %, 5 J.: +171 %

Emittent: Royal Bank of Scotland

Bezugsverhältnis: 10:1

Verwaltungsgebühr: nein   **Quanto:** nein

Gold Spot Index endlos (RBS), WKN A0A B84

Quelle: boerse.ARD.de/ard/kurse, Oktober 2012

Raum für Notizen: ....
....

Kennzahlen Anfang August 2012   WKN A0A B84

Art: Anlagezertifikat, Index- bzw. Partizipationszertifikat

Kurs 10.08.2012: 137,15 €   **Fondswährung:** Euro

Art: Anlagezertifikat, Index- bzw. Partizipationszertifikat

Kurs 10.08.2012: 137,95 €   **Basiswert:** Gold

52-Wochen-Hoch/Tief: 172,95 €/130,10 €/= -12 %

Kursverlauf: 6 Monate: -10 %, 3 Jahre: +65 %, 5 J.: +126 %

Emittent: Royal Bank of Scotland   **Bezugsverhältnis:** 10:1

Verwaltungsgebühr: nein   **Quanto:** ja

Gold Spot Index open end (RBS), WKN CB2 458

Art: Anlagezertifikat, Index- bzw. Partizipationszertifikat

Kurs 10.08.2012: 130,55 €   **Basiswert:** Gold

52-Wochen-Hoch/Tief: 168,75 €/125,75 €/= -14 %

Kursverlauf: 6 Monate: -11 %, 3 Jahre: +59 %, 5 J.: +118 %

Emittent: Commerzbank   **Bezugsverhältnis:** 10:1

Verwaltungsgebühr: nein   **Quanto:** ja

Gold Spot Index unlimit. (COB) WKN CB2 458

Quelle: boerse.ARD.de/ard/kurse, Oktober 2012

Raum für Notizen: ....

....

Gold Quanto XPERT endlos (DB), WKN DB0 SEX

Kennzahlen Anfang August 2012   WKN DB0 SEX

Art: Anlagezertifikat, Index- bzw. Partizipationszertifikat

Kurs 10.08.2012: 151,20 €   **Basiswert:** Gold

52-Wochen-Hoch/Tief: 184,55 €/143,95 €/= -10 %

Kursverlauf: 6 Monate: -10 %, 3 Jahre: +61 %

Emittent: Deutsche Bank   **Bezugsverhältnis:** 10:1

Währungssicherung Quanto: ja   **Gebühr:** nein

Gold Quanto XPERT (DB) WKN DB0 SEX

Quelle: boerse.ARD.de/ard/kurse, Oktober 2012

Raum für Notizen: ....

....

Gold Unze Index endlos (SG), WKN SG9 F3Q

Kennzahlen Anfang August 2012   WKN SG9 F3Q

Art: Anlagezertifikat, Index- bzw. Partizipationszertifikat

Kurs 10.08.2012: 143,60 €

Basiswert: Gold

52-Wochen-Hoch/Tief: 176,40 €/135,90 €/= -8 %

Kursverlauf: 6 Monate: -8 %, 3 Jahre: +66 %, 5 Jahre: +124 %

Emittent: Société Générale

Bezugsverhältnis: 10:1

Verwaltungsgebühr: nein

Quanto: ja

Gold Unze Index endlos (SG) WKN SG9 F3Q

Quelle: boerse.ARD.de/ard/kurse, Oktober 2012

Raum für Notizen: ....

....

Gold Index unlim. endlos (COB), WKN DR1 VJE

Kennzahlen Anfang August 2012   WKN DR1 VJE

Art: Anlagezertifikat, Index- bzw. Partizipationszertifikat

Kurs 10.08.2012: 138,50 €

Basiswert: Gold

52-Wochen-Hoch/Tief: 173,50 €/132,45 €/= -14 %

Kursverlauf: 6 Monate: -11 %, 3 Jahre: +59 %, 5 J.: +118 %

Emittent: Commerzbank

Bezugsverhältnis: 10:1

Währungssicherung Quanto: ja   Managementgebühr: ja

Gold Index unlimitiert (COB) WKN DR1 VJE

Quelle: boerse.ARD.de/ard/kurse, Oktober 2012

Raum für Notizen: ....

....

Gold Quanto Tracker I. (BNP), WKN BN2 GLD

Kennzahlen Anfang August 2012   WKN BN2 GLD

Art: Anlagezertifikat, Index- bzw. Partizipationszertifikat

Kurs 10.08.2012: 148,00 €

Basiswert: Gold

52-Wochen-Hoch/Tief: 179,70 €/141,40 €/= -10 %

Kursverlauf: 6 Monate: -8 %, 3 Jahre: +60 %

Emittent: BNP Paribas

Bezugsverhältnis: 10:1

Währungssicherung Quanto: ja

Managementgebühr: ja

Gold Quanto Tracker I. (BNP), WKN BN2 GLD

Quelle: boerse.ARD.de/ard/kurse, Oktober 2012

Raum für Notizen: ....

....

Gold Spot Index open end (GS), WKN GS7 2X2

Kennzahlen Anfang August 2012   WKN GS7 2X2

Art: Anlagezertifikat, Index- bzw. Partizipationszertifikat

Kurs 10.08.2012: 140,10 €

Basiswert: Gold

52-Wochen-Hoch/Tief: 172,05 €/134,85 €/= -10 %

Kursverlauf: 6 Monate: -11 %, 3 Jahre: +54 %

Emittent: Goldman Sachs

Bezugsverhältnis: 10:1

Verwaltungsgebühr: ja

Quanto: ja

Gold Spot Index endlos (GS) WKN GS7 2X2

Quelle: boerse.ARD.de/ard/kurse, Oktober 2012

Raum für Notizen: ....

....

Gold/Unze/999 Index endl. (DZ), WKN DZ0 B66

Kennzahlen Anfang August 2012   WKN DZ0 B66

Art: Anlagezertifikat, Index- bzw. Partizipationszertifikat

Kurs 10.08.2012: 155,30 €

Basiswert: Gold

52-Wochen-Hoch/Tief: 185,85 €/147,40 €

Kursverlauf: 3 Monate: +2 %, 6 Monate: -8 %, 1 Jahr: -10 %

Emittent: DZ Bank

Bezugsverhältnis: 10:1

Währungssicherung Quanto: ja

Gebühr: nein

Gold/Unze/999 Index endl. (DZ) WKN DZ0 B66

Quelle: boerse.ARD.de/ard/kurse, Oktober 2012

Raum für Notizen: ....

....

4.4.3.4   Anlagezertifikate Silber

Silber ist nicht nur als Geldanlage, sondern auch als Industriemetall begehrt. Rund die Hälfte der Gesamtnachfrage stammt aus dem Industriebereich. Als weitere wichtige Faktoren kommen der Schmucksektor und die mit Silberbarren physisch unterlegten ETC hinzu. Die spekulativen Penny Stocks berücksichtige ich nicht.

Silber Unze Index endlos (RBS), WKN 163 575

Kennzahlen Anfang August 2012   WKN 163 575

Art: Anlagezertifikat, Index- bzw. Partizipationszertifikat

Kurs 10.08.2012: 22,70 €   Basiswert: Silber

52-Wochen-Hoch/Tief: 30,75 €/20,50 €/= -15 %

Kursverlauf: 6 Monate: -10 %, 3 Jahre: +124 %, 5 J.: +139 %

Emittent: Royal Bank of Scotland   Bezugsverhältnis: 1:1

Währungssicherung Quanto: nein   Gebühr: nein

Silber Unze Index endlos (RBS), WKN 163 575

Quelle: boerse.ARD.de/ard/kurse, Oktober 2012

Raum für Notizen: ....

....

Silber Spot Index endlos (RBS), WKN A0A B82

Kennzahlen Anfang August 2012   WKN A0A B82

Art: Anlagezertifikat, Index- bzw. Partizipationszertifikat

Kurs 10.08.2012: 22,85 €   Basiswert: Silber

52-Wochen-Hoch/Tief: 40,15 €/21,25 €/= -35 %

Kursverlauf: 6 Monate: -21 %, 3 Jahre: +85 %, 5 Jahre: +94 %

Emittent: Royal Bank of Scotland   Bezugsverhältnis: 1:1

Verwaltungsgebühr: nein   Quanto: ja

Silber Spot Index endlos (RBS) WKN A0A B82

Quelle: boerse.ARD.de/ard/kurse, Oktober 2012

Raum für Notizen: ....

....

4.4.3.5   Anlagezertifikate Platin

Platin dient als Kapitalanlage, ist als Schmuck begehrt und wird in der Automobilindustrie für Katalysatoren gebraucht. Je nachdem, wie die Konjunktur läuft, und ob der Preis des weniger edlen Schwestermetalls Palladium hoch oder niedrig ist, schwankt der Platinkurs erheblich.

Manchmal muss für Platin fast doppelt so viel wie für Gold bezahlt werden. Dann wiederum notiert Gold über Platin wie zum Jahresende 2011, oder die Preise nähern sich an wie 2012. Die wichtigsten Fördernationen sind Südafrika, Russland und Kanada. Wegen der großen Kursschwankungen empfehle ich bei physischem Platin und bei ETC Teilkäufe, wenn die Preise günstig sind. Dies gilt ebenso für die Aktien von Platinminen.

Platin Fut. Index endlos (RBS), WKN 163 574

Quelle: boerse.ARD.de/ard/kurse, Oktober 2012

Raum für Notizen: ....

....

Kennzahlen Anfang August 2012   WKN 163 574

Art: Anlagezertifikat, Index- bzw. Partizipationszertifikat

Kurs 10.08.2012: 11,30 €   Basiswert: Platin

52-Wochen-Hoch/Tief: 13,40 €/10,45 €/= -6 %

Kursverlauf: 6 Monate: -8 %, 3 Jahre: +30 %, 5 Jahre: +23 %

Emittent: Royal Bank of Scotland   Bezugsverhältnis: 100:1

Verwaltungsgebühr: nein   Quanto: nein

Platin Fut. Index endlos (RBS), WKN A0A B86

Kennzahlen Anfang August 2012   WKN A0A B86

Art: Anlagezertifikat, Index- bzw. Partizipationszertifikat

Kurs 10.08.2012: 11,30 €   Basiswert: Platin

52-Wochen-Hoch/Tief: 16,55 €/11,00 €/= -26 %

Kursverlauf: 6 Monate: -19 %, 3 Jahre: +4 %, 5 Jahre: -3 %

Emittent: Royal Bank of Scotland   Bezugsverhältnis: 100:1

Verwaltungsgebühr: nein   Quanto: ja

Platin Fut. Index endlos (RBS) WKN A0A B86

Quelle: boerse.ARD.de/ard/kurse, Oktober 2012

Raum für Notizen: ....

....

PLC Platinum Ind. endlos (UBS), WKN UB6 D2B

Kennzahlen Anfang August 2012   WKN UB6 D2B

Art: Anlagezertifikat, Index- bzw. Partizipationszertifikat

Kurs 10.08.2012: 11,40 €   Basiswert: Platin

52-Wochen-Hoch/Tief: 13,30 €/10,50 €/= -6 %

Kursverlauf: 6 Monate: -9 %, 3 Jahre: +29 %, 5 Jahre: +23 %

Emittent: UBS   Bezugsverhältnis: 100:1

Verwaltungsgebühr: nein   Quanto: nein

PLC Platinum Index (UBS) WKN UB6 D2B

Quelle: boerse.ARD.de/ard/kurse, Oktober 2012

Raum für Notizen: ....

....

4.4.3.6   Anlagezertifikate Palladium

Palladium, das Schwestermetall von Platin, wird vor allem für Katalysatoren gebraucht und notiert – unter großen Kursschwankungen – unterhalb von Platin. Die Hälfte des produzierten Palladiums geht an die Automobilindustrie. Weitere Abnehmer sind die Elektro- und
Schmuckindustrie. Führende Produzenten sind mit einem Anteil von über 40 Prozent Russland und Südafrika.

Palladium Future Index (RBS), WKN A0A B85

Kennzahlen Anfang August 2012   WKN A0A B85

Art: Anlagezertifikat, Index- bzw. Partizipationszertifikat

Kurs 10.08.2012: 47,60 €   Basiswert: Palladium

52-Wochen-Hoch/Tief: 70,05 €/46,40 €/= -28 %

Kursverlauf: 6 Monate: -22 %, 3 Jahre: +112 %, 5 J.: +50 %

Emittent: Royal Bank of Scotland   Bezugsverhältnis: 10:1

Verwaltungsgebühr: nein   Quanto: ja

Palladium Fut. I. endlos (RBS) WKN A0A B85

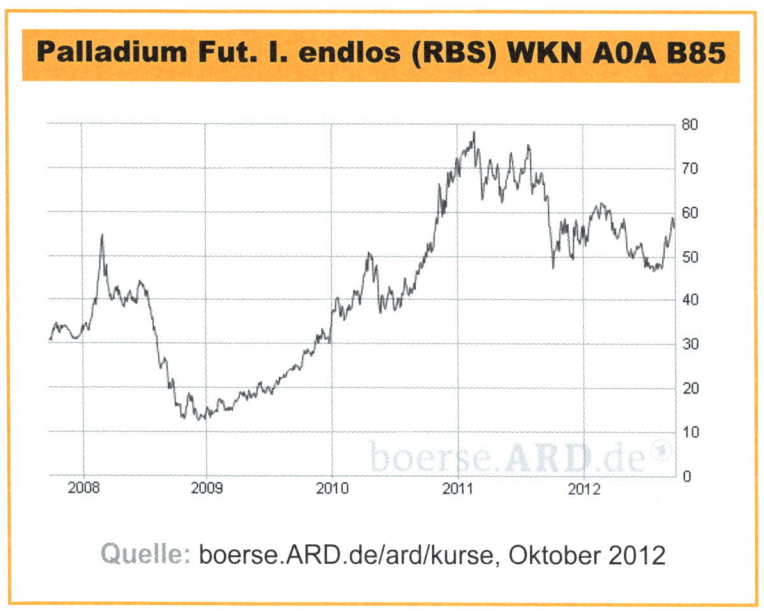

Quelle: boerse.ARD.de/ard/kurse, Oktober 2012

Raum für Notizen: ....

....

Palladium Future Index (RBS), WKN 330 491

Kennzahlen Anfang August 2012   WKN 330 491

Art: Anlagezertifikat, Index- bzw. Partizipationszertifikat

Kurs 10.08.2012: 47,15 €   Basiswert: Palladium

52-Wochen-Hoch/Tief: 70,05 €/46,40 €/= -9 %

Kursverlauf: 6 Monate: -11 %, 3 Jahre: +149 %, 5 J.: +85 %

Emittent: Royal Bank of Scotland   Bezugsverhältnis: 10:1

Verwaltungsgebühr: nein   Quanto: nein

Palladium Fut. I. endlos (RBS) WKN 330 491

Quelle: boerse.ARD.de/ard/kurse, Oktober 2012

Raum für Notizen: ....

....

4.4.3.7   Anlagezertifikat Rhodium

Rhodium zählt zu den Platinmetallen, hat die höchste elektrische Leitfähigkeit dieser Gruppe, weist eine hohe Schmelztemperatur und starke Widerstandsfähigkeit gegenüber Säuren auf. Trotz des hohen Preises ist Rhodium als Legierung für Schmuck begehrt und dient für elektrische Kontakte, Spiegel und Reflektoren. Der Chart für den Rhodium Index macht dagegen keine Freude.

Rhodium Index open end (RBS), WKN AA0 XEK

Kennzahlen Anfang August 2012   WKN AA0 XEK

Art: Anlagezertifikat, Index- bzw. Partizipationszertifikat

Kurs 10.08.2012: 9,85 €   Basiswert: Rhodium

52-Wochen-Hoch/Tief: 14,15 €/8,65 €

Kursverlauf: 6 Monate: -12 %, 1 Jahr: -20 %, 3 Jahre: -30 %

Emittent: Royal Bank of Scotland   Bezugsverhältnis: 100:1

Verwaltungsgebühr: ja   Quanto: nein

Rhodium Index endlos (RBS) WKN AA0 XEK

Quelle: boerse.ARD.de/ard/kurse, Oktober 2012

Raum für Notizen: ....

....

4.4.3.8   Anlagezertifikat für internationale Minenwerte

Anlagezertifikate für Edelmetallminen rund um den Globus konkurrieren mit Einzelaktien, Indexfonds (ETF) und Themenfonds. Wer wie ich Einzelaktien bevorzugt, sollte sich auf die großen Produzenten, die Sensors, konzentrieren. Für die Explorer der zweiten Reihe, die Juniors, bieten sich Anlagezertifikate und Themenfonds an. Die breite Streuung senkt das Risiko und erhöht die Rendite.

S&P/TSX Capp. Gold I. (RBS) WKN AA0 BM4

Quelle: boerse.ARD.de/ard/kurse, Oktober 2012

Raum für Notizen: ....

....

Kennzahlen Anfang August 2012   WKN AA0 BM4

Art: Indexzertifikat Aktien bzw. Partizipationszertifikat, endlos; Index Toronto Stock Exchange (TSX); hier sind 60 % der weltweit aktiven Minen- und Bergbau-Unternehmen gelistet.

Kurs 10.08.2012: 24,70 €   Index Toronto (TSX)

52-Wochen-Hoch/Tief: 33,95 €/21,40 €/= -11 %

Kursverlauf: 6 Monate: -15 %, 3 Jahre: +21 %, 5 Jahre: +24 %

Emittent: Royal Bank of Scotland   **Bezugsverhältnis:** 1:1

Verwaltungsgebühr: ja   **Quanto:** nein

4.4.3.9   Afrikanische Edelmetallaktien

Südafrika entwickelt sich trotz politischer Unruhen immer mehr zu einem internationalen Edelmetallexporteur.

FTSE/JSE Africa Res. I. (RBS) WKN ABN 4B1

Quelle: boerse.ARD.de/ard/kurse, Oktober 2012

Raum für Notizen: ....

....

Kurzprofil: Der FTSE/JSE Africa Resource 10 Index investiert in zehn Minengesellschaften, sowohl in Rohstoff fördernde als auch Rohstoff verarbeitende Unternehmen. Alle hier aufgenommenen Aktien sind an der Börse Johannesburg gelistet. In Afrikas Minen lagert eine Fülle von Edel- und Industriemetallen, Diamanten, wertvollen Mineralien und Erdöl.

Kennzahlen Anfang August 2012   WKN ABN 4B1

Art: Indexzertifikat Minenaktien bzw. Partizipationszertifikat

Kurs 10.08.2012: 47,75 €   Minenindex Afrika

52-Wochen-Hoch/Tief: 56,50 €/43,40 €/= +4 %

Kursverlauf: 6 Monate: -11 %, 3 Jahre: +19 %, 5 Jahre: -6 %

Emittent: Royal Bank of Scotland   Bezugsverhältnis: 10:1

Verwaltungsgebühr: nein   Quanto: nein

FTSE/JSE Gold Mining I. (RBS) WKN ABN 4B2

Quelle: boerse.ARD.de/ard/kurse, Oktober 2012

Raum für Notizen: ....

....

Kurzprofil: Der FTSE/JSE Gold Mining Index investiert in fünf südafrikanische Goldminenaktien. Berücksichtigt werden nur Unternehmen, die an der Börse Johannesburg gelistet sind. Darunter befinden sich so bekannte Seniors wie Harmony Gold Mining, Anglogold Ashanti und Gold Fields. Die Gewichtung dieser Goldaktien hängt von der Marktkapitalisierung ab.

Kennzahlen Anfang August 2012   WKN ABN 4B2

Art: Indexzertifikat Minenaktien bzw. Partizipationszertifikat

Kurs 10.08.2012: 24,30 €   **Basiswert:** Goldaktienindex

52-Wochen-Hoch/Tief: 29,80 €/20,65 €/= -4 %

Kursverlauf: 6 Monate: -15 %, 3 Jahre: +15 %, 5 Jahre: +7 %

Emittent: Royal Bank of Scotland   **Bezugsverhältnis:** 10:1

Verwaltungsgebühr: nein   **Quanto:** nein

FTSE/JSE Africa Plat. I. (RBS) WKN ABN 4B4

Quelle: boerse.ARD.de/ard/kurse, Oktober 2012

Raum für Notizen: ....

....

Kurzprofil: Der FTSE/JSE Africa Platinum Index investiert in Aktien von sechs südafrikanischen Bergbauminen, die Platin und Palladium fördern, also Edelmetalle, die für Dieselkatalysatoren unentbehrlich sind. Zu den Favoriten, die an der Börse Johannesburg notiert sind, zählen Anglo American, Lonmin und Impala Platinum. Die Gewichtung hängt vom Börsenwert ab.

Kennzahlen Anfang August 2012   WKN ABN 4B4

Art: Indexzertifikat Minenaktien bzw. Partizipationszertifikat

Kurs 10.08.2012: 48,50 €   Platin/Palladium-Minen

52-Wochen-Hoch/Tief: 66,25 €/44,85 €/= -17 %

Kursverlauf: 6 Monate: -19 %, 3 Jahre: -26 %, 5 Jahre: -43 %

Emittent: Royal Bank of Scotland   Bezugsverhältnis: 10:1

Verwaltungsgebühr: nein   Quanto: nein

4.4.3.10 Anlagezertifikat für Silberminenindex mit 12 Werten

Meist wird Silber als Nebenprodukt bei der Produktion von Gold, Blei, Kupfer und Zink gewonnen. Es ist also schwierig, selbst die ertragreichen Silberminen ausfindig zu machen. Der Silver Mining TR Index nimmt Ihnen diese Suche ab. Er bildet bis zu zwölf Minenwerte ab, die einen großen Umsatzanteil mit Silberabbau erzielen und über 350 Mio. US-Dollar an Börsenwert aufweisen.

RBS Silver Mining TR Index, WKN AA0 BT6

Quelle: boerse.ARD.de/ard/kurse, Oktober 2012

Raum für Notizen: ....
....

Kennzahlen Anfang August 2012   WKN AA0 BT6

Art: Indexzertifikat Minenaktien bzw. Partizipationszertifikat

Kurs 10.08.2012: 229,45 €   Silberminen-Index

RBS Silver Mining TR Index, WKN AA0 BT6

52-Wochen-Hoch/Tief: 300,40 €/191,15 €/= -4 %

Kursverlauf: 6 Monate: -11 %, 3 Jahre: +112 %, 5 J.: +95 %

Emittent: Royal Bank of Scotland   Bezugsverhältnis: 1:1

Verwaltungsgebühr: ja   Quanto: nein

4.4.3.11   Ein Strategie-Anlagezertifikat für Junior-Goldminen

Um in dieses Junior Gold Miners Strategie Zertifikat aufgenommen zu werden, müssen sich die im ersten Auswahlverfahren behaupteten rund 30 Goldminengesellschaften weiteren strengen Bewertungsverfahren unterziehen. Dazu gehören der Net-Asset-Value (das ist das bewertete Vorkommen abzüglich der Förderkosten), Größe und Goldgehalt der abbaubaren Reserven, Marktkapitalisierung und Wachstumschancen. Ist der Produktionsstart noch nicht absehbar, die Projektplanung nicht überzeugend und bestehen Zweifel an der Seriosität des Managements, scheiden diese Juniors sogleich aus.

Junior Gold Miners Index (RBS), WKN AA0 AHA

Kennzahlen Anfang August 2012   WKN AA0 AHA

Art: Indexzertifikat Minenaktien bzw. Partizipationszertifikat

Kurs 10.08.2012: 111,90 €   Juniors Goldminen

52-Wochen-Hoch/Tief: 179,35 €/92,85 €/= -26 %

Kursverlauf: 6 Monate: -25 %, 3 Jahre: +25 %, 5 Jahre: +11%

Emittent: Royal Bank of Scotland   Bezugsverhältnis: 1:1

Verwaltungsgebühr: ja   Quanto: nein

Junior Gold Miners Ind. (RBS), WKN AA0 AHA

Quelle: boerse.ARD.de/ard/kurse, Oktober 2012

4.4.4   Anlagezertifikate im Überblick

Edelmetallzertifikate open end (09.01.2013)			
Name/Art	Metall	WKN	Kurs € Quanto
NYSE ARCA Gold I. SG	Goldindex	A0A A1V	32,30/nein
NYSE ARCA Gold RBS	Goldindex	A0A B83	22,30/ja
Precious Met. Bask. SG	Metallkorb	SG0 HPP	218,70/ja
Gold Spot Index RBS	Goldpreis	859 341	127,2/nein
Gold Spot Index RBS	Goldpreis	A0A B84	138,75/ja
Gold Spot unlimit. COB	Goldpreis	CB2 458	132,15/ja
Gold/Unze Index SG	Goldpreis	SG9 F3Q	147,20/ja

Edelmetallzertifikate open end (09.01.2013)

Name/Art	Metall	WKN	Kurs € Quanto
Gold Quanto XPERT DB	Goldpreis	DB0 SEX	154,40/ja
Gold Index. unlim. COB	Goldpreis	DR1 VJE	140,60/ja
Gold Quant. Track. BNP	Goldpreis	BN2 GLD	152,05/ja
Gold Spot Index GS	Goldpreis	GS7 2X2	142,35/ja
Gold/Unze/999 Index DZ	Goldpreis	DZ0 B66	158,20/ja
Silber Unze Index RBS	Silberpreis	163 575	23,25/nein
Silber Unze Index RBS	Silberpreis	A0A B82	24,15/ja
Platin Future Index RBS	Platinpreis	163 574	12,15/nein
Platin Future Index RBS	Platinpreis	A0A B86	13,00/ja
PLC Platinum Ind. UBS	Platinpreis	UB6 D2B	12,15/nein
Palladium Future I. RBS	Palladium	A0A B85	56,75/ja
PLC Palladium Ind. RBS	Palladium	330 491	51,85/nein
Rhodium Index op. RBS	Rhodium	AA0 XEK	7,75/nein
S&P/TSX Capped I. RBS	Goldminen	AA0 BM4	23,25/nein
FTSE/JSE Africa R. RBS	Min. Afrika	ABN 4B1	46,80/nein
FTSE/JSE Gold M. RBS	Goldminen	ABN 4B2	19,35/nein
FTSE/JSE Africa RBS	Platinmin.	ABN 4B4	49,35/nein
Silver Mining TR I. RBS	Silbermin.	AA0 BT6	253,2/nein
Junior Gold Miners RBS	Juniormin.	AA0 AHA	121,7/nein

Anmerkungen: Die Benennungen sind abweichend. Ohne WKN geht nichts. Alle Anlagezertifikate (siehe S. 205 bis 233) sind passiv gemanagte Partizipationszertifikate. Sie beziehen sich auf die jeweiligen Indizes, laufen endlos, werden an der Börse gehandelt. Teilweise fallen Gebühren an. Im Wettbewerb stehen ETF/ETC, gute Themenfonds und als Alternative für Könner die Einzelaktienanlage.

⑤ Im Auf- und Abwärts-trend Geld verdienen

5.1 Der richtige Umgang mit Edelmetall-Hebelzertifikaten

Wer sich als Anleger vor allem für Gold und darüber hinaus auch für Silber, Platin und Palladium interessiert, gehört nicht unbedingt zu den risikofreudigen Anlegern. Er sieht sich mit Edelmetallen eher auf der sicheren Seite, will sein Kapital vorrangig bewahren und vor Verlusten schützen. Daneben möchte er sein Portfolio streuen.

Vielleicht vertrauen Sie darauf, dass bei scharfer Korrektur und Crash die Edelmetallpreise nicht mit in den Keller rauschen, sondern dann eher steigen. Sie wollen einen Ausgleich schaffen zu fallenden Aktienkursen. Im Fokus stehen als physische Anlage Edelmetallbarren und Anlagemünzen aus Gold, Silber, Platin. Interessant sind ebenso die preiswerten Exchange Traded Commodities, also physisch unterlegte ETC.

Wer eine höhere Rendite anstrebt und ein größeres Risiko akzeptiert, greift bei günstigen Kursen zu erstklassigen Bergbau- und Goldminenaktien. Sie interessieren sich vielleicht auch für Edelmetallaktienfonds, für Gold- und Silber-Indexzertifikate sowie für das eine oder andere Discount-, Bonus- und Strategiezertifikat, teilweise auch währungsgesichert (Quanto).

➤ Risikoreiche Anlagen mit Hebelzertifikaten und Rohstoff-Futures entsprechen nicht dem typischen Profil des Gold-liebhabers. Deshalb streife ich diese Anlagen nur kurz.

Exkurs Hebelzertifikate: Wichtiges in Kürze

Das Bankhaus Trinkaus & Burkhardt leitete 1989 die Ära der Hebelprodukte mit der Emission des ersten verbrieften Optionsscheines (OS) ein. Danach setzte eine stürmische Weiterentwicklung der Optionsscheine wie auch der Hebelzertifikate ein. Diese virtuellen Produkte ähneln in ihrer Konstruktion den Optionsscheinen, zeigen jedoch eine höhere Hebelwirkung, sind von der Volatilität nahezu unabhängig und werden oft ohne Verfalltag mit unbegrenzter Laufzeit geliefert. Marktkundige, risikofreudige Kurzzeittrader fühlen sich in ihrem Element.

Bereits 2003 wurden rund 60 Milliarden Euro mit Hebelzertifikaten umgesetzt, nahezu doppelt so viel wie mit klassischen Optionsscheinen. 2008 bot die Stuttgarter Derivatebörse EUWAX rund 100.000 Optionsscheine und 30.000 Knock-out-Zertifikate mit unterschiedlich hoher Hebelwirkung an. Und wie sieht es heute aus, im Herbst 2012? Die Zahl der Optionsscheine hat sich mit über 334.250 Produkten mehr als verdreifacht, die Knock-Out-Zertifikate mit 177.700 Stück sogar versechsfacht. Hinzu kommen über 19.500 exotische Produkte.

Im Gegensatz zu klassischen Index- und anderen Anlagezertifikaten bieten derivative Hebelprodukte wie Turbo-Zertifikate oder Mini-Futures (möglicher Totalverlust bei Erreichen von Knock-out-Schwellen) ein hohes Chancen/Risiko-Potenzial. Es bietet sich der Vergleich mit einem Autofahrer an, der viel Geld für den schnellsten Sportwagen ausgibt, die Maximalgeschwindigkeit auf den verstopften Autobahnen aber nur selten ausleben kann. Einen teuren Sportwagen unfallfrei zu fahren, verlangt viel Übung und Erfahrung. Dies gilt erst recht für den Umgang mit den spekulativen Hebelzertifikaten.

Strategie für OS, Anlage- und Hebelzertifikate

Szenario ❶	Szenario ❷	Szenario ❸	Szenario ❹	Szenario ❺
Basiswert **stark abwärts** (z. B. Aktien)	Basiswert **leicht abwärts** (Aktien)	Basiswert **Trend seitwärts** (Aktien)	Basiswert **leicht aufwärts** (Aktien)	Basiswert **stark aufwärts** (Aktien)
Positive Performance bzw. Kursentwicklung				
Garantie-Zertifikate	Discount-, Bonus-, Garantie-Zertifikate	Discount-, Bonus-, Express-Zertifikate	Index-, Bonus-, Discount-, Express-Zert.	Index-, Bonus-, Basket-Zertifikate
Put-OS	Put-OS		Call-OS	Call-OS
Short-/Bear-Hebelzertif.	Short-/Bear-Hebelzertif.		Long-, Bull-Hebelzertifikate	Long-, Bull-Hebelzertifikate
Negative Performance bzw. Kursentwicklung				
Index-, Discount-, Bonus-, Themen-Z.	Index-Zertifikate	Voll-Garantie-Zertifikate	Garantie-Zertifikate	Garantie- und Discount-Zertifikate
Call-OS	Call-OS		Put-OS	Put-OS
Long-, Bull-Hebelzertifikate	Long-, Bull-Hebelzertifikate		Short-/Bear-Hebelzertif.	Short-/Bear-Hebelzertif.

Anmerkungen: Es gibt wesentlich mehr Anlage- und Hebelzertifikate als diese Übersicht berücksichtigt. Zertifikate-Fans kommen auf ihre Kosten, wenn sie spezielle Fachbücher und Magazine studieren. Das Buch „Gold – Silber – Platin – Diamanten" begnügt sich mit grundlegenden, auf diese Zielgruppe zugeschnittenen Informationen.

5.2 Auf der Suche nach passenden Hebelprodukten

Sicherlich haben Sie schon die Erfahrung gemacht, dass es schwierig ist, günstig Wertpapiere einzukaufen und noch schwieriger, den besten Zeitpunkt für Teil- oder Komplettverkäufe zu finden. Am allerschwierigsten aber ist es, aus über 500.000 Hebelzertifikaten das für Sie am besten passende Produkt mit einem angemessenen Hebel aus dieser unüberschaubaren Flut herauszupicken. Es fragt sich also: Wie am besten vorgehen?

Sie müssen sich vor Ihrer Order über die erwartete Marschrichtung klar sein. Optionsscheine und Knock-Out-Zertifikate mit der Bezeichnung Call oder Long setzen auf steigende Aktienkurse bzw. einen höheren Gold- und Silberpreis, wobei auch das Währungsverhältnis insbesondere zwischen US-Dollar und Euro zu beachten ist. Produkte mit der Bezeichnung Put bzw. Short spekulieren auf sinkende Preise im Edelmetallmarkt.

Spekulieren Sie auf einen steigenden Markt, kaufen Sie Call-Optionsscheine oder Mini-Long-Zertifikate bzw. Mini-Long-Futures. Stimmt Ihre Einschätzung, können Sie bei relativ kleinem Kapitaleinsatz wegen der Hebelwirkung ganz schnell attraktive Erträge erzielen. Rechnen Sie mit einer negativen Trendwende, also fallenden Kursen bzw. Preisen, was bei Gold, Silber, Platin nur nach zuvor deutlicher Aufwärtsentwicklung wahrscheinlich ist, kaufen Sie Put-Optionsscheine oder Mini-Short-Zertifikate bzw. Mini-Short-Futures. Damit sich Ihr Risiko in Grenzen hält, sollten Sie einen Hebel zwischen 2 und maximal 6 anpeilen. Steigt z. B. Ihre Aktie um sechs Prozent, beträgt Ihr Gewinn oder Verlust beim Hebel 2 nun 12 Prozent. Beim Hebel 6 sind es 36 Prozent.

Selbst mit kleinem Einsatz lässt sich viel gewinnen, aber auch verlieren. Sind Sie im Umgang mit Hebelzertifikaten unerfahren, ist es besser: Hände weg oder anfangs nur ein kleiner Einsatz mit „Spielgeld". So können Sie mit schnellem Rein und Raus erproben, wie Sie mit spekulativen Produkten emotional zurechtkommen. Reagieren Sie leichtsinnig auf hohe Gewinne? Schlägt es Ihnen auf den Magen, wenn Ihr Knock-out-Zertifikat wertlos ausgestoppt wird? Fehlt es Ihnen an Grundwissen über Hebelzertifikate und Optionsscheine, hilft Ihnen spezielle Fachliteratur weiter. Besser, Sie geben 50 Euro für gute Bücher aus, als dass Sie wegen Unkenntnis 1.000 Euro verlieren.

Gut geeignet auch für Ihre persönliche Erprobungsphase sind Gold und Silber. Der in US-Dollar berechnete Feinunzenpreis schwankt bei Silber meist stärker als im Goldsektor. Je größer Ihr Hebel ist, umso wichtiger sind hier Stop-Loss-Orders, um das Risiko zu verringern. Oft sind diese im Produkt schon vorgegeben – wie bei meiner Auswahl.

Ihre Depotbank bzw. Ihr Discountbroker erleichtert Ihnen vielleicht die Entscheidung. Meist werden online abgefragt: Ausprägung (niedriger oder höherer Hebel), Vorauswahl (steigende oder fallende Kurse), Basiswert (Gold-, Silber-, Platin-, Palladiumpreis, Minenaktien), Fälligkeit (gewünschte Laufzeit oder endlos), Emittent (Deutsche Bank, Commerzbank usw.).

5.3 Wie es geht: Sechs Beispiele für spekulative Produkte

Ich habe sechs spekulative Produkte ohne Laufzeitbegrenzung (open end) ausgewählt, von denen ich vier schon in der 1. Auflage dieses Buches vorstellte. Neu hinzu kommt bei Silber und Platin je ein Short-Derivat als Beispiel für die Spekulation auf fallende Kurse.

Gold Future Wave XXL L (DBK) WKN DB6 S46

Quelle: boerse.ARD.de/ard/kurse, Oktober 2012

Raum für Notizen: ....

....

Kennzahlen „Long" – open end – WKN DB6 S46

Gold-Hebel-Zertifikat, Knock-out mit Stop-Loss

Kurs 10.08.2012: 73,40 €   Basiswert: Gold

52-Wochen-Hoch/Tief: 85,50 €/65,45 €

Kursverlauf: 6 Monate: -6 %, 1 Jahr: -5 %, 3 Jahre: +242 %

Emittent: Deutsche Bank   Bezugsverhältnis: 10:1

Anmerkung: Bei „endlos" werden Knock-out-Schwellen, Basispreis und Stop-Loss-Barrieren fortlaufend angepasst.

Gold MiniFuture L endlos (RBS), WKN AA0 BZ4

Kennzahlen „Long" – open end – WKN AA0 BZ4

Mini Long Zertifikat, Knock-out mit Stop-Loss

Kurs 10.08.2012: 72,95 €   Basiswert: Gold

52-Wochen-Hoch/Tief: 85,55 €/64,25 €/= -6 %

Kursverlauf: 6 Monate: -6 %, 3 Jahre: +246 %, 5 J.: +1.155 %

Emittent: Royal Bank of Scotland   Bezugsverhältnis: 10:1

Anmerkung: Bei „endlos" werden Knock-out-Schwellen, Basispreis und Stop-Loss-Barrieren fortlaufend angepasst.

Gold MiniFuture L endlos (RBS) WKN AA0 BZ4

Quelle: boerse.ARD.de/ard/kurse, Oktober 2012

Raum für Notizen: ....

....

Silber MiniFuture L endlos (GS), WKN GS1 M8S

Kennzahlen „Long" – open end – WKN GS1 M8S

Mini Long Hebelprodukt L 9.8, Knock-out mit Stop-Loss

Kurs 09.01.2013: 16,10 €   Basiswert: Silber

52-Wochen-Hoch/Tief: 21,10 €/14,20 €   Quanto: nein

Kursverlauf: 6 Monate: +9 %, 1 Jahr: +2 %, 3 Jahre: +116 %

Emittent: Goldman Sachs   Bezugsverhältnis: 1:1

Anmerkung: Alternativ gibt es ein ähnliches Hebelprodukt
Silber-MiniFuture L 7.7 open end mit der WKN GS4 M7W

**Silber MiniFuture Long 9.8 endlos (GS)
WKN GS1 M8S, alternativ: WKN GS4 M7W**

Quelle: boerse.ARD.de/ard/kurse, Oktober 2012

Raum für Notizen: ....

....

Silber MiniFuture S endlos (SG), WKN SG1 3SV

Kennzahlen „Short" – open end – WKN SG1 3SV

Hebel-Produkt Turbo, Knock-out mit Stop-Loss

Kurs 10.08.2012: 23,90 €   Basiswert: Silber

52-Wochen-Hoch/Tief: 25,10 €/10,45 €

Kursverlauf: 6 Monate: +31 %, 1 Jahr: +73 %

Emittent: Société Générale   Bezugsverhältnis: 1:1

Anmerkung: Bei „endlos" werden Knock-out-Schwellen, Basispreis und Stop-Loss-Barrieren fortlaufend angepasst.

Silber MiniFuture S endl. (SG), WKN SG1 3SV

Quelle: boerse.ARD.de/ard/kurse, Oktober 2012

Raum für Notizen: ....

....

Platin MiniFuture L endlos (SG), WKN SG0 A9Z

Kennzahlen „Long" – open end – WKN SG0 A9Z

Hebel-Produkt Turbo, Knock-out mit Stop-Loss

Kurs 10.08.2012: 68,20 €   Basiswert: Platin

52-Wochen-Hoch/Tief: 95,35 €/62,35 €/= -22 %

Kursverlauf: 6 Monate: -18 %, 3 Jahre: +26 %, 5 Jahre: +12 %

Emittent: Société Générale   Bezugsverhältnis: 10:1

Anmerkung: Bei „endlos" werden Knock-out-Schwellen, Basispreis und Stop-Loss-Barrieren fortlaufend angepasst. Der Stop-Loss-Level bezieht sich auf den Platin-Feinunzenpreis. Handelt es sich um einen Optionsschein, so bedeutet „Call" die Ausrichtung auf steigende, „Put" auf fallende Kurse. Bei diesem Produkt winken Erträge nur im Aufwärtstrend.

Platin MiniFuture L endl. (SG), WKN SG0 A9Z

Quelle: boerse.ARD.de/ard/kurse, Oktober 2012

Raum für Notizen: ....

....

Platin MiniFuture S endlos (SG), WKN SG0 NQ5

Kennzahlen „Short" – open end – WKN SG0 NQ5

Hebel-Produkt Turbo, Knock-out mit Stop-Loss

Kurs 10.08.2012: 75,60 € Basiswert: Platin

52-Wochen-Hoch/Tief: 77,20 €/31,80 €

Kursverlauf: 6 Monate: +47 %, 1 Jahr: +87 %, 3 Jahre: -8 %

Emittent: Société Générale Bezugsverhältnis: 10:1

Anmerkung: Bei „endlos" werden Knock-out-Schwellen, Basispreis und Stop-Loss-Barrieren fortlaufend angepasst. Der Stop-Loss-Level bezieht sich auf den Platin-Feinunzenpreis. Handelt es sich um einen Optionsschein, so bedeutet „Call" die Ausrichtung auf steigende, „Put" auf fallende Kurse. Bei diesem Produkt winken Erträge nur im Abwärtstrend.

Platin MiniFuture S endl. (SG), WKN SG0 NQ5

Quelle: boerse.ARD.de/ard/kurse, Oktober 2012

Raum für Notizen: ....

....

Überblick über die 6 vorgestellten Hebelprodukte

Hebelprodukte, endlos, long/short (09.01.13)

Name/Art	Metall	WKN	Kurs
Gold Fut. Wave XXL DB	Gold Long	DB6 S46	71,60 €
Gold MiniFuture L RBS	Gold Long	AA0 BZ4	71,70 €
Silber MiniFuture L GS	Silber Long	GS1 M8S	16,10 €
Silber MiniFuture S SG	Silber Short	SG1 3SV	20,15 €
Platin MiniFuture L SG	Platin Long	SG0 A9Z	78,15 €
Platin MiniFuture S SG	Platin Short	SG0 NQ5	55,70 €

Anmerkungen: Die Bezeichnungen dieser Hebelprodukte „open end" weichen voneinander ab. Ohne WKN oder ISIN geht gar nichts.

⑥ Treffen Sie die richtige Anlageentscheidung!

Zum Golde drängt – am Golde hängt!

Goldbarren: Immer mehr Anleger kaufen physisches Gold, um sich für unsichere Zeiten zu wappnen.

Bildquelle: BÖRSE ONLINE, Nr. 14/2008, S. 62
„Gold – Silber – Platin", S. 198

6.1 Ein tabellarischer Überblick als Entscheidungshilfe

Sie haben mit mir eine Reise in die spannende Welt der Edelmetalle gemacht und dabei Eindrücke und Vorstellungen gewonnen über Merkmale, Qualität, Chancen und Risiken der unterschiedlichen Anlageformen.

Aber nicht alle von mir beschriebenen Produkte taugen für Sie. Was für den einen passt, muss für den anderen nicht stimmig sein. Ein sicherheitsbewusster Investor denkt, empfindet und handelt anders als ein ausgesprochen risikofreudiger Anlegertyp. Zudem kommt es stets auf die persönlichen Lebensverhältnisse, die familiäre Situation, das Einkommen und die Vermögensdecke, die Anlageziele und Renditeerwartungen, den Anlagezeitraum und das Lebensalter an.

Generell gilt: *„Breit gestreut – nie bereut!"* Diversifikation senkt das Risiko und steigert die Rendite. Aber Sie müssen zu Ihren Entscheidungen stehen, sie verinnerlichen, sich dafür verantwortlich fühlen. Was Sie nicht mögen, was Ihnen persönlich zuwider ist, gehört nicht in Ihr Depot. Die folgende Aufstellung soll Ihnen Ihre Entscheidung erleichtern.

Das richtige Edelmetall-Investment für Sie

Anlageform	Vorsichtig	Chancenorientiert	Risikofreudig
Barren unterschiedlicher Größe vor allem aus Gold, evtl. ergänzt durch Silber	Ja, sehr deutlich übergewichten	Ja, Vermögensanteil bis zu 10 %	Eher nein, sonst untergewichten
Anlagemünzen aus Gold, Silber und Platin	Ja, übergewichten	Ja, untergewichten	Eher nein
Physisch abgesicherte Edelmetall-ETCs	Ja, größerer Anteil	Ja, übergewichten	Ja
Aktien-Themenfonds	Eher nein	Ja	Ja
Einzelaktien Bergbau/Edelmetallminen	Nein	Ja, Auswahl	Ja, größerer Anteil
Anlagezertifikate (Index, Discount, Bonus)	Eher nein	Ja, Auswahl	Bonuszertifikate

Das richtige Edelmetall-Investment für Sie

Anlageform	Vorsichtig	Chancenorientiert	Risikofreudig
Hebelprodukte (Optionsscheine, Knock-out Long und Short)	Unbedingt Hände weg!	Eher nein, nur niedriger Hebel	Ja, auch mit höherem Hebel
Was ist steuerrechtlich lich bei Barren und Anlagemünzen zu beachten?	Goldbarren und Gold-Anlagemünzen sind mehrwertsteuerfrei. Anlagemünzen aus Silber werden noch mit 7 %, Barren und Münzen aus Platin und Palladium mit 19 % besteuert.		
Was ist bei einem ETC (Exchange Traded Commodities) zu bedenken?	Die preiswerten ETC sind physisch unterlegte, besicherte Schuldverschreibungen, aber kein geschütztes Sondervermögen wie ETF.		
Was ist bei Einzelaktien und Aktienfonds grundsätzlich zu berücksichtigen?	Aktien, ETF und Aktienfonds sind geschütztes Sondervermögen und als Altbestand steuerfrei. Bei Aktienfonds sind meist ein Ausgabeaufschlag und eine Verwaltungsgebühr üblich.		
Worauf kommt es bei Hebelzertifikaten vorrangig an?	Sie müssen den Markttrend richtig einschätzen. Dies verlangt Fachkompetenz und Marktbeobachtung.		

6.2 Nachlese – Verneigung Gold: 2008 – 2009 – 2010 – 2011 – 2012

Börsenaltmeister André Kostolany sprach einst von den für den Börsenerfolg so wichtigen G-Wörtern: Geduld – gute Gedanken – Geld – Glück. Ergänzen wir diese Ansammlung noch um die wichtige Anlageform Gold!

Ein Rückblick von 2008 bis heute

Jenseits aller Kursschwankungen und Spekulationen, aller Höhenflüge und Absturzszenarien dürften Edelmetalle und Immobilien die sicherste Möglichkeit darstellen, Vermögen langfristig zu bewahren und anzureichern.

Gold hat seit Beginn der industriellen Revolution alle Krisen als „sicherer Hafen" gemeistert und wird dies auch künftig tun. Langfristig folgt Gold der Preissteigerungsrate. Der Wert einer Unze Gold bleibt weitgehend konstant gegenüber Gütern, die davon gekauft werden können, sei es ein edler maßgeschneiderter Nadelstreifenanzug oder eine feine Robe für den großen Auftritt. Kurzfristig setzt eine Goldhausse einen Rohstoffboom voraus und hängt stets von der Weltwirtschaftslage, der Konjunktur, den Leitzinssätzen, der allgemeinen Stimmung und anderen Faktoren wie Staatsüberschuldung und Psychologie ab.

Rückblick 2008: Ein Spagat zwischen Hoffnung und Untergangsszenarien

Mit seiner Korrektur von über 1.000 auf unter 750 US-Dollar, ein Abschlag von einem Viertel, wurden viele Marktteilnehmer auf dem falschen Fuß erwischt. Sie glaubten, die Gold-Hausse sei vorbei und verkauften in Panik und mit flatternden Nerven ihren Gesamtbestand. So wurde aus dem Buchverlust ein reales Minus.

Ähnlich handelten nervöse Privatanleger. Wer sein Gold behielt, freute sich über einen Anstieg von 50 Prozent vom Hoch ausgehend und über eine Verdopplung vom Tiefpreis ein Jahr zuvor berechnet. Heute, im September 2012, notiert der Goldpreis über 1.700 US-Dollar. Wer seinen Bestand in Euro hält, streicht zusätzliche Gewinne durch den stärkeren Dollar ein.

Optimisten schlossen sich auch 2008 diesem Untergangsszenario nicht an. Sie empfahlen zu diesem Zeitpunkt physisches Gold, niedrig bewertete Goldaktien und erfolgreiche Themenfonds. Einige Stimmen von Fachleuten aus dieser Zeit decken sich großteils mit den Einschätzungen von 2012: *„Gegenüber physischem Gold und anderen Wertpapieren sind Goldaktien jetzt günstig zu haben."*

Dies meint auch Cesar Bryan, Manager des Gabelli Gold Fund, auf der Value Intelligence-Konferenz 2008 in einem Gespräch mit Chefredakteur Ralf Flier vom SMART INVESTOR: *„Ich konzentriere mich auf Unternehmen, die produzieren und bereits Reserven haben und schaue mir an, wie viel Gold ich potenziell kaufen kann, wenn ich in einen Produzenten investiere. Ich folge dem Konzept der im Boden befindlichen Reserven und der damit verbundene Kosten, diese zutage zu fördern. – In meinen Augen werden die Großen jetzt die Kleinen aufkaufen."*

➢ *Hier passt auch ein Zitat von Börsenaltmeister André Kostolany: „Der Börsenkurs verhält sich zur Wirtschaft wie der Hund zum Spaziergänger. Einmal geht der eine vor, einmal der andere."*

➢ Diese schwierige Börsenzeit ist gekennzeichnet durch widersprüchliche Schlagzeilen in der Fachpresse: *„Edelmetallaktien Sensors: Die Dickschiffe bringen sich in Stellung. Edelmetallaktien Juniors: Manege frei für Hoffnungswerte!"*

Rückblick 2009: Wer physisches Gold und gute Edelmetallaktien nicht in Panik auf den Markt warf, wurde für sein Aussitzen belohnt

Rasch sprang der Goldpreis wieder über die 1.000-US-Dollar-Marke. Gold wurde als Kapitalschutz eingestuft. Gute Seniors-Goldaktien versprachen viel Rendite.

Das Jahr 2009 war geprägt von Schlagzeilen wie diesen: *„Edle Zukunft – Weiches Metall, harte Währung – Trotz Krisenjahr weiter steigende Nachfrage bei knappem Angebot – Silber, das Allroundtalent des kleinen Mannes."*

Das im SMART INVESTOR 10/2009 veröffentlichte Interview mit Ronald Stöferle, Analyst bei der österreichischen Erste Bank, über Edelmetalle, ETF und Goldaktien, spiegelt die damalige Stimmung wider. Daraus einige Auszüge: *„Mittel- und langfristig haben wir einen etablierten Aufwärtstrend. Und ich bin dementsprechend positiv. Bei Rückschlägen sieht man übrigens, dass gleich wieder massiv physisch gekauft wird "*

Auf die Frage, welche Edelmetalle zu bevorzugen sind, lautet die Antwort des Edelmetallexperten: *„Ganz klar Gold und Silber, wobei Silber wahrscheinlich das größere Potenzial hat. Einerseits wegen der wirtschaftlichen Erholung, andererseits, weil es ein Beiprodukt bei der Basismetallförderung ist. Wir werden wieder Zeiten sehen, in denen sich das Gold-Silber-Ratio zugunsten von Silber verschieben wird. Im Zweifelsfall empfehle ich eine Aufteilung 50 zu 50. Für Platin und Palladium bin ich lediglich verhalten positiv, nachdem die Nachfrage der Autoindustrie hier ein bestimmender Faktor ist."*

Zur Frage, wie viel Edelmetall ins Depot gehört, meint Ronald Stöferle: *„10 bis 15 Prozent sollten es mindestens sein. Wir gehen vom inflationären Szenario aus, wenn auch nicht von Hyperinflation. Entgegen landläufiger Meinung halten wir Gold übrigens bei jedem Szenario – ob Inflation oder Deflation – für ein gutes Investment. In der Deflation braucht man Cash. Und Gold ist seit Tausenden von Jahren eine Währung allererster Güte und Qualität."*

Bezüglich der Auswahl von Goldaktien bevorzugt der Analyst Ronald Stöferle kanadische Unternehmen, die in politisch stabilen Ländern aktiv sind. Besonders schätzt er Goldcorp.

Zu den häufig genannten Favoriten unter den großen Seniors-Titeln zählten 2009 acht Werte. In der damaligen Einschätzung hat sich aktuell kaum etwas geändert. Ich vergleiche die Kurse von Oktober 2009 mit der aktuellen Bewertung. Da gibt es weiterhin einiges Aufholpotenzial.

Bergbau- und Edelmetallminen-Aktien			
Unternehmen bzw. Aktie	WKN	Kurs im Okt. 2009	Kurs im Jan. 2013
Agnico-Eagle	860 325	45,25 €	38,00 €
AngloGold Ash.	164 180	29,40 €	22,25 €
Barrick Gold	870 450	26,00 €	25,80 €
Goldcorp	890 493	9,90 €	27,40 €
Gold Fields	862 484	28,10 €	9,15 €
IAM Gold	899 657	9,45 €	8,30 €
Newmont Mining	853 823	31,95 €	34,15 €
Yamana Gold	357 818	7,30 €	12,60 €
Quelle: SMART INVESTOR und boerse.ard.de (online)			

Rückblick 2010: Edelmetall – polarisierendes Thema zwischen zwei Extremen

Die eine Investorgruppe, schon etwas überdrüssig geworden, fragt: *„Warum denn schon wieder eine Titelgeschichte über Gold?"* Das andere Lager freut sich: *„Endlich erneut Gold als Schwerpunkt!"*

Dazu meint Chefredakteur Ralf Flier vom SMART INVESTOR in der Mai-Ausgabe 2010: *„Das Thema Gold polarisiert die Menschen. Für die einen ist es das barbarische Relikt, von dem sich alle unverbesserlichen Schwarzseher blenden lassen.*

Für die anderen ist es die einzig wirklich sinnvolle und sichere Zuflucht für Vermögen in den zukünftig inflationären Zeiten." Es scheiden sich also die Geister, ob das goldgelb glänzende Metall den Inflationsschutz schlechthin bildet oder eher als totes, weil renditeloses Kapital einzuordnen ist. Immer noch Gold kaufen oder doch lieber das Pulver trocken halten? Im Mai 2010 kostete Gold gut 830 Euro pro Feinunze. Im September 2012 sind es 1.350 Euro. Damit beantwortet sich die Frage selbst.

Bezüglich der Performance von Edelmetallfonds ergibt sich 2010 folgende Rangliste im Fünf-Jahres-Vergleich:

Metallminenfonds Smart Investor # 5/2010 mit 5-Jahres- und # 5/12 mit 3-Jahres-Entwicklung				
2010/ 2012	Fonds- Gesellschaft	WKN	2012 3 J.	2010 5 J.
1./4.	LODH Invest. Gold	813 928	+81 %	+146 %
2./1.	Nestor Australien	570 769	+174 %	+103 %
3./9.	DJE Gold & Ressourc.	164 323	+35 %	+63 %
4./10.	PEH Q-Goldmines	986 366	+27 %	+59 %

Benchmark-Vergleich: Die Basis für die Platzierung von 2010 bildet die 5-Jahres-Performance dieser Auswahlliste. Blackrock World Gold, WKN 974 119, liegt 2010 mit 143 % im 5-Jahresvergleich weit vorn, kann sich aber 2012 nicht behaupten. Der aktuell sehr erfolgreiche Fonds Stabilitas Gold + Metals (A0M L6U) wurde erst später aufgelegt.

Interessant ist auch ein Blick auf die gängigen Goldmünzen von 2010. Die Favoriten von damals haben aktuell nichts von ihrer Beliebtheit eingebüßt. Es gibt unterschiedliche Größen, wobei eine Feinunze vorn liegt.

Die Goldmünzenlieblinge von 2010 sind als ganze Feinunze auch 2012 sehr begehrt

Name	Feingehalt	Land
American Eagle	916,6 %	USA
Britannia	916,6 %	Großbritannien
Kangaroo	999,9 %	Australien
Krügerrand	916,6 %	Südafrika
Maple Leaf	999,9 %	Kanada
Panda	999,9 %	VR China
Wiener Philharmoniker	999,9 %	Österreich

Aus dem Jahr 2010 stammt auch der Kommentar von James Turk, Gründer des in Jersey beheimateten Unternehmens GoldMoney, dem weltweit führenden Spezialisten für die sichere Lagerung von Edelmetallen. Es geht um die Frage: *„Ist der Goldbullenmarkt schon vorbei?"*

„Neun Jahre in Folge wertet der USD-Goldpreis nun schon um durchschnittlich 17,1 Prozent pro Jahr auf. Gleichzeitig steigt Gold gegenüber allen Weltwährungen jährlich im zweistelligen Bereich – gegenüber dem Euro durchschnittlich um 11,95 Prozent. Gold gehört eindeutig zu den besten Anlageklassen des Jahrzehnts. Angesichts solch hervorragender wie dauerhafter Ergebnisse stellt sich die Frage, ob der Goldbullenmarkt jetzt vorbei ist. Die Antwort ist eindeutig: nein! Denn weltweit wird die Kaufkraft der Währungen weiterhin ausgehöhlt.

Die Kehrseite der Medaille, des Goldbullenmarktes, ist der Bärenmarkt der Nationalwährungen, der 1971 einsetzte. Seitdem befinden sich alle Währungen in einem Abwärtswettlauf, bei dem es darum geht, welche Währung als erste ihre Kaufkraft komplett verliert und abgeschafft wird.

*Bis 1971 durfte Währung nur geschöpft werden, wenn dafür
Goldreserven existierten. Im Umlauf ersetzten Nationalwährungen die weniger praktischen Goldmünzen. Das änderte sich.
Die Disziplin, die Währungsschöpfung beschränkte, wurde ab-
gelegt. Staaten drucken lieber neues Geld, als Ausgaben zu
beschränken. Ergo: Währungen werden entwertet, was den
steigenden Goldpreis erklärt. Durch Regierungspolitik verlieren
Währungen kontinuierlich an Kaufkraft. Solange sich dies nicht
ändert, bleibt der Bullenmarkt bestehen, und der Goldpreis wird
weiter steigen."*

Rückblick 2011: Ein Streifzug durch die Verwerfungen an den Märkten

Im Spätsommer und Herbst 2011 kam es zu weltweit heftigen Börsenturbulenzen – ein Gebräu von schlechten
Nachrichten, Weltuntergangsstimmung und psychologi-
schen Faktoren.

Die Rezeptur für den Börsencrash lieferten die Überschuldung
europäischer Länder, angeführt von Griechenland, dahinter
Portugal, Spanien und Italien, Euro-Ängste, Rezessionsfurcht
und politische Unruhen. Amerikas Kreditwürdigkeit wurde von
AAA auf AA+ zurückgestuft. Die Anleger verloren das Vertrauen
in den Finanzmarkt und verhielten sich wie Angsthasen. Sie
warfen verlustreich massenweise ihre Aktien auf den Markt und
scheuten – wie ein gebranntes Kind das Feuer – für immer oder
zumindest zeitweilig den Aktienmarkt. Wer passiv an der Seitenlinie verharrt, kann Verluste nicht ausgleichen und in die
Gewinnzone zurückkehren. Zudem lösten Stop-Loss-Orders als
Kettenreaktion fortlaufend Computer-Verkaufsprogramme aus.
Der Aktiencrash im August 2011 trieb den DAX um 2.000 Punkte in den Keller und ließ die Nebenwerte-Indizes MDAX,
TecDAX und SDAX ähnlich schlecht aussehen wie einen daneben greifenden oder zu spät herausstürzenden Torwart.

Viele Aktien waren mit einem Preisabschlag von 20 bis 60 Prozent zu haben. Doch wer griff schon mutig zu, um mit extrem niedrigen Einstiegskursen die Grundlage für spätere üppige Gewinne zu legen? Wer dies im August verpasste, hatte Ende November eine zweite Chance. Haben Sie diese genutzt?

Gold war zeitweilig in Rekordlaune. Wer im August 2011 kaufte, musste für eine Feinunze von 31,1 Gramm bis zu 1.900 US-Dollar hinblättern. Ein Preis von mehr als 2.000 US-Dollar erscheint 2013 denkbar. Der Goldrausch erinnert ein bisschen an die Alaska-Episode 1897, als 40.000 Wagemutige am Klondike River Gold suchten und viele ihr Leben verloren. Der Autor Jack London kehrte mittellos zurück, war aber mit seinen Schilderungen über das Klondike-Abenteuer erfolgreich.

In Krisenzeiten feiert der Goethe-Ausspruch sein Comeback: „Zum Golde drängt – am Golde hängt!" Die Händler von Edelmetallbarren und Anlagemünzen feiern Hochkonjunktur. Die Prägestätten kommen kaum nach, um den Bedarf zu decken. In der physischen Edelmetallanlage als Barren und Anlagemünzen sehen viele Investoren einen sicheren Hafen. Zwar schwanken auch der Gold-, Silber- und Platinpreis heftig. Aber es droht kein Totalverlust durch Zahlungsunfähigkeit, wie bei Anleihen und Zertifikaten zu befürchten ist, wenn der Emittent Pleite geht. Bei Edelmetall sind die Ampeln auf Grün geschaltet, sobald sich die Ängste mehren und aus dem Aktienmarkt geflüchtet wird. Die Bundesbank verfügt nach Amerika mit 8.134 Tonnen über den zweithöchsten Goldanteil an den Währungsreserven des Landes mit 3.396 Tonnen und 72 Prozent.

Den Rohstoffen und sich verknappenden Edelmetallen gehört die Zukunft. Denken Sie an China, Indien, Dubai, Katar, an aufstrebende Märkte in Ostasien, Osteuropa, Südafrika und Lateinamerika. Hier steigen mit dem Lebensstandard die Ansprüche und parallel dazu zahlreiche industrielle Anwendungen.

Wie führende Vermögensverwalter Gold und Aktien einschätzen

Vermögensverwalter	Kommentar/Einschätzung
Dr. Jens Ehrhardt, DJE Kapital AG, Pullach bei München	Der bekannte Münchener Fondsmanager setzt auf 10 % physisches Gold, empfiehlt aber auch Goldminenaktien wie Newmont, Barrick Gold oder Goldcorp: *„Wir sehen den Goldpreis mittel- und langfristig noch deutlich höher."*
Bert Flossbach, Vermögensverwaltung Flossbach & von Storch, Köln	Der Vorstand der Kölner Vermögensverwaltung meint: *„Das Schuldendrama ist seit langem unser Hauptthema. Wir waren und sind durch große Edelmetallpositionen und eine qualitätsorientierte Aktienauswahl sowie eine Kasseposition diversifiziert und flexibel aufgestellt."*
Gottfried Urban, Neue Vermögen AG, Altötting	Gottfried Urban erklärt: *„Gold als Krisenwährung hat die letzten Wochen wunderbar funktioniert. Gold ist der einzige Fluchtort, der nur schwer manipulierbar ist. – Auch wenn die Gewinne der Unternehmen deutlich zurückgehen, wäre der DAX niedriger als der langfristige Durchschnitt bewertet. Und das bei einem historisch niedrigen Zinsniveau!"*

Markus Zschaber, Geschäftsführer der V.M.Z. Vermögensverwaltungsgesellschaft, Köln	Der Buchautor empfiehlt 20 % Rohstoffe und eine Aktienquote von 35 %. Sein Kurzkommentar: *„Vor allem wegen der unattraktiven Renditen bei Staatsanleihen mit guter Bonität führt an Aktien kein Weg vorbei."* Bei Gold rechnet er mit Preiskorrekturen, sobald die Politik der Vertrauenskrise mit wirksamen Reformen begegnet.
Max Otte, Bestsellerautor und Fondsmanager, Köln Die Strategie von Prof. Otte deckt sich in hohem Maße mit meinem eigenen Ansatz.	*„Wenn ich von einem Unternehmen überzeugt bin, dann muss ich das aushalten können. Wenn ich mir sicher bin, kaufe ich bei fallenden Kursen nach; nicht gleich mit vollem Einsatz, sondern nach und nach. – Man muss die langfristigen Perspektiven im Blick haben, und damit meine ich, die nächsten 10, besser noch 15 Jahre. – Ich bin voll investiert. Sämtliche Cashbestände sind abgebaut."*

Rückblick 2012 und Ausblick: Und wie sieht die Prognose aus?

Ein Kurzinterview mit BÖRSE ONLINE. Gesprächspartnerin ist in der August-Ausgabe 33/2012 die Leiterin des Vertriebs von ETF Securities in Europa, Isabell Mössler. Die Managerin vergleicht Finanzmärkte mit Elektrizität.

Auf die Frage, was ihr bislang bestes Investment war, lautet die Antwort: *„Gold, da bin ich zum Glück rechtzeitig eingestiegen."*

Nachdem BÖRSE ONLINE wissen will, welches Investment sie für ihre Kinder oder Patenkinder tätigen würde, erklärt die ETF-Expertin: *„Da geht es vor allem um Werterhalt. Daher wäre Gold meine erste Wahl."*

Ein Leser interessiert sich dafür, ob bei physisch unterlegten Produkten eine Anlegerverunsicherung zu spüren ist. Isabell Mössler erklärt: *„Investoren schätzen Gold als sicheren Hafen. In rund zwei Monaten haben sie mehr als eine Milliarde Dollar in Gold-ETC investiert – besonders in physisch hinterlegte."*

Wir sind derzeit weit entfernt von einer Börsenblase. Dennoch beugt der rund um den Globus bekannte Börsenpessimist Marc Faber schon in seinem Blog vor: *„Wie man sich schützen kann, wenn die Blase platzt!"* **Wer Untergangsszenarien als Stimulationsfaktor schätzt, sollte seine Aussage unbedingt lesen:**

„Ich weiß nicht, wann es passieren wird, ob morgen, in fünf Jahren oder in zehn Jahren. Aber irgendwann wird es zu einer riesigen Zerstörung von Vermögen kommen." Dies behauptet der Herausgeber des Gloom, Boom & Doom Report. Man müsse sich also fragen, welche Anlagen verhältnismäßig sicher sind, wenn es zu einem kompletten Zusammenbruch kommt. Laut www.goldseiten.de/artikel/145612 vom 13. August 2010 hält Faber selbst Long-Positionen in Aktien. Dabei handelt es sich vorwiegend um asiatische Papiere, kaum um amerikanische. Darüber hinaus verfügt Faber über eine große Menge Gold.

Wie sieht es mit den Goldbeständen aus? Platz 1 belegt mit 8.134 Tonnen die USA. Der Währungsreservenanteil beträgt 75 Prozent. Deutlich dahinter folgt Deutschland: 3.396 Tonnen Gold, ein Währungsreservenanteil von 72 Prozent.

Auszug aus dem Handelsblattkommentar von Ingo Narat: „Neue Hoffnung für das Edelmetall", Nr. 98/2012

„Die Verluste waren groß. Jetzt zieht der Preis aber wieder an. Viele Analysten hatten die Hoffnung schon aufgegeben. In wenigen Monaten war der Preis für Gold um rund 400 Dollar in Richtung 1.500 Dollar je Unze gefallen. Das Edelmetall schien seinen Ruf als sicherer Hafen in der weltweiten Schuldenkrise verloren zu haben. Gold war im vergangenen September 2011 auf ein Rekordhoch von 1.920 Dollar gestiegen. Danach lösten viele Spekulanten ihre Positionen vor allem an den Terminbörsen auf und drückten damit den Preis.

Nach dem reinigenden Gewitter scheint der Markt nun ‚sauber' zu sein. Die tiefen Preise haben wieder Käufer gelockt. Innerhalb weniger Handelstage ist der Goldpreis vom Tief um etwa 70 auf knapp 1.600 Dollar gestiegen. Jetzt machen Preisziele von 1.900 Dollar die Runde. Einschließlich der jetzigen Korrektur gab es sieben zwischenzeitliche Rückschläge zwischen 12 und 29 Prozent. Das stärkste Argument für Gold ist vielleicht der negative Realzins."

Der US-Hedge-Fondsmanager John Paulson hat im Juni 2012 seinen Anteil am weltweit größten börsennotierten Indexfonds (ETF) um 26 Prozent von 2,81 auf 3,39 Milliarden Dollar aufgestockt.

Ein solcher Zufluss geschah seit 2009 zum ersten Mal. Warum? John Paulson will sich gegen Währungsrisiken absichern. Eine halbe Million Euro in einen Gold-ETF können Sie nicht investieren, aber vielleicht ein paar tausend Euro, um sich ebenfalls gegen Währungsturbulenzen abzusichern. Eine solch große Order setzt eine positive Markteinschätzung für die Goldpreisentwicklung voraus. John Paulson gilt nicht als Spekulant, sondern als nüchtern denkender Finanzmarktexperte, der weiß, was er tut. (Quelle: Handelsblatt Nr. 158/16. August 2012).

Goldpreis kurz vor dem Ausbruch?

Eugen Weinberg, fundamental orientierter Rohstoffanalyst der Commerzbank, verweist auf die robuste Goldnachfrage seitens der institutionellen Investoren und rechnet mit einem Preisausbruch nach oben. Immerhin verbuchte der weltweit größte Gold ETF, der SPDR Gold Trust, Mitte August 2012 den höchsten Tageszufluss. Zudem haben der Rohstoffexperte George Soros und der führende Hedge-Fonds-Manager John Paulson im zweiten Quartal 2012 ihre Goldbestände ausgebaut.

Auch die Zentralbanken kaufen weiter Gold. Wie der Fundamentalanalyst Eugen Weinberg berichtet, stockte die russische Zentralbank ihre Goldbestände im Juli 2012 um fast 19 Tonnen auf: *„Andere Zentralbanken, vor allem aus Schwellenländern, dürften diesem Beispiel folgen und ebenfalls weiter Gold kaufen. Dies sollte den Goldpreis in der zweiten Jahreshälfte unterstützen."* Weinberg rechnete fälschlicherweise noch für 2012 mit einem neuen Rekordhoch.

In den vorangegangenen 30 Jahren erzielte der Goldpreis in der ersten Jahreshälfte oft einen Jahrestiefstand – im Schnitt ein mageres Plus von unter einem Prozent – um in der zweiten Hälfte bis zum Jahresende kräftig anzusteigen, im Schnitt um fast fünf Prozent nach oben. Für diesen Preisanstieg im zweiten Halbjahr gibt es gute Gründe. Zahlreiche festliche Anlässe wie Weihnachten, das chinesische Neujahrsfest und die indische Hochzeitssaison sorgen für eine starke Schmucknachfrage. Zudem wird der Goldpreis von der Hoffnung auf einen attraktiven Inflationsschutz und geldpolitische Lockerungen seitens der Europäischen Zentralbank (EZB) getrieben.

1:0 für die Goldbullen – stimmt die Prognose?

Anfang September 2012 stieg der Goldpreis auf über 1.700 US-Dollar. So teuer war Gold seit Mitte April nicht mehr.

Damit wurden charttechnisch wichtige Widerstandszonen geknackt. Etliche Experten befürchten einen Euro-Krisenherbst. Drum wetten spekulative Finanzanleger verstärkt auf steigende Preise bei Edelmetall und erhöhen ihre Long-Position.

Rekord bei den Zuflüssen in Gold-ETC und ETF

Ende August 2012 schafften auch die Bestände der weltweit angebotenen Goldfonds ein neues Hoch von knapp 2.550 Tonnen. Die Gesamtsumme entspricht beinahe einer Goldminen-Jahresproduktion. Die Rohstoffexperten der Commerzbank berichten freudig: *„Die ETF-Investoren sind bereits auf den fahrenden Zug aufgesprungen."* Davon profitiert auch ETF Securities mit seinen physisch besicherten Edelmetallprodukten.

Europäer kaufen aus Angst, Asiaten aus Liebe

Die Beweggründe, Gold zu kaufen, sind beim Einzelmenschen, aber auch je nach Staatsangehörigkeit, grundverschieden. Bundesbürger sind meist von Angst und Furcht vor Papiergeldverfall und Inflationsanstieg getrieben, wenn sie Gold kaufen und sich wegen minimaler Zinssätze vom Sparkonto verabschieden. Bei den Asiaten überwiegt als Motiv die Liebe. Sie greifen bei steigendem Wohlstand und ihrer Vorliebe für Luxus gern zum glänzenden Edelmetall – auch als Imagepflege.

6.3 Wie GoldMoney die Lage einschätzt

Der Goldfachmann Christofer Volke berichtet als Mitautor über GoldMoney, den führenden online-Anbieter von Gold, Silber, Platin und Palladium, bekannt und geschätzt für seinen erstklassigen Service und seine branchenführenden Sicherheitsstandards.

6.3.1 Wer und was ist GoldMoney?

GoldMoney wurde im Jahr 2001 von James Turk und seinem Sohn Geoff Turk gegründet und bietet Privat- und Firmenkunden eine einfache und preiswerte Möglichkeit zum Kauf und zur Lagerung von physischem Gold, Silber, Platin und Palladium.

Über die einfache und mobile Onlineplattform können Kunden rund um die Uhr Edelmetalle kaufen und verkaufen sowie die Lagerung in Hochsicherheitstresoren in Großbritannien, Hongkong, Kanada, Schweiz und Singapur veranlassen. Qualität und Sicherheit werden durch den GoldMoney Standard gewährleistet, der auf Ultraschall-Tests der Goldbarren und unabhängigen Kontrollen durch Dritte basiert. Aktuell – Stand Dezember 2012 – verwahrt GoldMoney über 1,55 Mrd. Euro in Edelmetallen und Devisen für mehr als 22.600 Kunden weltweit.

6.3.2 Wie die professionelle Edelmetall- Lagerung funktioniert

Wer sich physische Edelmetalle kaufen möchte, muss darüber nachdenken, wie und wo er sein Edelmetall lagern will. Grundsätzlich gibt es zwei Möglichkeiten. Entweder lagern Sie Ihre Edelmetalle zu Hause in einem Tresor oder an einem anderen Ort im eigenen Zugriffsbereich, oder Sie betrauen ein auf sichere Lagerung von Wertgütern spezialisiertes Unternehmen mit der Lagerung. Beide Varianten haben ihre Vor- und Nachteile. Ihre Entscheidung hängt von individuellen Gegebenheiten ab.

> ➢ Entscheidend sind Ihr persönliches Sicherheitsbedürfnis, Kosten, Aufwand, Verfügbarkeit sowie die Möglichkeit, spontan und flexibel zu handeln und wie Sie die geopolitische Lage einschätzen.

> ➢ Wer nur geringe Summen in Edelmetallbarren investiert, macht sich über die Aufbewahrung naturgemäß weniger Gedanken, als wenn er sehr viel Geld bzw. einen Großteil seines Vermögens in physisches Gold, Silber, Platin und vielleicht auch noch in Palladium anlegt.

Die Versicherung der Edelmetalle ist eine Grundvoraussetzung; denn nur so ist *kein Verlust durch Diebstahl* zu befürchten. Bei der Aufbewahrung zu Hause können Sie das Diebstahlrisiko zwar durch den Kauf eines guten Tresors und Sicherheitssystems verringern. Die Versicherung der Edelmetalle ist jedoch nicht immer möglich oder entsprechend kostspielig. Beauftragen Sie ein professionelles Unternehmen mit der Lagerung, ist Ihr Edelmetall gegen Diebstahl versichert. Vergewissern Sie sich vor der Auswahl des Unternehmens und Ihrer Entscheidung, dass dies zutrifft.

Bezüglich des *Aufwands für die Lagerung* spielt die Anlagesumme und die Menge eine wichtige Rolle. Bei einem größeren Silberinvestment wird es für Sie sehr erleichternd und beruhigend sein, wenn Ihnen ein kompetentes Unternehmen wie GoldMoney den Transport und die Lagerung abnimmt. Haben Sie schon einmal darüber nachgedacht, wo und wie Sie Silberbarren im Gewicht ab einem Zentner lagern können?

Ein weiterer wichtiger Punkt ist die *Liquidität.* Falls Sie plötzlich kurzfristig verkaufen wollen oder müssen, geht dies über eine internetbasierte Plattform einfacher und schneller, als wenn Sie den Münzhändler Ihres Vertrauens aufsuchen müssen. Gleiches gilt, wenn Sie z. B. regelmäßige Käufe im Rahmen eines Sparprogramms tätigen oder verschiedene Währungen zum Kauf und Verkauf einsetzen wollen. GoldMoney akzeptiert aktuell (Stand 2012) neun Währungen. Die Kunden können zudem Bankkonten in mehreren Ländern nutzen, um Edelmetalle zu kaufen oder Verkaufserlöse zu erhalten.

Selbstverständlich verlangen professionelle Anbieter Gebühren für den Ankauf, die Lagerung und den Verkauf von Edelmetall. Verständlicherweise fragen Sie sich: Ist die Lagerung zu Hause da nicht viel billiger? Dies kann, muss aber nicht so sein.

Da die auf dieses Geschäftsmodell spezialisierten Firmen für zahlreiche Kunden Edelmetalle kaufen, können große Handelsbarren geordert und gelagert werden. Dadurch ist das Aufgeld gegenüber kleineren Barren oder Münzen wesentlich geringer. Zudem fällt durch die Aufbewahrung in Zollfreilagern beim Kauf keine Mehrwertsteuer an. Somit ist es möglich, dass Sie trotz der Gebühren für die gleiche Kaufsumme eine größere Menge Edelmetall erhalten.

➢ Sofern das Unternehmen Ihrer Wahl Lagerungsstandorte in mehreren Ländern anbietet, erlaubt die professionelle Lagerung eine globale Diversifizierung. In den schwierigen Zeiten einer Finanz- und Überschuldungskrise ist dies besonders vorteilhaft und gewiss auch beruhigend.

➢ Niemand weiß, wie die Zukunft aussieht und welche schmerzhaften Eingriffe der Staat möglicherweise vornimmt.

Denken Sie an die Besteuerung und die Regulierungsauflagen, schlimmstenfalls sogar an ein an die Bürger gerichtetes Verbot bezüglich des Besitzes von Edelmetall. Ein Goldverbot ist zwar unwahrscheinlich; aber all dies hat es in früheren Zeiten schon gegeben. Bei einem solchen Szenario könnte plötzlich alles weg sein und harte Bestrafung bei Zuwiderhandlung drohen. Es ist jedenfalls für vermögende Anleger nicht abwegig, vorsorglich ihre Bestände geographisch zu streuen. Deshalb gilt: Je größer die Auswahl, desto besser.

Entscheiden Sie sich für die Lagerung durch ein Unternehmen, ist es wichtig, einige weitere grundsätzliche Dinge zu beachten und zu prüfen. Etliche Gesellschaften bieten internetbasierte Plattformen für den flexiblen Kauf und die professionelle Lagerung von Edelmetallen an.

Sie sollten allerdings nur renommierten Unternehmen mit gutem Ruf Ihr Vertrauen schenken, die zu *hundert Prozent eine zugewiesene Lagerung* gewährleisten, wobei Sie als Kunde entweder einen Anteil an einem großen Barren halten oder Ihnen Ihr individueller Barren zugewiesen wird. Nur wenn Ihr Partner seriös und absolut glaubwürdig ist, können Sie sichergehen, dass das ausgewählte Edelmetall tatsächlich in physischer Form für Sie vorliegt.

Gleichzeitig sollten Sie überprüfen, ob ein *Emittentenrisiko* besteht. Ausschließlich Unternehmen ohne Emittentenrisiko bieten Sicherheit bei einem Konkurs. Nur dann haben die Gläubiger des Unternehmens keinerlei Anrechte auf die Edelmetalle, und die Kunden sind vor Pfändung geschützt. An Ihre Barren käme also kein Unbefugter heran.

Bevor Sie sich für einen bestimmten Anbieter entscheiden, sollten Sie sicher gehen, dass *regelmäßige und umfassende Prüfungen* sowohl der Tresorbestände als auch der Geschäftsabläufe im Unternehmen durchgeführt werden. Dies muss selbstverständlich durch spezialisierte Dritte, also ein anerkanntes, angesehenes Wirtschaftsprüfungsunternehmen geschehen. Die Prüfberichte sollten transparent und auf Nachfrage für jeden Kunden, also auch für Sie, zugänglich sein.

Seriöse Lagerunternehmen bieten auf Kundenwunsch die *physische Auslieferung ihrer Edelmetalle* an. Dies gilt auch für kleinere Mengen.

Pro und Kontra professionelle Lagerung

Vorteile	Nachteile	Auswahlkriterien
Versicherung gegen Diebstahl. Kein Emittentenrisiko (zugewiesene Lagerung).	Sie haben die Barren nicht jederzeit zur Hand, können nicht spontan handeln.	Wie hoch ist mein Sicherheitsbedürfnis? Welche Vorkehrungen trifft der Anbieter?
Kein Transport- und Lageraufwand, aber Internetzugang rund um die Uhr.	Es fallen Kosten sowohl für den Kauf als auch für die Lagerung der Edelmetalle an.	Wie hoch ist mein Anlagevolumen? Wie viel Zeit und Mühe will ich aufbringen? Wie regelmäßig will ich kaufen?
Keine Mehrwertsteuer oder hohe Aufschläge.	Die Verwendung großer Barren ist üblich.	Welche Aufschläge zahle ich auf kleine Barren und Münzen?
Je nach Anbieter ist physische Lieferung möglich.	Es fallen Liefergebühren an.	Wie hoch ist der Unterschied zum Kauf beim Münzhändler?
Eine globale Diversifizierung ist beim Edelmetall möglich.	Sogenannte Tafelgeschäfte gibt es hier nicht.	Wie hoch schätze ich die politischen Risiken ein? Welche Lageroptionen gibt es?

Tipp ❶: Setzen Sie auf ein seriöses, international aktives Unternehmen mit langfristiger Unternehmensgeschichte und umfassenden Sicherheitsmaßstäben!

Tipp ❷: Bewahren Sie kleine Mengen am besten zu Hause auf, um spontan und flexibel handeln zu können, und vertrauen Sie Ihre größeren Bestände einem seriösen Partner an.

6.3.3 Edelmetall zum Kaufkrafterhalt

Physische Edelmetalle sind reale Sachwerte. Im Gegensatz zu manch anderem Finanzprodukt beruht ihr Wert nicht auf dem Zahlungsversprechen einer Gegenpartei. Gerade in Zeiten finanzieller Verwerfungen und niedriger Zinsen kommt die Funktion von Gold, Silber, Platin und Palladium als Wertspeicher voll zum Tragen.

Ein Investment insbesondere in Gold und Silber hat sich historisch als ausgezeichnete Möglichkeit bewährt, die Kaufkraft von Geldvermögen dauerhaft zu erhalten. So kostet ein Barrel Erdöl im Vergleich zu Gold oder Silber heute fast genau so viel wie noch vor 50 Jahren. Ganz anders sieht die Preisentwicklung in nationalen Währungen wie dem US-Dollar oder dem Euro aus. Zentralbanken und Regierungen setzen eifrig ihre Notenpressen in Gang und schlagen schon seit langem den Weg der Geldentwertung ein. Es ist unwahrscheinlich, dass sich dieser Trend in absehbarer Zeit umkehren wird.

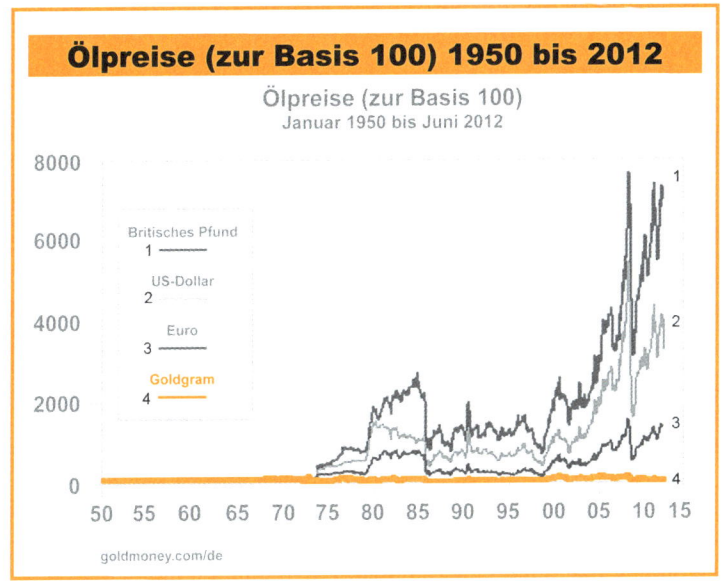

Ölpreise (zur Basis 100) 1950 bis 2012

Ölpreise (zur Basis 100)
Januar 1950 bis Juni 2012

goldmoney.com/de

> Im Gegensatz zu Geldscheinen lassen sich Gold, Silber, Platin und Palladium nicht beliebig vermehren. Dies macht sie zu langfristigen Wertspeichern.

Dazu ein anschauliches Beispiel: Verdeutlicht wird dieses Verhältnis durch einen Mengenvergleich. Das gesamte jemals geförderte Gold ist selbst nach Tausenden von Jahren der Menschheitsgeschichte auch heute nur so groß wie ein Würfel mit der Kantenlänge von 20 Metern. Dies entspricht in etwa der Füllmenge von zwei Olympia-Schwimmbecken.

Während vor allem Palladium, aber auch Platin und Silber Industriemetalle sind, dominiert bei der Nachfrage nach Gold überwiegend und nach Silber großteils ihre Geldfunktion. Gold und Silber übernehmen seit Jahrtausenden die Funktion als Geld und bleiben als natürliche Ersatzwährung und bedeutendster Gegenspieler zu nationalen Währungen begehrt.

Gold als Geld: *Gold Is Money And Nothing Else*

Dieser bekannte Ausspruch von J. P. Morgan bringt die Bedeutung von Gold auf den Punkt. Dieses glänzende, von vielen Mythen umgebene Edelmetall unterscheidet sich fundamental von allen anderen Gütern. Alles, was wir Menschen zur Erhöhung unseres Lebensstandards an Verbrauchsgütern herstellen, wird konsumiert und verschwindet letztendlich. Nahrungs-, Pflege-, Reinigungs- und Arzneimittel sowie Erdöl und Gas sind gute Beispiele dafür. Aber auch begehrte Buntmetalle wie Kupfer werden insofern verbraucht, als sie in Millionen von Geräten, Fahrzeugen, Anlagen und anderen Gebrauchsgütern eingesetzt werden und am Ende ihrer Benutzungsdauer oft im Müll landen und nicht recycelt werden. Selbst Kunst- und Bauwerke unterliegen durch natürliche Abnutzung, Witterung, Naturkatastrophen und Gewalteinwirkung dem Verfall und werden ohne Restaurierung irgendwann dem Erdboden gleichgemacht.

Ganz anders verhält sich dies bei Gold. Es wird angesammelt. Und wegen des hohen Wertes ist auch heute immer noch fast das gesamte, jemals geförderte Gold vorhanden. Gold rostet nicht und trotzt allen sonstigen Vergänglichkeits- und Verwitterungsprozessen. Mag es auch etwas unappetitlich sein. Selbst Zahngold wird wiederverwertet.

Der Nutzen von Gold hängt im Gegensatz zu den meisten anderen Gütern nicht vom Konsum ab. Er liegt stattdessen darin, dass sich Gold wegen seiner Geldeigenschaft hervorragend als Maß für wirtschaftliche Kalkulationen eignet. Der Wert unterschiedlicher Verbrauchs- und Gebrauchsgüter lässt sich mit Gold effektiv und langfristig einschätzen. Auch von daher ist Gold also Geld.

Die Menge des oberirdisch vorhandenen Goldes erhöht sich alljährlich durch die Aktivitäten der Minen- und Bergbauunternehmen. Dieser Anstieg ist im Verhältnis zum bereits vorhandenen Gold aber nur gering, im Mehrjahresvergleich ziemlich gleichmäßig und wegen überschaubarer Reserven und Ressourcen auch begrenzt. Aktuell liegt die jährliche Minenproduktion bei rund 1,7 Prozent des Goldbestandes. Sie betrug seit der Entdeckung Amerikas durch Columbus nie mehr als fünf Prozent. Deshalb erweisen sich Goldwährungen seit Jahrtausenden als sehr wertstabil.

> ➢ Mit fortschreitendem Vertrauensverlust in die Werthaltigkeit internationaler Währungen dürfte Gold künftig wieder eine größere Rolle in unserem Finanzsystem spielen.

Dies muss formal nicht zwangsläufig mit der Wiedereinführung eines Goldstandards verbunden sein. Immer mehr Menschen erkennen und schätzen die Werthaltigkeit von Edelmetall. Der technologische Fortschritt eröffnet neue Möglichkeiten, die Jahrtausende alte Funktion von Gold als Geld bei modernen Zahlungssystemen neu aufleben zu lassen.

6.3.4 Ist Gold bereits überbewertet?

Wie jedes Investment unterliegen auch die Edelmetalle zyklischen Schwankungen. In Phasen der Unterbewertung lohnt es sich, bei Edelmetallen einzusteigen bzw. den Bestand zu ergänzen, während in Phasen der Überbewertung ein Teilverkauf zu überlegen ist.

Es ist deshalb wichtig, den Wert der Metalle mit Blick auf Konjunktur und Marktlage zumindest einigermaßen richtig einzuschätzen. Papierwährungen lassen sich durch Anwerfen der Notenpressen beliebig ergänzen. Deshalb sagt der in Euro oder Dollar angegebene Goldpreis nicht unbedingt etwas über den wahren Wert des Edelmetalls aus. Besser ist es, auf *relative Maßeinheiten* zu blicken.

Spannend ist es zu untersuchen, wie viel Barrel Erdöl, DAX- oder Dow Jones-Aktien bzw. Quadratmeter hochwertiger Immobilien in guter Wohnlage Sie im Gegenwert einer Unze Gold erwerben können. Soweit entsprechende Kennzahlen verfügbar sind, ist es interessant, die Wertveränderung über einen möglichst langen Zeitraum zu betrachten. Obwohl die Edelmetalle im letzten Jahrzehnt deutlich zulegten, sind sie gegenüber Erdöl, Aktien führender Indizes und guten Immobilien von historischen Höchstständen noch weit entfernt.

Um einen fairen Goldpreis zu errechnen, kann man außerdem den Wert der nationalen Goldreserven mit dem Wert der weltweiten Währungsreserven vergleichen und in Relation bringen. Man vergleicht also die von den Zentralbanken gehaltene Menge an Euro, US-Dollar und anderen Papierwährungen mit dem Wert des von den Zentralbanken gehaltenen Goldes. In finanziellen Krisenzeiten kam es immer zu einer Angleichung zwischen diesen beiden Werten; und nicht selten überstieg sogar der Wert der Goldreserven den der Währungsreserven.

Um einzuschätzen, ob der momentane Goldpreis eher über- oder unterbewertet erscheint, hat Firmengründer James Turk den *Gold Money Index* entwickelt. Seine Formel lautet:

$$\frac{W\ddot{a}hrungsreserven\ der\ Zentralbanken}{Goldreserven\ der\ Zentralbanken} = fairer\ Goldpreis$$

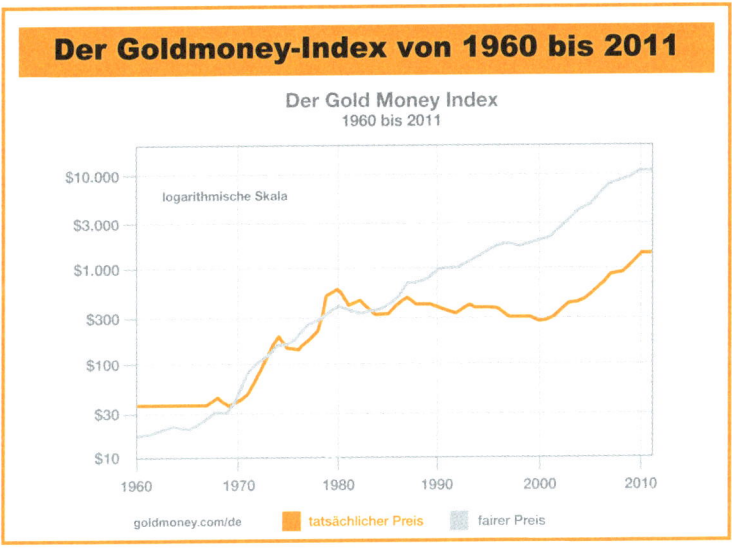

Der Goldmoney-Index von 1960 bis 2011

Der Gold Money Index
1960 bis 2011

Der Chart zeigt zwei unterschiedliche Goldpreise, sowohl den tatsächlichen als auch den errechneten „fairen" Goldpreis. In den 1960er-Jahren lag der tatsächliche Goldpreis über dem fairen Goldpreis. Der Dollar galt als „so gut wie Gold", und die Goldreserven reichten aus, um die im internationalen Handel verwendete Dollarmenge zu decken. Dieses Verhältnis änderte sich aber Ende der 1960er-Jahre. Da ständig mehr Dollar gedruckt wurden, wuchs der faire Goldpreis gegenüber dem tatsächlichen Goldpreis, der auf 35 US-Dollar je Feinunze fixiert war. Somit war Gold unterbewertet. Die Fixierung des Goldpreises auf 35 US-Dollar ließ sich in der Folgezeit nicht länger halten und wurde 1971 endgültig aufgehoben.

Danach stieg der Goldpreis deutlich an und durchbrach das faire Niveau erstmals 1974 und ein weiteres Mal 1980, als in der Spitze Preise von 850 Dollar erreicht wurden. Bis 1984 hinein war Gold nach diesem Indikator klar überbewertet. Seitdem fiel Gold jedoch wieder in das Terrain der Unterbewertung zurück. Die lockere Geldpolitik der großen Zentralbanken bei gleichzeitigem Gold-Bärenmarkt sorgte dafür, dass die Lücke zwischen tatsächlichem und fairem Goldpreis immer weiter auseinander klaffte. Erstaunlich ist, dass selbst der deutliche Goldpreisanstieg während der letzten Dekade daran nur wenig änderte. Dies liegt hauptsächlich daran, dass die von den Zentralbanken gehaltenen Währungsreserven in den letzten Jahren beinahe genauso stark wuchsen wie der Goldpreis.

Nach aktueller Berechnung liegt der faire Goldpreis bei über 11.000 US-Dollar pro Feinunze. Als Geld ist das glänzende Edelmetall immer noch stark unterbewertet. Sie sollten weitere Korrekturen nutzen, um einzusteigen oder Ihren Bestand aufzubauen.

6.4 Ein eher düsteres Kapitel: Platinminen in Südafrika

Mag Edelmetall noch so glitzern und glänzen und viele Menschen beglücken. Es ist keine heile Welt: Auf der einen Seite Schmuck für die Schönen und Reichen auch als Ausdruck von Liebe und Zuneigung, Sammlerfreude und Kapitalanlage in schwierigen Zeiten. Auf der anderen Seite Ausbeutung, Gewalt und Umweltzerstörung, angeheizt durch Unwissenheit, Aberglaube und politische Unruhen, verstärkt durch wilde Streiks und Machtkämpfe seitens befeindeter Gewerkschaften. Dies betrifft vor allem südafrikanische Platinminen.

Der Imageschaden schwappt auf seriöse Platinproduzenten über. Deren Aktien rauschen in den Keller. Investoren hinterfragen nicht immer, ob eine Abstrafung berechtigt oder unverdient ist. Sündenbockmentalität gibt es überall – im privaten Lebensbereich, in Unternehmen und in politischen Landschaften.

Sie fragen sich vielleicht: Warum berichte ich darüber in diesem Buch? Meist geht es den Investoren allein um wichtige Kennzahlen. Entspricht der Preis für Gold, Silber, Platin dem tatsächlichen Wert, oder befinden wir uns in einer Phase der Unter- oder Überbewertung? Wie sieht es mit der Sicherheit, den Lagerstätten, den Lieferansprüchen und den Kosten aus? Mit welcher Rendite ist zu rechnen? Ist der kurz-, mittel- und langfristige Ausblick verheißungsvoll? Welche Aussagen machen die Charttechniker und die Fundamentalanalysten?

Hinter all dem Glanz und Glimmer werden andere Faktoren oft ausgeblendet. Wir begegnen grenzenloser Gier, dem Ausleben von Machtansprüchen und Prestige. Dabei wird der Gold schürfende Mensch, der am Rande der Gesellschaft in bitterer Armut und Unwissenheit lebt, in den Bergwerken untertage sozial unabgesichert das Edelmetall heranschafft, vergessen. Wen interessiert dies schon, wenn es um Geld als Triebfeder für Wohlstand geht? Also werfe ich einen Blick auf die Kehrseite der Medaille. Es ist nicht alles Gold, was glänzt.

Bei Edelmetallminen sollten uns eben nicht nur die Aktien, deren Dividenden und Zukunftschancen interessieren, sondern auch die dort arbeitenden Bergleute. Es darf uns nicht gleichgültig sein, inwieweit Regenwälder abgeholzt und Flüsse vergiftet werden, also unsere Umwelt zerstört und unbewohnbar gemacht wird für nachrückende Generationen. Nach der Ausbeutung bleiben unwirtliche, karge Mondlandschaften zurück. Mein Buch ist keine Publikation für Umweltschützer und Menschenrechts-Organisationen. Aber unter den Tisch sollten wir die offenkundigen Probleme nicht kehren.

Es ist ein erster kleiner Schritt, die Aktien jener Minen zu meiden, von denen uns Informationen erreichen, dass ein Raubbau mit der Natur betrieben wird, Lebensgrundlagen vernichtet und die Rechte wehrloser Menschen mit Füßen getreten werden. Überall dort, wo Bildung und Gesundheitswesen ebenso vernachlässigt werden wie Tierschutz und Gleichberechtigung von Mann und Frau, sollten wir nicht investieren. Ziehen wir die Aktien seriöser Bergbaufirmen vor, die einen Platz in Ethikfonds finden und über die keine Negativmeldungen vorliegen!

Schlagzeilen über die Lonmin-Mine in Südafrika

16/17. August 2012: „Erneut Tote bei Kämpfen in südafrikanischer Platinmine. In Marikana wurden im Konflikt zwischen Polizei und streikenden Arbeitern 34 Menschen getötet."

20. August 2012: „Die Betreiberfirma erklärt die Platinmine in Südafrika für wiedereröffnet. Das Platinbergwerk Lonmin nahm den Betrieb teilweise wieder auf."

23. August 2012: „Südafrika trauert um 34 Opfer vom Polizeieinsatz im Platinbergwerk Lonmin. Eine Woche nach dem tödlichen Polizeieinsatz gegen streikende Arbeiter der Platinmine von Marikana gedachte Präsident Zuma der Opfer."

29. August 2012: „Aufnahme der Verhandlungen in der bestreikten südafrikanischen Platinmine. Knapp zwei Wochen nach den im Blutbad endenden Streitigkeiten begannen die Verhandlungen, um den Konflikt beizulegen."

29. August 2012: „Südafrikanische Bergleute werden wegen Mordes angeklagt. 270 Arbeiter von Lonmin sollen sich vor Gericht verantworten. Die Staatsanwaltschaft hält die streikenden Kumpels für mitschuldig am Blutvergießen."

03. September 2012: „Die Mordanklage wird zurückgestellt. Vom Tisch ist die Anklage gegen die 270 Bergleute aber nicht, eher eine Reaktion auf die Proteste, um zu beruhigen."

Mehr zur sinnlosen Gewalt in der südafrikanischen Platinmine Lonmin

Bis vor kurzem kannten nur Rohstoffexperten den Platinförderer Lonmin. Doch ab Mitte August 2012 erlangte der Firmenname traurige Berühmtheit. Die Platinmine Lonmin in Marikana nahe der nordwestlichen Stadt Rustenberg ist für zwölf Prozent der weltweiten Platinproduktion zuständig.

Wegen der gewaltsamen Ausschreitungen stieg der Platinpreis um rund zehn Prozent und notierte mit 1.550 US-Dollar gegenüber dem Goldpreis mit 1.650 US-Dollar auf ähnlich hohem Niveau. Der Platinminenbetreiber Lonmin musste seine Produktion im gesamten Land einstellen und meldete, daher das Förderungsziel von 750.000 Feinunzen Platin bis zum Jahresende zu verfehlen – ein Produktionsausfall von mindestens 30.000 Unzen. Immerhin stammen neun Zehntel der Förderung aus dieser Marikana-Mine. Alles deutet darauf hin, dass das Unternehmen nicht nur in diesem Jahr, sondern auch 2013 Verluste schreiben wird. Wie soll das Management bei der sich durch die gewalttätigen Ausschreitungen extrem verschlechterten Ausgangslage hohe Lohnforderungen erfüllen können? Einen verdreifachten Lohn zu fordern, ist widersinnig. Aber selbst zehn Prozent mehr wären jetzt nicht so einfach durchzusetzen. Der Aktienkurs des an den beiden Börsenplätzen in London und Johannesburg gelisteten Unternehmens Lonmin brach um rund sieben Prozent ein, während der Preis für Platin auf den Weltmärkten um bis zu 30 Dollar je Feinunze anstieg.

Eine von zwei rivalisierenden Gewerkschaften im südafrikanischen Platin-Bergwerk Lonmin streikte für das Ziel, das Lohnniveau zu verdreifachen – trotz niedriger Ausgangsbasis eine utopisch anmutende Forderung.

Die wilden Streiks zweier sich bekämpfender Gewerkschaften, geprägt von völlig unterschiedlichen Lohnvorstellungen zwischen Management und Minenarbeitern, vergifteten das Klima und heizten die Unruhen von Stunde zu Stunde weiter an. Die Auseinandersetzungen eskalierten am 16. und 17. August 2012 zum Massaker. Bei dem blutigen Gemetzel regierte die nackte Gewalt. Nachdem die Ordnungskräfte vergeblich versuchten, die Streikenden zu vertreiben, schlugen die mit Macheten und Eisenstangen bewaffneten Kumpels auf sie ein.

Anfangs setzte die Polizei laut Augenzeugen Tränengas und Wasserstrahler ein; später fielen Schüsse. Der in Brutalität ausartende Konflikt hielt schon seit Tagen an. Bereits jetzt wurden zehn Menschen getötet. Zwei Wachmänner kamen durch einen Sprengsatz ums Leben. Zwei Minenarbeiter wurden anscheinend auf dem Weg zur Arbeitsstelle ermordet. Die Polizei erschoss drei Leute. Umgekehrt wurden zwei Polizisten gelyncht. Und im nahen Armenviertel fand man eine Leiche.

Am 16. August 2012 griff die Polizei selbst ein und eröffnete das Feuer auf die mit Eisenstangen, Knüppeln, Speeren und Macheten bewaffneten Bergleute. Dabei kamen 34 Menschen ums Leben. Die Opferzahl könnte noch steigen, wurden doch sehr viele Menschen bei diesem blutigen Gemetzel verletzt. Präsident Jacob Zuma rief zum Ende des sinnlosen Blutvergießens auf. Er kritisierte den Einsatz von Hunderten schwer bewaffneter Polizisten, die anrückten, um das Zechengelände abzuriegeln. Zur Unterstützung waren gepanzerte Fahrzeuge im Einsatz, und es kreisten Hubschrauber über dem Gelände.

Die Minenarbeiter ignorierten das Ultimatum des Bergwerkbetreibers, bei weiterem Streik entlassen zu werden. Die todesmutigen, offenbar mit dem Zaubertrunk „Muti" gestärkten Kumpels griffen die Polizei an, bevor diese als Akt der Gegenwehr das Feuer eröffneten. Es blieb ihnen kaum eine andere Wahl. Fotos bezeugen die beispiellose Aggressivität.

3.000 Männer versammelten sich im Minengebiet. Zwei rivalisierende Gewerkschaften riefen zum Streik auf. Dreimal so viel auf dem Lohnzettel ist eine unerfüllbare Forderung, mag die Ausgangsbasis auch gering sein. Im Herbst 2012 wurden nach Streikende die Löhne bis zu 20 Prozent erhöht.

Ein Grund für dieses Blutbad dürften die erbitterten Machtkämpfe sein zwischen der alteingesessenen Gewerkschaft NUM, der enge Verbindungen zur südafrikanischen Regierung nachgesagt werden, und dem Newcomer AMCU als Gegenspieler. Diese Gewerkschaft zog mit radikalen Forderungen und utopischen Versprechen viele Bergleute auf ihre Seite.

Immerhin wollte das Lonmin-Management von sich aus den am schlechtesten entlohnten Arbeitern deutlich höhere Löhne bezahlen. Dieses Angebot sorgte aber nicht für Harmonie, sondern schürte die Erwartungshaltung auch bei den übrigen Kumpels. Das Angebot galt als Schuldeingeständnis des Managements, generell zu wenig zu bezahlen. Hier spielt mit herein, dass viele Bergleute neben ihren Angehörigen weitere Verwandte unterstützen und kein noch so hoher Lohn ausreichen würde, alle hungrigen Münder zu stopfen. Jeder vierte Südafrikaner hat keinen Job. Inoffiziell liegt die Quote bei 40 Prozent. Die meisten Arbeiter sind ungelernt und unwissend.

Auch Neid ist im Spiel. Hier die schlecht bezahlten Leute am Rande der Gesellschaft – dort die hohen Gehälter und Bonuszahlungen für die Führungskräfte. Zwei Welten treffen aufeinander: Die schwere, gefährliche Arbeit der Bergleute untertage im Dunkeln in extrem rauer Umgebung. Und oben in der Unternehmensspitze ein angenehmes Leben in Wohlstand. Solange Gewerkschaften nicht gemeinsam maßvolle Lohnerhöhungen und menschenwürdige Arbeitsbedingungen erkämpfen, zeichnen sich zufriedenstellende Lösungen nicht ab. Es gibt keinen Grund, trotz des Kurseinbruchs die Lonmin-Aktie an der Börse in London oder Johannesburg auf lange Sicht zu ordern.

Auch das ist Südafrika: Zaubertinktur „Muti"

Wie die SÜDWEST PRESSE aus Ulm am 27. August 2012 berichtet, ging der blutigen Konfrontation in der Platin-mine Lonmin das traditionelle „Muti"-Ritual eines Medi-zinmannes voraus, genährt von Unwissenheit und Aber-glaube und ausgenutzt, um ordentlich abzukassieren.

Die Bilder der mit Macheten, Eisenstangen, Speeren, Knüppeln und Schusswaffen ausgerüsteten Bergleute mit ihrem selbst-mörderisch anmutenden Vorrücken auf die schwer bewaffneten Ordnungshüter werfen viele Fragen auf. Die wütenden Minen-arbeiter von Lonmin hatten Tage zuvor einige Leute, darunter zwei Polizisten, umgebracht, bevor diese auf die Demonstran-ten schossen. Es gab 34 Tote und viele Verletzte.

Kenner der Lage vermuten, dass der Gebrauch von „Muti", ei-ner traditionellen, in Afrika weit verbreiteten Medizin aus Pflan-zen und Tierteilen, mit zu diesen lebensgefährlichen Attacken der Minenarbeiter beitrug. Unwissende Minenarbeiter glauben, dass „Muti" außergewöhnliche Kräfte verleiht und sie unver-wundbar macht gegen die Revolverkugeln der Polizei. Verab-reicht wird die Medizin von einem traditionellen Heiler, dem Sangoma. Ein solcher Medizinmann war offenbar aktiv, um in der bestreikten Platinmine westlich von Johannesburg ein für ihn einträgliches Muti-Ritual zu veranstalten. Die Johannesbur-ger „Sonday Times" berichtet, jeder Streikende habe dem Sangoma 500 Rand, entspricht 50 Euro, gezahlt und sei dafür mit „ntelezi" beträufelt worden. Danach schnitt der Medizinmann mit einer Rasierklinge in die Haut, um die braune Tinktur in die blutende Wunde zu schmieren. Danach reagierten die Behan-delten aggressiv und hielten sich für unverwundbar.

Welch andere Welt tut sich hier auf! Bei aller Liebe zu Edelme-tall sehen wir, dass es nicht nur strahlenden Glanz gibt.

⑦ Anhang: Wo steht was?

Die Kerninformationen erscheinen im Fettdruck.

H

I

J